自信をもてない人のための心理学

OSER:
Thérapie de la confiance en soi

フレデリック・ファンジェ
Frédéric Fanget

高野 優＝監訳
Takano Yu

内山奈緒美＝訳
Uchiyama Naomi

紀伊國屋書店

Frédéric FANGET
OSER
Thérapie de la confiance en soi

自信をもてない人のための心理学

OSER : Thérapie de
la confiance en soi

OSER: Thérapie de la confiance en soi

自信をもてない人のための心理学――目次

第2部

自信を持てなくさせる七つの〈思い込み〉

第3部

自信を持てるようにするための三つの鍵

装丁　熊澤正人＋平本祐子（パワーハウス）
装画　大塚砂織

序章

まず、私のクリニックを訪れる〈自分に自信の持てない人たち〉の話をご紹介しましょう。最初はアンナです。アンナは私のクリニックにやってくる前にこんな手紙をよこしました。

《私は自分に自信が持てません。ずっと前からそうなのです。妬《ねた》みぶかいし、頭もよくないし、母親としても失格だし……。欠点だらけなのです。話すのも苦手だし、人に好かれるような性格ではありません。自分でもこの性格が嫌いですし、みんなからも嫌われているのではないかと、いつもびくびくしています》

その後、アンナは、初めてクリニックにやってきた時、こう言いました。

「いえ、本当は自分のことをまるっきりダメな人間だと思っているわけじゃないんです。ただ、誰かにダメじゃないと言ってもらわないと安心できないんです。他人がどう言うか、それが私にとっては大切なことなんです。だから……もし誰かが私のことをくだらない人間だと言うなら、私はくだらない人間なんです」

次にセリアの話を聞いてみましょう。

「私には自信がまったくありません。気が弱いせいか、ついつい人に流されてしまいます。反対されるのが怖くて、つい相手の言いなりになってしまうのです。自分の能力にも自信がなくて、なかなか新しいことを始められません。何かしようとしても、つい悪い結果ばかりを予想して、それでできなくなってしまうのです」

また、ドゥニーズはこう言います。

「私はいつも自分がまったく価値のない人間で、何をやっても成功するはずがないと思っています。実際、人間的にも、社会的にも、仕事の面でも、あらゆる面で人より劣っています。それなのに、まわりの人は私のことを何の悩みもない、強い人間だと思っているようなのです。誰も本当の私に気づかないのです！」

今度はクリスティーヌの話です。

「いつも不安で、お腹に重いかたまりがあるみたいです。先のことを考えると、どんなことでも、悪いほう、悪いほうばかりに考え、たぶんうまくいかないんじゃないかと悲観的な気持ちになります。結局自信がないんですよね。その反面、誰かに何かを言われると、ついつい攻撃的になってしまいます。そうして、自分が人から馬鹿だと思われているのではないかと、いつも怯《おび》えています」

どうでしょう？　アンナもセリアもドゥニーズもクリスティーヌも、自信が持てないことに心から悩んでいます。私は精神科医として二十年間、クリニックにいらっしゃる方の相談を受けていますが、その経験から、たいていの場合、相談者の方たちにとって最大の問題は〈自信の欠如〉であると断言できます。プライベートの問題にしろ、仕事の問題にしろ、多くの悩みや苦しみは、自信がないことから起こっているのです。恋愛がうまくいかない、人づきあいがうまくいかない、仕事がうまくいかない、転職ができない、趣味でも習い事でも新しいことが始められない――こういったことはすべて自信の欠如から来ているのです。

　自分に自信があるかどうかは、単なる心の状態ではありません。もっと深いところで性格にも影響しています。たとえば、楽観的か悲観的かとか、明るいか暗いかとか、妬みぶかいかサバサバしているかとか、粘りづよいか、あきらめが早いかとか、そういった性格は、自信と深いつながりを持っています。つまり、自信が持てるか持てないかで、性格が変わってくるのです。

　私はこの本をさまざまな意味で自分に自信の持てない人たちのために書きました。第1章で詳しく述べるように、自分に自信が持てないと〈自信を失っていく、悪いサイクル〉にはまってしまいますが、私はこの本で、少しでも多くの方々が自信を持てるようになり〈悪いサイクル〉から抜けだすことができればいいと思っています。自分に自信がないと、自分を好きになることができません。また、思い切って何かに挑戦することも、ほかの人と触れ合うこともできません。この本を読むことで、私はより多くの方々に、自分を好きになり、思い切って一歩を踏みだし、人と触れ合うことができるようになっていただきたいと思っています。あなたに足りないもの――それは自信なのです。

　さて、先ほども書いたとおり、私は精神科医として経験を積むなかで、自信の問題がいかに心の悩みに大きな影響を与えているか、クリニックを訪れる相談者の皆さんから教わりました。したがって、この本にはそういった相談者の皆さんの〈生の言葉〉が多く紹介されています（もちろん、プライバシー保護のため、仮名にしたり、多少の変更を加えてありますが……）。

また、相談者の皆さんの言葉だけではなく、心理学や神経科学の研究の成果も示すようにしました。自信がないとは科学的にどういうことなのかを正確にとらえ、それを克服するための有効なテクニックを提案することで、この本を読む皆さんが自信を持っていただけるようになれば、と思ったからです。つまり、この本でこれから皆さんにお話しすることには、科学的な裏付けがあるのです。

それではここで、この本の見取り図をご紹介したいと思います。この本は読者の皆さんの必要や興味に応じて、どこから読んでも大丈夫なようにつくってあります。したがって、必ずしも最初から最後まで順番どおりに読む必要はありません。どうぞお好きなところからお読みください。

❖第1部は〈自信のメカニズム〉について解説しています。このうち第1章と第2章だけは、必ず最初に読んでください。

❖第2部では〈自分に自信を持てなくさせる七つの思い込み〉を紹介しています。こうした〈思い込み〉は子どもの時にできあがってしまうことが多いのですが、具体的に言うと、「私には能力がない」「人から愛されなくてはならない」あるいは「物事はつねに完璧にやらなくてはならない」というようなものです。こういったもののなかで、自分に関係ありそうだという〈思い込み〉をじっくり読んでみてください。どうしてあなたが自信が持てないのか、その原因が理解できるでしょう。

❖第3部では〈自信を持つためのトレーニング〉を紹介しています。自信を持つためには〈三つの鍵〉が必要ですが、どうすればその三つの鍵を手に入れることができるか、その方法を順番に説明しています。皆さんの抱えている問題に応じて、ご自分が必要とされる部分から読んでいただいても大丈夫です。

そして、この本をより有効に活用するために、57ページのテスト〈あなたにはどのくらい自信があるか?〉（**表2－2**）をやってみることをお勧めします。

第1部

自信のメカニズム

人生を送るうえで、自信がないと、いろいろな面で損をします。仕事でも趣味でも恋愛でも、うまくいっている人たちは、たいてい自分に自信を持っています。では、その反対に、なかなか自分に自信を持てない人はどうしたらよいのでしょう？　いつも自分に自信を持って、人生を楽しく過ごしている人たちを横目に、味気ない人生を送るしかないのでしょうか？　もちろん、そんなことはありません。ちょっとした心のトレーニングをすることによって、自分を変え、自分に自信を持つことは決して難しいことではないからです。

しかし、そのためには、最初にどうしてもしなければならないことがあります。それは〈自信のメカニズム〉を理解することです。

第1章　自信がないせいで、あなたは損をしている

自分に自信がないと、毎日の生活のなかで、どんなことが起こるでしょうか？　まず自分のしたいことができません。また、できることも結局はしないまま終わってしまいます。その結果、「自分には何もできない」と考え、さらに自信を失ってしまいます。そうすると、自分はダメな人間だという思いが強まり、何かに挑戦しようという気持ちが起こりません。そうして、このような〈悪いサイクル〉にはまってしまった結果、ますます自信を失っていくことになります。これが〈自信を失うメカニズム〉――悪い形で物事が進んでいく時のメカニズムです。

でも、大丈夫。このメカニズムはちょっとした気持ちの持ち方で逆転させることができます。〈悪いサイクル〉を〈よいサイクル〉に変えることができるのです。これから、そのお話をしていきましょう。ただ、その前に「自信がない」ことが毎日の生活にどれほど悪い影響を与えているか、それを明らかにします。そう、自分に自信がないせいで、あなたは損をしているのです。

――自信が持てない人の行動

あなたは自分に自信がありますか？　もし自信がないというのであれば、次のようなことはありませんか？

- ●いつも人のあとからついていく
- ●会議で発言をしない
- ●パーティーでは会場の片隅で身をひそめている
- ●目立つのが嫌で、地味な服装をする

たとえば、みんなでレストランに行ったとしましょう。あなたはただあとからついていくだけです。先頭を行くのは、いつも自信にあふれているジェラルディーヌ。レストランのボーイはジェラルディーヌを女王さまのように迎え、あなたはおつきの者のようになってしまいます。

また、チームで仕事をした時、あなたが中心になって成果をあげたことでも、あなたはみんなの前で報告するのが嫌で、ついその役をベルナールに任せてしまいます。その結果、社長に褒《ほ》められるのはベルナールで、あなたはなんとなく釈然としない気持ちになります。

また、パーティーでは、地味な格好をして、会場の片隅でじっとしているので、あなたにはほとんど話し相手がいません。たまに誰かから声をかけられても、あなたは赤面して、しどろもどろな返事をするばかり。結局、きれいに装って、みんなの注目を集め、おしゃべりを楽しむサラを横目に、ぐったり疲れきって、「もうパーティーは二度とごめんだわ」とつぶやいて、会場をあとにすることになります。

こうしたことを続けていたら、毎日の生活のなかで、あなたは損ばかりすることになります。たとえば、あなたは職場で自分にふさわしい仕事を与えられていないのではありませんか？　それはきっと、自分に自信がないせいで、あなたが目立たないようにしているからです。

それでは家庭ではどうでしょう？　あなたは自分に自信がないために、あなたにはふさわしくないパートナーを選んでいる可能性もあります。その理由はいくつかあるでしょうが、「自分に対する評価が低い」ということもおおいに関係しています。つまり、あなたは自分を低く評価しているので、高く評価してくれる人の言葉が信じられず、自分を低く評価する人間を選んでしまうのです。

友人関係でも、利用されていると感じることがあるのではありませんか？　あなたのほうは友だちの役に立とうと一生懸命なのに、あなたに助けが必要な時には、友だちは知らんぷりです。それでもあなたは、相手に迷惑がかかるかもしれないと遠慮して、助けを求められないのです。

――自信がないと人はこれだけ損をする

それでは、〈自信がないこと〉が毎日の生活のなかで、どれだけ悪い影響をもたらすか、実際にクリニックに相談にいらした方の例で見てみましょう。まずは仕事に関連することで、アルチュールとカロリーヌのケースを見ます。

アルチュールの場合——生徒を叱ることができない

アルチュールは二十八歳。高校のフランス語教師です。アルチュールの問題は、自分に自信が持てないため、生徒に対して毅然《きぜん》とした態度がとれないこと。生徒が宿題を忘れても、きちんと叱ることができないのです。その結果、生徒たちは宿題をやらないようになり、教室でも授業を聞かず、アルチュールの仕草や話し方を真似してからかいます。教室がいつも騒がしいので、本当に勉強したい生徒は、アルチュールの授業をとりません。もちろん、アルチュールはこうした状況に深く悩んでいます。現在は臨時教員で正教員になることを目指しているのですが、もう二度も学内審査に不合格になり、このままでは正教員になるのは難しい状況です。

カロリーヌの場合——リーダーとして自信がない

カロリーヌはとても優秀な社員で、二十六歳ですでに販売部門のリーダーです。上司にも高く評価され、すべて順調のように見えます。ところが、カロリーヌは疲れきった様子で、泣きながら私にこう語りました。

「販売部門のリーダーではなく、ヒラの販売員に戻してほしいと、上司に頼んだんです。部下のひとりにアレックスという男性がいて、その人に言うことをきかせる自信がないんです。なにしろアレックスは、私が指示を出すたび、みんなの前で文句を言うんですから……。昨日も、なぜマルタンさんに会いにいかなかったのかと注意したんです。だって、マルタンさんは、我が社にとって最も大切な顧客なんですから……。すると、アレックスは『もううんざりだ！　あんたの要求は厳しすぎる。がんばって何かをしても、絶対に満足しないんだ』と言って、みんなの前で私を非難したんです」

カロリーヌとそのほかの十二名の部下たちとの関係はおおむね良好です。みんなはカロリーヌが部下に対して思いやりがあり、また部下たちのことをよく理解しているという理由から、リーダーとしてとどまるよう望んでいます。しかし同時に、カロリーヌの統率力に問題があり、言うことをきかない部下がいることも認めています。

こういった例でわかるように、自分に自信が持てないということは、あなたのキャリアアップの妨げとなります。実際、私のクリニックを訪れる相談者の多くが、カロリーヌのように降格を望んだり、役職に就くのを断わったりしています。それは決して能力がないからではなく、自分に自信がないからなのです。

クレールの場合――夫が子どもを望まない

次は夫との関係。子どもを持つか持たないかがきっかけで、夫との関係を見直さざるを得なくなったクレールのケースを見てみましょう。

クレールが夫に対する不満を語ったのは、セラピーを始めてからかなりたってからのことでした。その不満とは、夫が子どもを望まないということです。クレールの夫は離婚経験があり、すでに四人の子どもの父親で、クレールより十五歳も年上です。そもそも彼は初めから子どもはいらないと言っており、クレールも承知していたのです。しかし、クレールも三十八歳になり、気持ちにも変化が生まれてきました。そこで、夫に相談を持ちかけてみたのですが、相手は、今も子どもを望んではいないこと、そのことは初めから言ってきたことだと、はっきり言いました。クレールは夫との関係を客観的に分析して、ふたりの関係が決して満足のいくものではないことを理解しました。今の結婚生活には、プラスの点よりマイナスの点のほうが多いのです。

それなのに、どうしてクレールは今の夫と一緒になったのでしょうか？　あるいは結婚を解消して、もう一度人生をやり直すことを考えなかったのでしょうか？

それはクレールが自分にまったく自信が持てず、ひとりでは生きていけないと思っていたからです。

「ひとりで生きていくなんて、そんなこと今まで試したことはありません。ずっと誰かと一緒でしたし……」クレールは言います。

そうです。これまで、クレールは孤独の恐怖から逃れるために、パ

表１－１　クレールが分析したパートナーとの関係

プラスの点	マイナスの点
●共通の目標がある（モンブラン登山） ●ふたりで山荘を買った ●価値観が重なるところが多い	●子どもを望んでいない ●あまり話しかけてくれない ●人前でも、すぐに怒る ●私をよいパートナーだと思ってくれていない ●何でも私に任せきりにする ●優しくない ●何を考えているか、わからないところがある ●反対の意見を言うと、ほかの人の前でも私を罵倒する

ートナーを求めていたのです。そうして、過去三回結婚をして、三回とも失敗に終わっていました。「ひとりでいるのが嫌で、誰でもいいから一緒になり、ひとりになるのが嫌で、その人と別れることができない」。これはまさに自信の問題です。自分に自信がないとそういったことが起こりがちなのです。**図1－1**は、「自分に自信がないと、自分にふさわしくないパートナーとでも一緒になる」という〈悪いサイクル〉を示しています。

クレールが幸せになるためには、第3部で述べるように、この〈悪いサイクル〉を〈よいサイクル〉に変えて、ひとりで生きていく自信を身につける必要があります。また、自分にふさわしい相手を得られるように、自分に対する評価を高くしていかなければなりません。現在、クレールに対するセラピーは、このふたつのことを目的にして行なわれています。

今度は友人との関係。アメリのケースを見てみまし

図1－1　自分にふさわしくないパートナーと一緒になる悪いサイクル
――クレールの例

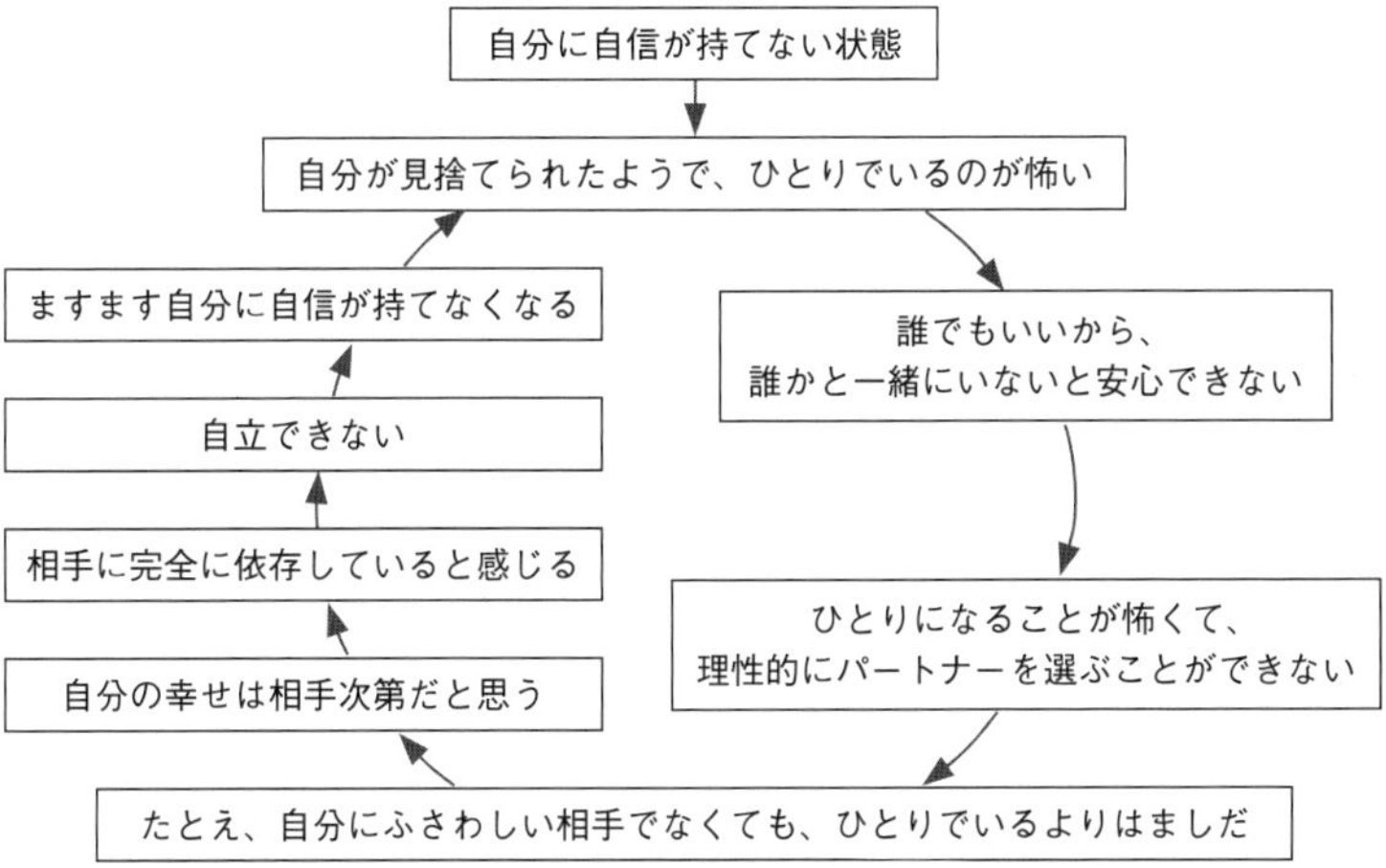

ょう。

アメリの場合——自分を他人と比べてばかりいる

アメリは高校生。自分に自信が持てないせいで、絶えず自分を他人と比べています。自分がどう評価されるかに激しい不安を抱いているのです。たとえば、試験があった時、アメリは親友のジュリアに言います。

「国語で七〇点も取ったの？　私はたったの六〇点よ」

そして、ジュリアに対して激しく嫉妬するのです。また、アメリは自分が人より優れていると感じるために、私はあの人よりここが優れている、この点は絶対私のほうが勝っていると、いつでも友だちと自分を比べた言い方をします。これも自信がないからですが、その結果、友人たちは自分が比較の対象としか見られていないことにうんざりして、アメリから離れていきます。もし、アメリが自分に自信を取り戻すことができれば、友だちと比較する必要はなくなるのです。そうすれば、友だちが試験でいい点をとった時には、素直に「すごいね」と言えるでしょう。また、友だちが自分と比較するために存在するわけではなく、自分の人生を豊かにしてくれる存在であることがわかれば、もっと素晴らしい関係が築けるでしょう。

さて、クレールは自分に自信が持てないために、自分にはふさわしくないパートナーと一緒になってしまいましたが、それは今のパートナーと結婚する前からの問題でした。このように、自信のなさはパートナーとの関係に悪影響を及ぼすだけではなく、人生全般に悪影響を及ぼします。先ほど、お話ししたカロリーヌも次のように話しています。

「販売部門の責任者としてもやっていけないし、部下を従わせることもできないと言いましたが、それだけじゃないんです。結局、私はずっと昔から自分に自信が持てなかったのです。学生時代は面接試験が怖かったし、運転免許を取りにいくこともできなかったんです。失敗するのが怖かったし、何より私を見る試験官の目が耐えられなかったんです。小学校で、友だちより悪い点数を取った時のことを、今でも覚えています。その時、私はたった七歳でしたが、こんな点数しか取れないなんて、自分には何の値打ちもないんだと思ったものです」

カロリーヌはこのように、自分の人生で失敗したと思うことについて語りました。そして、この種のことは、今までの人生すべてにわたっており、そのせいで、これまでずっと自分はつまらない人間だと感じてきたと言います。そう、自分に自信が持てないと、毎日の生活だけではなく、人生全般にわたって、一生、損をすることになるのです。

自分をもっと好きになろう

それでは、どうやったら、あなたはもっと自分に自信が持てるようになるのでしょうか？　この章の最初にお話ししたように、それには〈自信を失っていく、悪いサイクル〉を〈自信がついてくる、よいサイクル〉に変えていく必要があります。そのためには〈**自己評価**〉を高めること、〈**行動**〉すること、〈**自己主張**〉ができるようになることが大切です。これについては、このあと説明していきますが、その前にひとつ重要なことがあります。それは自分自身を受け入れて、自分に対してもっと肯定的なイメージを持つこと――つまり、「もっと自分を好きになる」ことです。

自分によいイメージを持つ

しかし、そうは言っても、自分に自信の持てない状態では、自分を好きになることも難しくなります。というのも、そういった状態では、ネガティブな感情にとらわれることが多いからです。ネガティブな感情は五つあります（ただし、すべての感情が同時に現われるとはかぎりません）。

①**悲しみ**――自分に自信が持てないと、自分はつまらない人間で、できないことばかりだと思って、悲しくなります。その結果、行動する気力がなくなります。また。どうせ私の言うことは聞いてもらえないと思って、自己主張もできなくなります。

②**不安**――自分の能力に自信が持てないと、何をやってもうまくいかないのではないかと不安になります。また、予期しない出来事が起こったら対応できないのではないかと思うと、心配でたまらなくなります。つまり、まだ起こってもいないことを予想して、不安になるのです。その結果、やはり行動することも自己主張することもできなくなります。

③**罪悪感**――自分に自信が持てないと、何か悪いことが起こった時に、すべて自分が悪いと思っ

てしまいがちです。失敗したら自分のせい、人から批判されたら自分が悪い、という具合です。これでは積極的に行動することはできません。失敗したらその責任を全部自分でしょい込むことになって、批判に対しても正当な反論をすることができないからです。それならいっそ何もしないほうがいいと考えて、消極的な人生を送ることになります。

④**羞恥心**――自分に自信がないと、人からどう思われているかがとても気になります。そうして、「たぶん、つまらない人間だと思われているのだろう」と考えて、恥ずかしくなります。とりわけ、優れた能力や魅力のある人の前では、その思いが強くなります。したがって、そういった人のそばでは、なるべく目立たないようにします。

⑤**疎外感**――自分に自信がないと、気軽に人に近づくことができません。また、グループに入るのも難しくなります。その結果、いつでもひとりぼっちでいるような気がします。

表1－2〈ネガティブな感情〉と〈ネガティブな考え〉と〈ネガティブな行動〉の関係

ネガティヴな感情	ネガティブな考え	ネガティブな行動
悲しみ	私はつまらない人間だ	行動する気力が起きない
不安	何をしてもうまくいかない 予想外のことが起こったらついていけない	起こっていないことをあれこれ考えて、思い悩む 予定の変更を許さない。突発時に融通がきかない
罪悪感	悪いことが起こったら、すべて自分のせいだ	人の後ろに隠れて、自分は何もしないようにする
羞恥心	相手は自分のことをつまらない人間だと思っているだろう	魅力的な人には近づかない 人から注目されないようにする
疎外感	自分は人とはちがっている	人との交わりを避ける いつもひとりでいる

表1ー2は〈ネガティブな感情〉と〈ネガティブな考え〉、それから〈ネガティブな行動〉との関係を説明したものです。また**表1ー3**は、自信がない時に抱きがちな〈ネガティブな考え〉を箇条書きにしたものです。

　こんなふうに〈ネガティブな考え〉を抱いていたら、行動したり、自己主張したりすることはできません。その結果、〈自信を失っていく、悪いサイクル〉に入っていくことになります。また、この状態では自分に対してよいイメージを持つこともできません。自分に対してよいイメージを持つことができなければ、〈悪いサイクル〉は決して〈よいサイクル〉に変わっていきません。ですから、自分に自信を持ちたいと思ったら、こういったネガティブな感情やネガティブな考えがわいてこないように、自分自身のことをもっと肯定的に見る必要があります。というのも、あなたが自分に悪いイメージを抱いていると、他人もまた、あなたに悪いイメージを持つことになるからです。あなたがあまりにも自分を卑下すると、まわりの人々も、あなたのことを取るに足らない人間だと思ってしまいます。だからこそ、自分自身の価値を認めること——もっと自分を好きになることが何よりも重要なのです。これは次項で説明する〈自己評価〉とも関係します。〈自己評価〉を高めるというのは、自分を好きになって、自分の価値を認めることだからです。なお、〈もっと自分を好きになる方法〉は、第3部でお話しします。

表1－3　自信がないときに抱きがちなネガティブな考え

- うまくいくはずがない！
- 自分はつまらない人間だ！
- 恋人（パートナー）に捨てられるだろう
- みんなに嫌われてしまう
- 相手を傷つけてしまうだろう
- 私は不器用だ
- 誰も私なんかに関心を抱かない
- 上手に会話をすることができない
- 私には教養がない

――〈自己評価〉と自信のサイクル

では、ここからは〈自信のメカニズム〉について考えましょう。最初に書いたように、自分に自信が持てないと、何かに挑戦する気持ちが起きず、自分はダメな人間だと思って、ますます自信を失っていく〈悪いサイクル〉に陥ります。これが〈自信を失うメカニズム〉です。

けれども、この〈自信を失うメカニズム〉を逆転させて、〈自信がついてくるメカニズム〉にすることは、決して難しくありません。そこで関係してくるのが、**〈自己評価〉**と**〈行動〉**と**〈自己主張〉**の三つの要素なのですが、ここではまず〈自己評価〉を高めて、〈悪いサイクル〉から〈よいサイクル〉へ、〈自信のメカニズム〉を反転させる方法について述べていきます。

さて、自分に自信がないと、「自分はダメな人間だ。価値のある人間として人から認められることはない」と思ってしまいがちです。つまり、〈自己評価〉が低くなりがちです。けれども、「自分はダメな人間だ」「自分には価値がない」と思っている人に、どうして自信が持てるでしょう? そうして、自信がなくなったら、今度は**図1-2**にあるように、「自信がないから、自分はダメな人間だと思う」という〈悪いサイクル〉にはまっていきます。〈自己評価〉が低い時のサイクルです。このサイクルから抜けだすためには、「自分には優れた点があると思う」ことが大切です。けれども、自信のない人にとっては、自分に優れた点があると考えるのは難しいようです。

私のクリニックでも、こんなことがありました。ある時、私は相談者のひとりに「来週までにこれこれの課題をしておいてください」とお願いしたのですが、その人が課題をやりとげたので、「それは素晴らしい！」と言ったのです。すると、その人はこんなふうに言いました。

「先生、私は、先週先生がおっしゃったことをしただけなのに、なぜそんなに褒めてくださるのですか？　そんなのは当たり前のことです！　誰だって、課題を与えられたらするものです。課題を与えられているのに、しなかったら、それこそ非難されるべきです」

これがおそらく自信のある人だったら、こう言ったと思います。

「先生の出した課題はけっこう大変でしたよ。あれだったら、挫折《ざせつ》する人も多いかもしれませんね。でも、私はなんとかやりとげました。完璧とは言えませんが、あれくらいできればいいでしょう。先生に褒められて嬉しいです」

いえ、いつでも、どんな場合でも「私は素晴らしい」「私には能力がある」と思っているのは、決してよいことではありません。だから、私は「本当の自分以上に、自分

図１－２　自分は価値のない人間だ――自己評価と自信の悪いサイクルの例

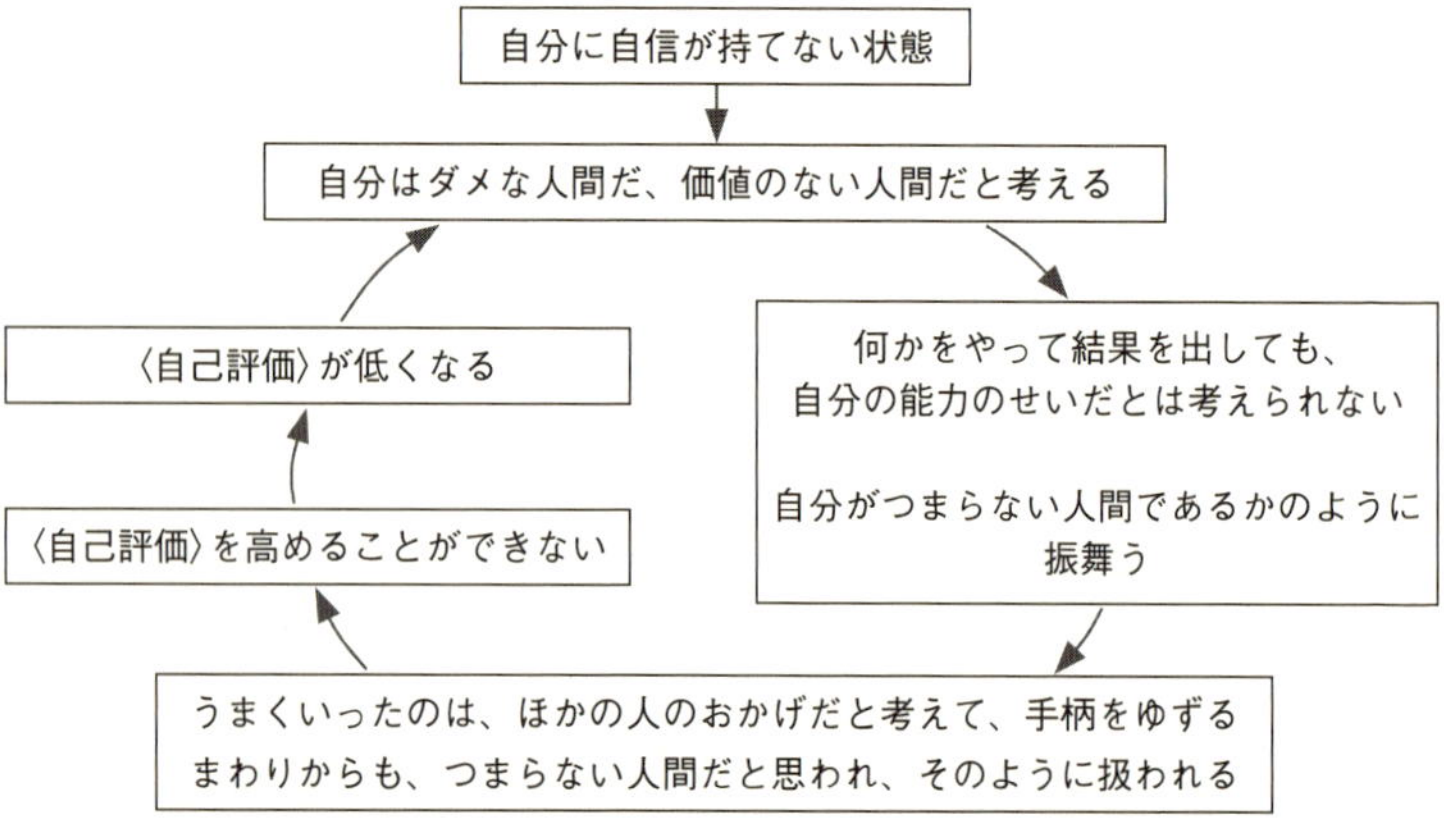

が素晴らしいと思いなさい」と言っているのではないのです。そうではなく、たとえば、あなたが職場でいい仕事をしたら、「これは自分の能力が優れていたからだ」と思ったほうがいいということです。

さんざん苦労をして、せっかくいい結果をおさめたのに、自分が果たした役割を過小評価して、誰かに手柄をゆずっていませんか？　そんなことが続いたら、だんだん〈自己評価〉が低くなっていきます。〈自己評価〉を高めるには、まず自分には優れた点があると思う必要があるのです。それができたら、自信の〈悪いサイクル〉は〈よいサイクル〉に変わっていくでしょう。

〈行動〉と自信のサイクル

次は、〈行動すること〉です。まずは**図１－３**をご覧ください。クレールのところで見ていただいたものと似ていますが、この図は、「自信がなくて、行動しなかった結果、いっそう自信がなくなる」という悪いサイクルを示しています。

よく「成功するためには、それを望むだけで十分だ！」と言われます。これは確かにそのとおりですが、この言葉が真実になるためには、ひとつだけ条件があります。それは〈行動すること〉。というのも、いくらあなたが望んだとしても、それを実際の行動に移さなければ、望んだものは決して手に入らないからです。欲しいものを手にしたかったら、まずは行動する必要があります。

でも、あなたは欲しいものを手に入れようとして、行動を起こそうとすると、すぐにためらってしまいます。どうしてか？　それは「行動を起こしても、どうせうまくいかないんじゃないか？」という不安――失敗に対する不安があるからです。つまり、あなたは失敗を先取りして、行動することをやめているのです。では、あなたが行動をためらう理由とは？　それは自信がないからです。こうして、「自信がないのが先か、行動を起こさないのが先か」という、いわば「玉子が先か、にわとりが先か」という形で、〈悪いサイクル〉にはまっていくのです。

　ですから、ここで、まず〈行動すること〉によって、この〈悪いサイクル〉を断ち切りましょう。そのためのアドバイスはひとつ。たとえ、失敗しても、あまり深刻な結果にならないようなものを選ぶことです。結果が深刻でなければ、失敗してもそれほど気にしないでいられます。また、できるだけ成功する可能性の高いものを選びましょう。自分の得意なことであるとか、

図１－３　失敗を恐れて行動しない――自信と行動の悪いサイクルの例

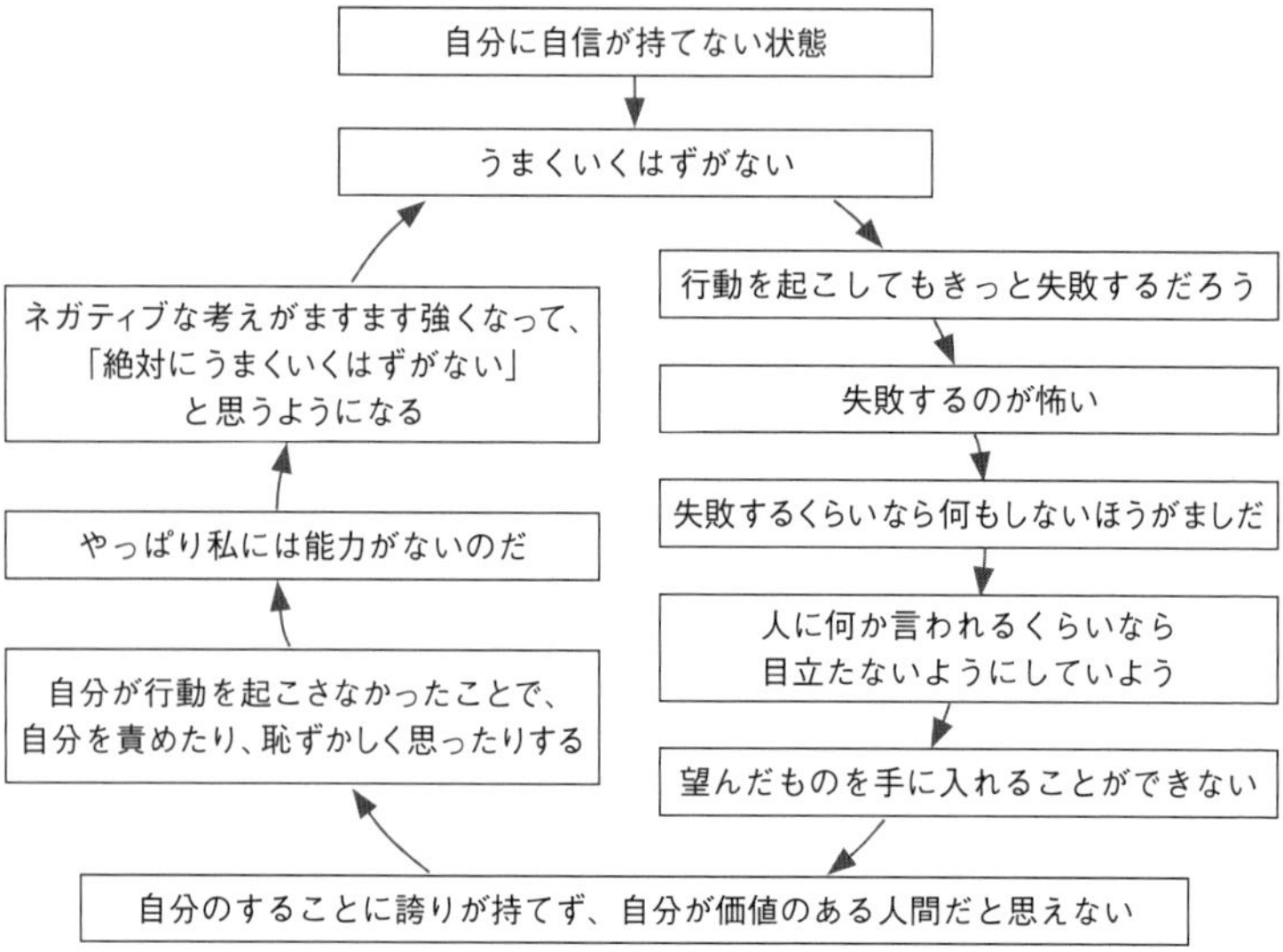

自分に対して好意的な人がいるなどの状況を選ぶのです（詳しいアドバイスは第3部をご覧ください）。そのような形で、もしあなたが行動を起こしてみれば、〈悪いサイクル〉は〈よいサイクル〉へと変わるでしょう。その〈よいサイクル〉を図にしたものが**図1－4**です。

〈自己主張〉と自信のサイクル

最後は〈自己主張〉です。人間関係で悩んだり、不満を抱いたりしないようにしようと思ったら、〈自己主張〉をすることもできるようにしなければなりません。この〈自己主張〉もまた、自信と密接に結びついています。もし、あなたが自分に自信を持てないようであれば、おそらく〈自己主張〉をするのも難しいと思います。反対に、人に対してきちんと〈自己主張〉ができないようであれば、あなたはだんだん自信を失

図１－４　失敗を恐れず行動する――自信と行動のよいサイクルの例

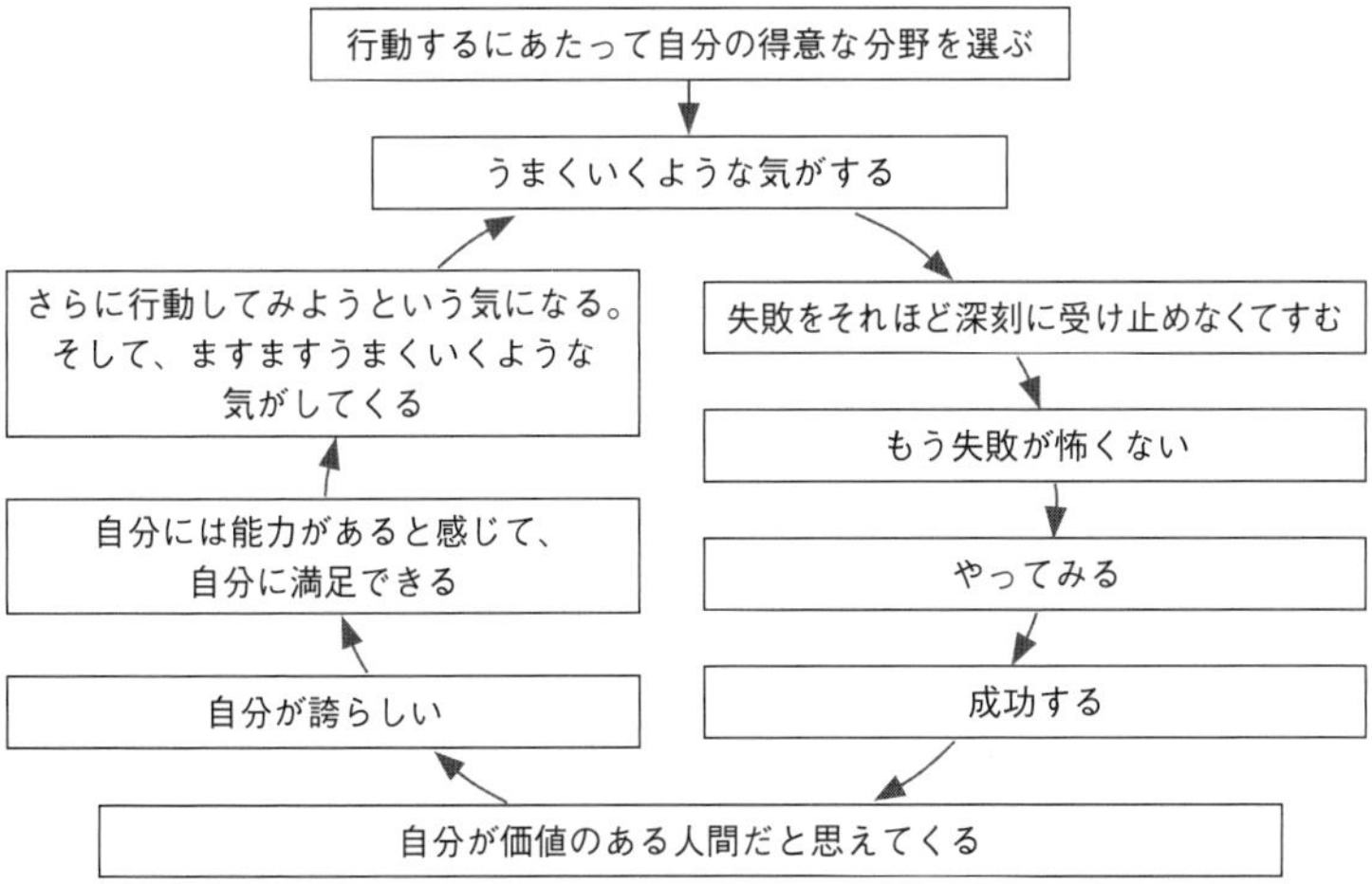

っていくことだろうと思います。〈行動と自信〉の「玉子が先か、にわとりが先か」の関係は、〈自己主張と自信〉にもあてはまります。

では、ここで〈自己主張〉ができないと、どんなふうに困ったことが起きるか、それを見ていきましょう。〈自己主張〉には、

1．自分の希望や要求を伝える
2．自分が不快だと伝える
3．相手の要求に対して「ノー」と言う
4．批判に対して反論する
5．自分をアピールする

の五つがありますが、それができないと、いろいろと困った出来事が生じて、自分に自信が持てなくなっていきます。この五つについては第3部で詳しく説明しますが、大切なことなので、ここでも簡単に見ておきましょう。

1．自分の希望や要求を伝える

たとえば、知らない街で道に迷った時、あなたはどうしますか？　普通の人でしたら、通りすがりの人に声をかけて、自分が今どこにいるのか、目的地に行くにはどうすればいいのか、尋ねることでしょ

う。けれども、もしあなたが〈自己主張すること〉を苦手としているなら、おそらく、あなたはあくまでも自力で目的地を見つけようとするでしょう。そんなことを訊いたら迷惑じゃないかとか、自分なんかに答えてくれるだろうかとか考えてしまうからです。つまり、自信がないのです。その結果、何時間も見知らぬ街をさまようことになったりします。

　また、買い物の時、お店の人がお釣りを返してくれなかった時、そのままもらわずに帰ってきたことはありませんか？　もし、お店の人にお釣りも要求できないようなら、もっと難しいこと——たとえば子どもを医者に連れて行くためにオフィスを一時間早めに出るなど、もってのほかですね。会社に迷惑をかけることになるので、上司は絶対に許してくれるはずがないと、最初から思い込んでいるからです。

　あるいは、二カ月前から同じジムに通っている仲間に、車で家まで送って欲しいと頼めるでしょうか？（その人はあなたの家から、ほんの数メートルのところに住んでいます）きっと、できないのではないかと思います。その人に迷惑をかけるくらいなら、大雨のなかでも、びしょ濡れで帰るほうを選ぶのではありませんか？　おそらくこういったことは、生活のあらゆる場面で起こっていると考えられます。相手に迷惑がかかるとか、断わられたら嫌だとか、自分はそれに値しないとか、いろいろなことが気にかかって、思い切って人に頼みごとができなくなってしまうのです。これはもちろん、自分に自信がないせいですが、人に頼みごとができないせいで、さらに自信が失われていきます。**図1―5**は、この〈悪いサイクル〉を説明したものです。

　では、どうしたらもっと楽に「自分の希望や要求を伝える」ことができるようになるのでしょうか？　それには、これまでに出てきたような〈思い込み＝ネガティブな考え〉を正す必要があります。その

〈思い込み〉とは、あらためて箇条書きにすると、次のようなものです。

●こんなことを頼んだら、相手に迷惑がかかるだろう
●自分なんかの頼みを聞いてもらえるはずはない
●頼みを聞いてもらえなくて、嫌な思いをするにちがいない

こういった〈思い込み〉を正して、まずは頼みごとをしてみること――「自分の希望や要求を伝える」にはそれが大切なのです。それができたら、自信の〈悪いサイクル〉は〈よいサイクル〉に変わっていくはずです。

2．自分が不快だと伝える

人間関係のなかで、自分が不快に思っていること

図1―5　自分の希望や要求を伝えられない
――自己主張と自信の悪いサイクルの例

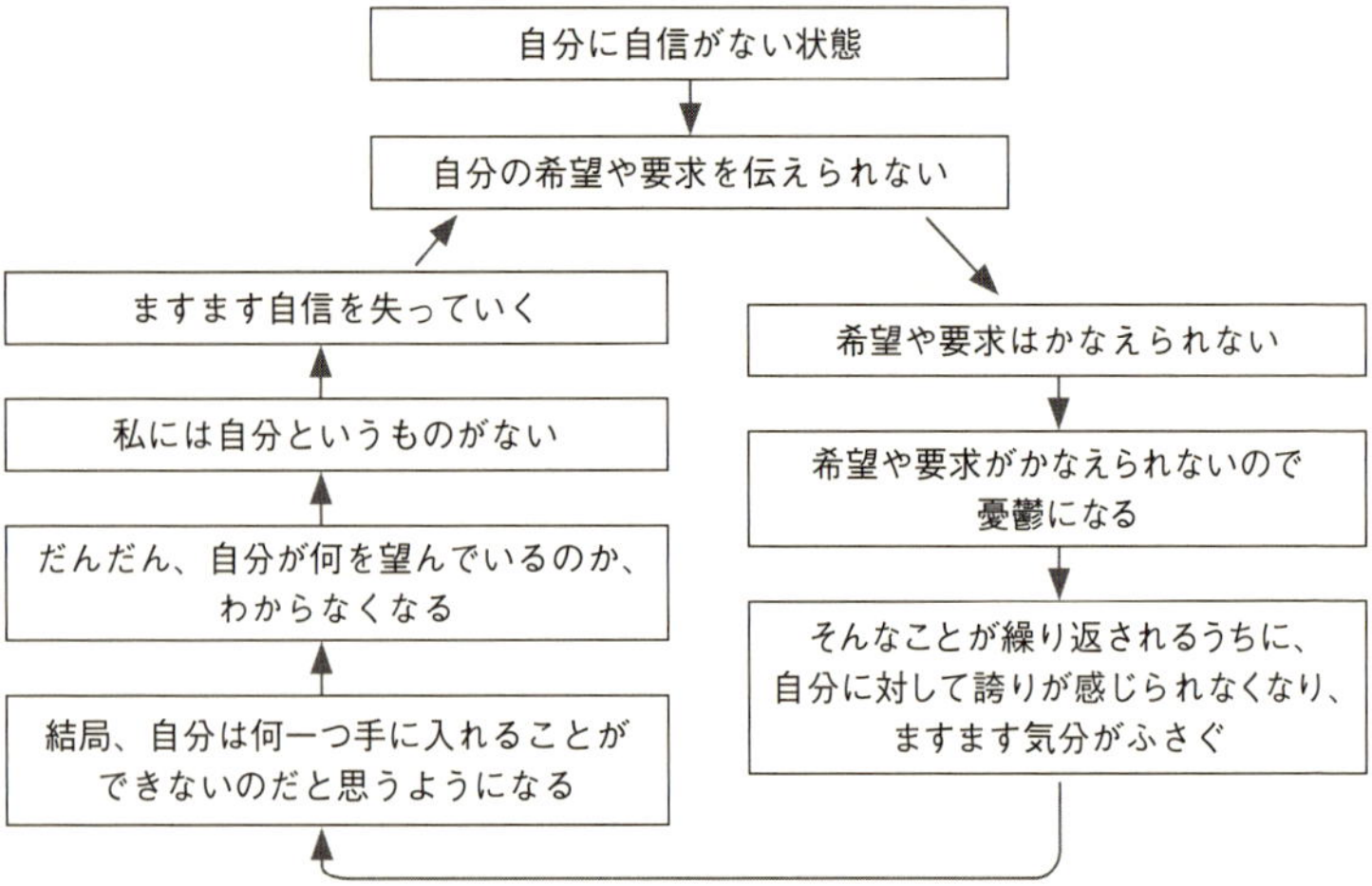

を言いだせないと、ものすごく大きなストレスがたまることになります。たとえば、お隣に住む人がしょっちゅう夜中に帰宅しては、大きな物音を立てるので、眠りにつくことができないとします。そんな時に、もう少し静かにしてくれるよう頼むことができなかったとしたら、腹は立つし、寝不足にはなるし、いいことはひとつもありません。本当なら、そこで「もう少し静かにしてください」と苦情を言えるとよいのですが、自己主張ができない人は「自分が不快だ」と伝えるのがとっても苦手です。

　また、お友だちの誰かが、みんなの前であなたのプライベートなことをあけすけに話して、あなたをからかったとしましょう。自己主張がきちんとできる人なら、「不愉快だから、そういうことはやめて」と、はっきり言えるでしょう。でも、あなたにはそれができません。ついつい、そこで自分を抑えて、ストレスをためこんでしまいます。

　家庭でも嫌なことは嫌、不愉快なことは不愉快と言ったほうがよいのですが、あなたにはそれができているでしょうか？　夫の要求に嫌だと言えず、相手の言いなりになっていませんか？　また、子どもたちが家のなかを散らかしたままにした時、あなたは心のなかではぶつぶつ文句を言いながらも、結局、黙って片づけたりしていませんか？

　こういったことが起こるのは、やはり自分に自信がないからです。自分に自信がないせいで、あなたはたとえば、「言っても何にもならない。何も変わらない」と最初からあきらめています。あるいは、「相手と喧嘩になるにちがいない」と思って、それを避けています。喧嘩になって、相手を怒らせたり、相手から嫌われるのではないかと考えると、それが怖くて言えないのです。要は、あなた自身が「自分は価値のない人間だから、相手にないがしろにされても当然だ」と思っているので、相手の行動を認めてしまうのです。**図1－6**は、「自信がないと、自分が不快だと相手に伝えることができなくなる」という〈悪いサイクル〉を示したものです。これを〈よいサイクル〉に変えていくためには、前項と同様に、

- こんなことを言ったら、相手と喧嘩になるにちがいない
- 自分が言っても何も変わらないだろう
- 自分は価値のない人間なので、嫌なことがあっても我慢しなければならない

といった〈思い込み〉を正す必要があります。

3．相手の要求に対して「ノー」と言う

こんなふうに、日常生活のなかで「自分は不快だ」と相手に伝えることができないと、まわりの人たちはあなたには「何をやっても大丈夫だ」と思って、なかにはあなたを利用する人も出てくるでしょう。つまり、

図１－６　自分が不快だと伝えられない
――自己主張と自信の悪いサイクルの例

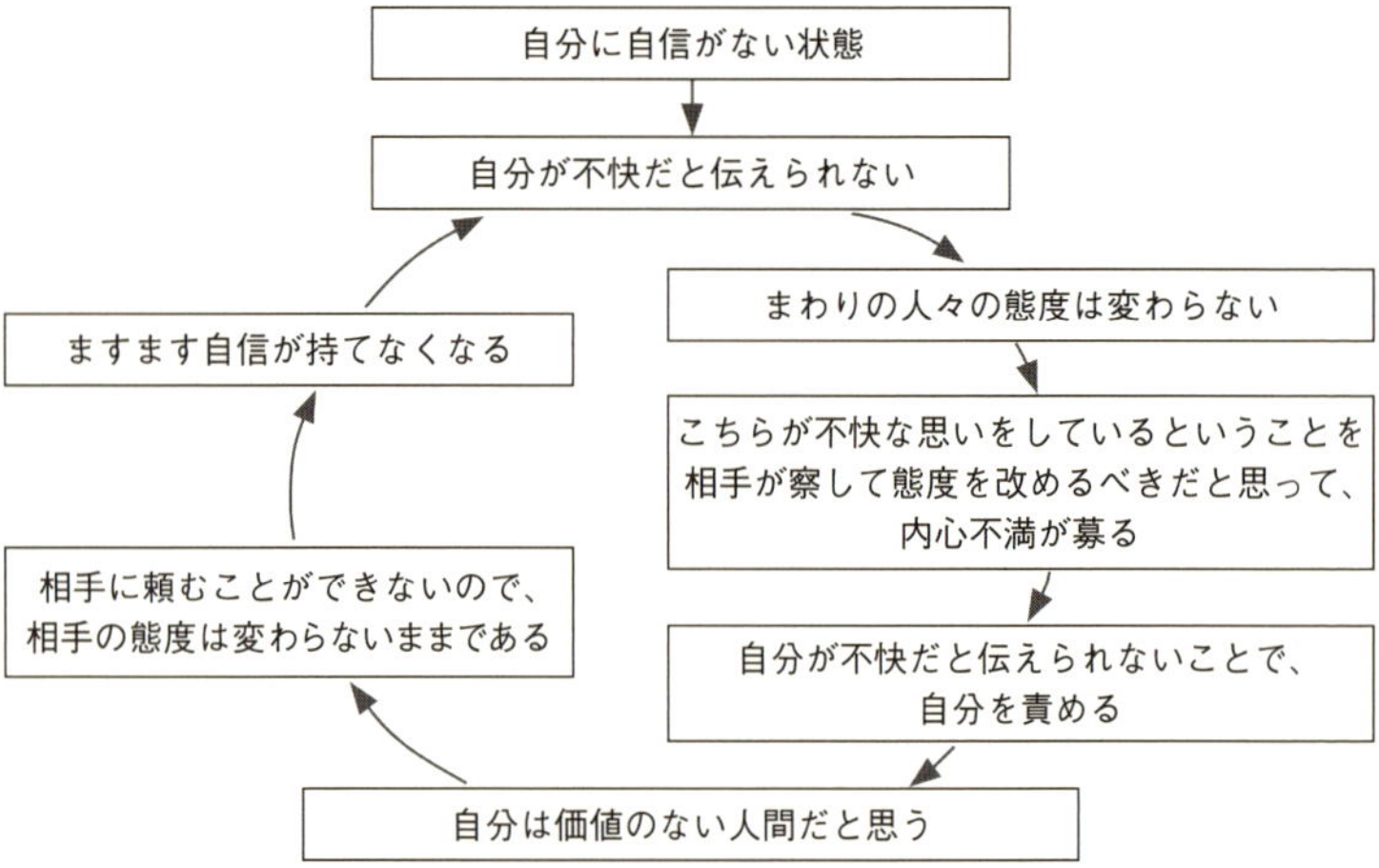
自分に自信がない状態
自分が不快だと伝えられない
まわりの人々の態度は変わらない
こちらが不快な思いをしているということを
相手が察して態度を改めるべきだと思って、
内心不満が募る
自分が不快だと伝えられないことで、
自分を責める
自分は価値のない人間だと思う
相手に頼むことができないので、
相手の態度は変わらないままである
ますます自信が持てなくなる

あなたに対して、これをやって、あれをやってといろいろと要求をつきつけてくるのです。そして、あなたはその要求に対して「ノー」と言えません。相手の要求は普通に考えたら非常識なのに、断わったりしたら相手との関係が悪くなるのではないかと思うと、「ノー」と言うことができないのです。これも自分に自信がないせいです。この〈自信がないこと〉と〈ノーと言えないこと〉の間には、やはり「玉子が先か、にわとりが先か」の〈悪いサイクル〉があります。**図1−7**はそれをまとめたものです。

　これを見ると、「相手があなたを利用する」と言っても、相手に悪意があるとはかぎらないということがわかります。相手は何を要求しても、あなたが「ノー」と言わずに引き受けてくれるので、どこまでが要求していいことなのか、どこからが要求してはいけないことなのか、その区別がつかないのです。もっとも、それはあなたにもわからないのかもしれません。あなたはこれまで相手の要求をほとんど断わったことがないでしょうから……。

図1−7　相手の要求に対して「ノー」と言えない
——自己主張と自信の悪いサイクルの例

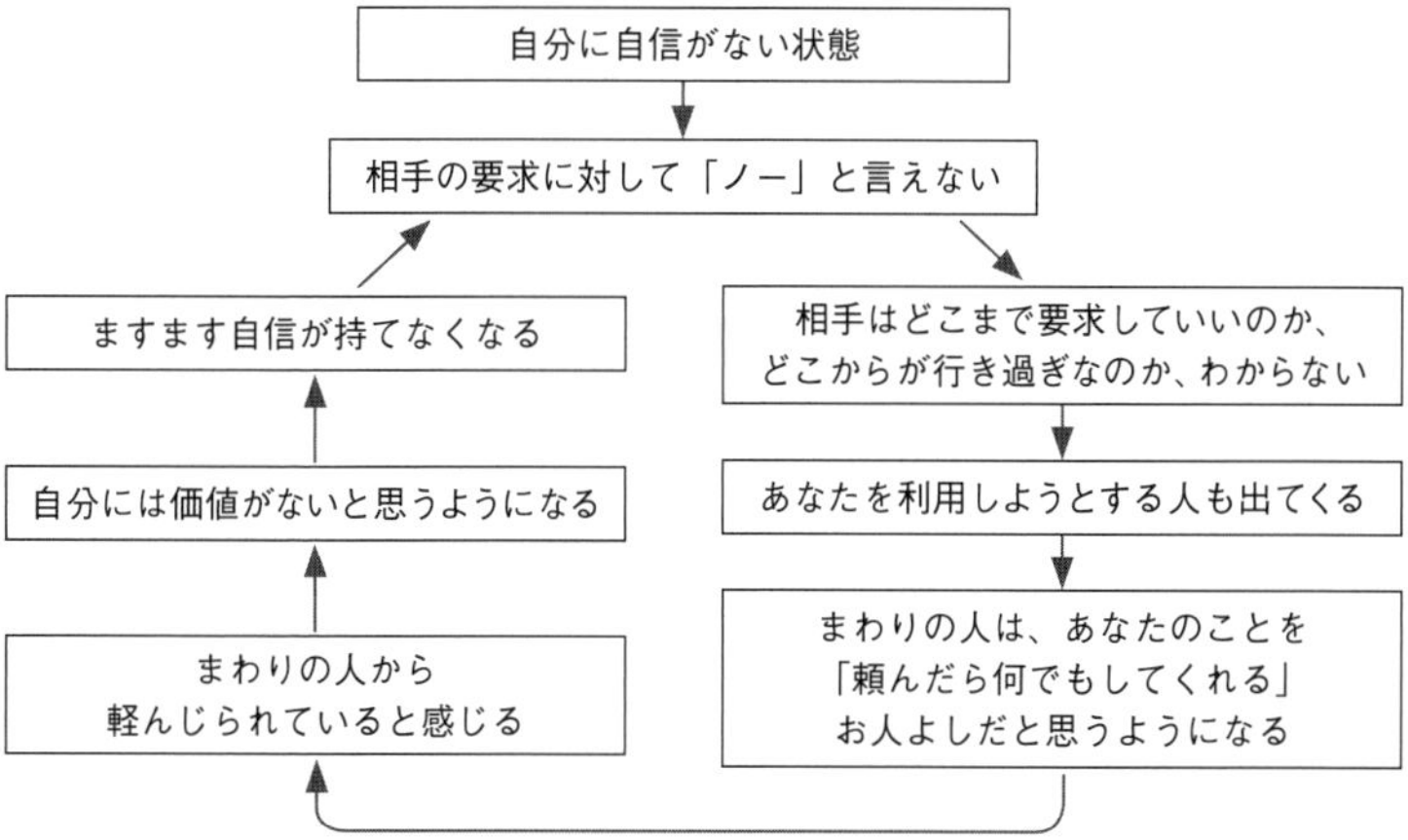
自分に自信がない状態
相手の要求に対して「ノー」と言えない
相手はどこまで要求していいのか、どこからが行き過ぎなのか、わからない
あなたを利用しようとする人も出てくる
まわりの人は、あなたのことを「頼んだら何でもしてくれる」お人よしだと思うようになる
まわりの人から軽んじられていると感じる
自分には価値がないと思うようになる
ますます自信が持てなくなる

そうすると、なかには「あなたを利用しよう」という意識すらなしに、「頼むだけ頼んでみよう」という人が出てくるのです。たとえば、どうしても誰かに残業してもらわなければならなくなった時に、上司だったら、いつでも「ノー」と言うことができる人と、いつでも「イエス」と答える人のどちらに声をかけるでしょう？　あるいは先に「ノー」と言うことができる人に声をかけたとしても、実際に「ノー」と言われたらどうするでしょう？　というわけで、結局はあなたに残業の命令が下って、あなたは夜中まで働くことになるのです。

　もちろん、そうしたことの結果、あなたは人から感じがよくて、親切な人だと思われることもあるでしょう。でも、たとえ、あなたがかなり無理をして相手の要求を引き受けたとしても、あなたが思っているほど、まわりの人はあなたに感謝してくれません。また、あなた自身も「人のためになれてよかった」「みんなから親切な人だと思われて嬉しい」と感じるより、「自分はただのお人よしだ」「いつも損ばかりしている」と思っているのではないでしょうか？　そして、ひとたびそう思ったら、「こんなふうに、みんなが次から次へと要求をしてくるのは、あいつだったらなんでもやると、人から馬鹿にされているからだ。自分には価値がないんだ」と考えて、自信を喪失することになります。こうして〈悪いサイクル〉にはまっていくのです。そのサイクルがどんどん進んでいくと、最後には、「相手はあなたを利用して、あなたのほうは一方的に相手に奉仕する」関係ができあがってしまいます。

　ということで、あなたは相手の反応が怖くて、「ノー」と言うことができません。その結果、相手はあなたにいろいろな要求をしつづけます。いっぽう、あなたはなんでも相手の要求どおりにしてしまうことによって自尊心が傷つき、自分に不満を持つと同時に、自分がつまらない人間だと思うようになります。そして、こんなふうに思うのです。「私は人に利用されてばかりのとんだお人よしだ！ 人が足を拭くための雑巾《ぞうきん》みたいなものだ！」。そうなったら、最後は「何をしても無駄だ、どうせ何も変わらない」という気持ちになって、落ち込むだけです。

しかし、あなたの内に蓄積された不満は、やがて一杯になり、いつか爆発してしまいます。「どうしてみんな、私に無理ばかり押しつけるんだ！」と……。これはあまりよい自己主張の仕方ではありません。

それでは、あなたはどうして「ノー」と言えないのでしょうか？ ここにもやはり〈思い込み〉が関係しています。それは次のようなものです。

- 「ノー」と言ったら、相手は腹を立てるだろう
- 「ノー」と言ったら、関係が悪くなるだろう
- 人に何か頼まれたら、しなくてはならない
- 「ノー」と言うのは、エゴイストのすることだ
- 「ノー」と言うには、正当な理由が必要だ
- その場で「ノー」と言わなかったのに、いまさら断われない

したがって、「ノー」と言えるようにするためには、この〈思い込み〉を正していかなければなりません。

4．批判に対して反論する

最初に次のエピソードをお読みください。このエピソードではローランスという女性が書類の番号をまちがえたために、上司から叱責されています。けれども、番号をまちがえたのは、前の人が書類を戻す時に入れまちがえていたからで、必ずしもローランスだけの責任ではありません。また、ほかにも急いでやらなければならない仕事があったのに、突然言いつけられた仕事で、しかも急がされていました。そういった事情があるのに、ローランスは以前にも同じ失敗をしたことがあるため、反論することができません。

上司　ローランス、またまちがえたのか？　まったく！

ローランス　……。

上司　やる前に番号を確かめるように言ったはずだぞ。そんなに難しいことじゃないだろう？

ローランス　……。

上司　もっと正確に、もっと注意してやるように、もう何度も言ったはずだ！

ローランス　すみません。私の不注意でした。

上司　まあ、今日のところは、大事に至らずにすんだからよかったようなものの、次回はどうなるかわからないぞ！　正確に、正確にだ、ローランス！

ローランス　……。

ローランスは上司に注意されて、身体がすくんで何も言えなくなっています。確かに書類の番号をまちがえたのはローランスの不注意ですが、書類の順番がちがっていたとか、仕事を急がされたとか、別の原因もありました。それなのに、上司のほうは一方的に批判を続け、ローランスは言われっぱなしになっています。もし、このような状況が繰り返されれば、ローランスはいつも批判されるばかりで、自分に自信が持てなくなり、**図1－8**にあるような〈悪いサイクル〉にはまる恐れがあります。つまり、自分に自信がないせいで、誰かに批判されると、「相手の言っていることが正しい。いけないのは自分だ」と簡単に思ったり、たとえ相手の批判が不当だと思っても、「私なんかが反論しても、聞いてくれないだろう。言うだけ無駄だ」と考えたりして、相手に対して反論することができず、それによってまた自信を失ってしまうのです。

そして、このような経験を何度も繰り返すと、どんなに理不尽な批判を受けても、反論するのをあきらめると

図1－8　批判に対して反論できない――自己主張と自信の悪いサイクルの例

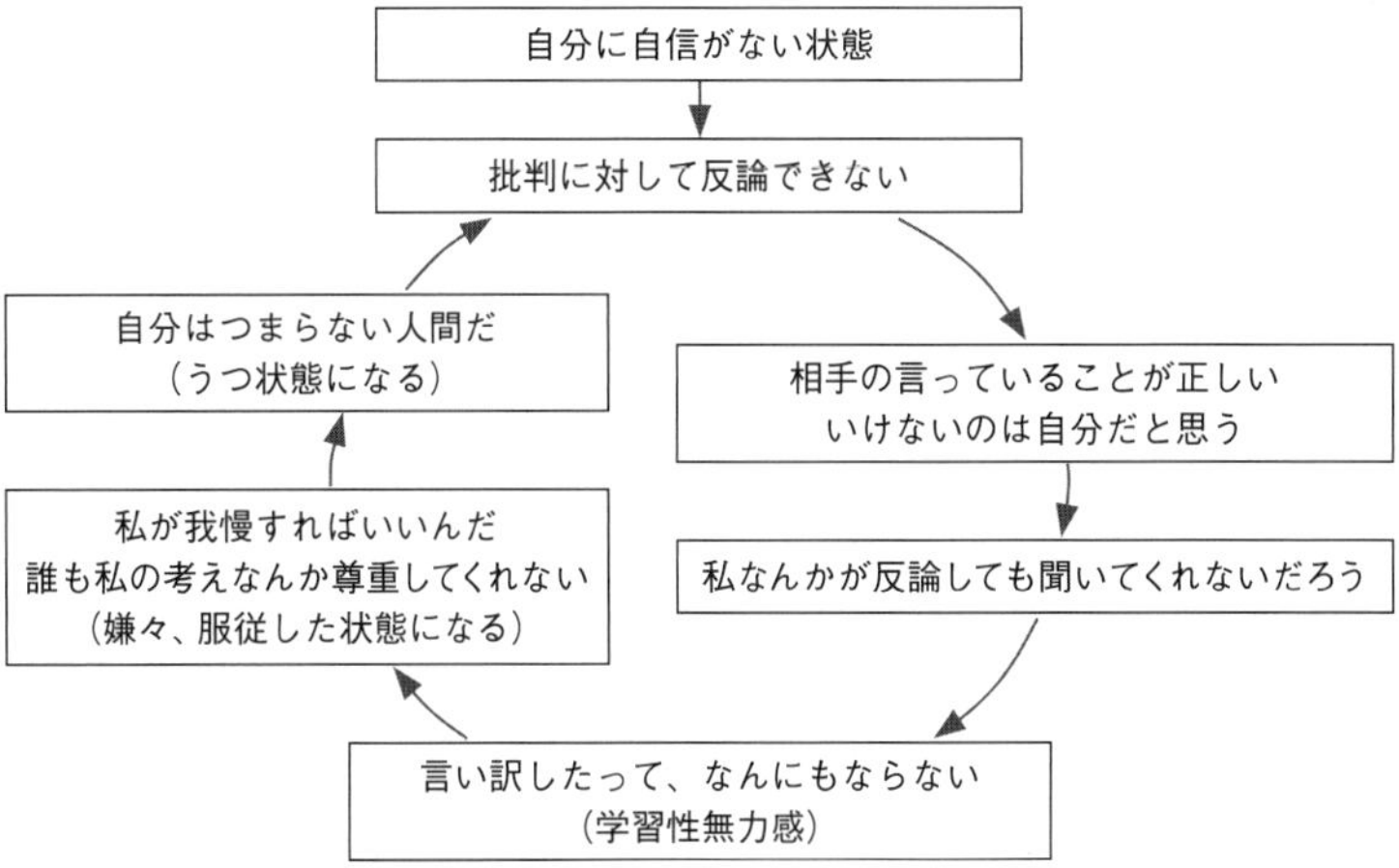
自分に自信がない状態
批判に対して反論できない
相手の言っていることが正しい
いけないのは自分だと思う
私なんかが反論しても聞いてくれないだろう
言い訳したって、なんにもならない
（学習性無力感）
私が我慢すればいいんだ
誰も私の考えなんか尊重してくれない
（嫌々、服従した状態になる）
自分はつまらない人間だ
（うつ状態になる）

いう、心理学の言葉で言う〈学習性無力感〉に陥ってしまう恐れもあります。〈学習性無力感〉とは、たとえば、実験用のマウスを逃げられない状態にして、嫌な刺激を与えつづけると、最後には逃げようともしなくなるというものです。批判に対して決して反論しないで、ひたすら嫌な思いを我慢しているというのは、そういうことなのです。その結果うつ病を発症する危険性すらあります。また、そこまでいかなくても、「会社の同僚から軽くみられる」「いやがらせを受ける」「自己嫌悪に陥る」「批判を避けようとしすぎて、仕事に対しても消極的になる」など、さまざまな弊害《へいがい》が出てきます。

では、あなたはどうして批判に反論することができないのでしょうか？　そう、これもまた〈思い込み〉のせいです。その〈思い込み〉とは次のようなものです。

●私が批判されるのは、批判されてもしょうがないところがあるからだ
●言い訳したって、なんにもならない
●目上の人には逆らわないほうがいい

こういった〈思い込み〉は適切なトレーニングによって正していかなければなりません。

ところで、「批判に対して反論する」ということで言えば、もうひとつ大切なことがあります。これは「反論する」というより、「抗議する」ということです。ある種の批判に対しては、決して受け入れたりせず、断固として抗議する必要があります。その批判とは、あなたの人格に対する批判です。

確かに、批判に耳を傾けることは、人間が成長するうえで大切なことです。しかし、その批判は「何

をしたか」という〈行為〉にかぎられるべきもので、「あなたがどんな人間か」という〈人格〉に向けられるべきものではありません。「だから、君はダメなんだ」とか「そんなことじゃ小学生以下だ」とか、人間としての価値を否定するような攻撃を受けた時には、黙っていてはいけません。あなたの価値をおとしめるような失礼なことを言われた時には、それは失礼なことだと抗議しなければならないのです。といっても、そこで相手を攻撃するのはあまりいいやり方とは言えません。そんなことをしたら、相手との関係が悪くなるだけだからです。そうなったら、問題がいっそう難しくなります。したがって、誰かからそういった人格的な批判を受けた時には、相手を攻撃しないで、自分を守る方法を学ぶ必要があります。

5. 自分をアピールする

最後は、もっと「自分をアピールする」ということです。あなたは「自分のことなんか、誰も興味を持ってくれない」とか、「自分のことを話すのは、はしたない」と考えて、自分がどんな人間であるのか、何を考えているのか、人に伝えるのを怠っていませんか？

たとえば、初対面の人と会う時、あなたは自分の名前だけ言って、あとは黙り込んでいないでしょうか？　あるいは、相手の話ばかり聞いていて、何か思いついても、話すのを自制していないでしょうか？　知り合いとおしゃべりをしている時も同じです。あなたは話を聞くいっぽうで、たまに自分のことに話題をふられても、すぐに話をそらしてしまったりしていないでしょうか？　そんなことばかりしていると、みんなの注目は話をしている人にばかり集まって、あなたは「いてもいなくてもいい人」になってしまいます。あるいは、「いるかいないかわからない人」に……。そうすると、「人から認めてもらえていない。ほかの人は私のことをどうでもいいと思っているんだ」という気持ちから、自信がなくなっていきます。

もしかしたら、あなたはかなり親しくなった相手にも、自分の欠点や失敗を隠しているかもしれません。でも、そうやって、ありのままの自分を見せずにいると、いつまでたっても、本当の自分を受け入れてもらえた気がしません。その結果、たとえ相手が自分を認めてくれていたとしても、「それはちがう私だ」と思って、自信がつきません。

また、あなたは人から褒められるのも、苦手なのではありませんか？　たとえば、次のような状況を想像してみてください。あなたはパーティーに素敵なドレスを着ていって、誰かから褒められました。

「今日のドレス、とても素敵ね！」

でも、あなたは「そうでしょう」とは答えずに、相手の言葉を否定します。

「とんでもない、バーゲンで買ったの。たいしたものじゃないわ！」

それどころか、あわててこうつけ加えます。

「あなたのドレスのほうがずっと素敵よ」

要するに、あなたは人に褒められてもドギマギするだけで、自分のよさを人にアピールすることができません。これではせっかく素敵なドレスを着て、人から褒めてもらっても、自信にはなりません。

でも、自分の魅力をアピールできないと、人からもそれを認めてもらえず、**図1-9**のように、〈自己評価〉が低くなって、ますます自信を失っていくという〈悪いサイクル〉にはまってしまいます。これを〈自信がついてくる、よいサイクル〉に変えていくためには、自分の素晴らしいところを人にアピールして、〈自己評価〉を高めてやる必要があります。

では、どうして、あなたは人にアピールすることができないのでしょうか？　これまでと同じように、それには〈思い込み〉が関わっています。その〈思い込み〉とは、次のようなものです。

●自分になんか、誰も興味を持ってくれるはずがない
●自分のことを話すのは感心しない。ましてや、自慢話はみっともない
●自分は欠点だらけなので、ありのままの姿を見せたら、人から受け入れてもらえない
●自分の弱みを見せたら、相手につけこまれる
●自分の優れているところをアピールしたら、嫉妬や反感を買う
●人と会話をするなら、準備を完璧にしなければ

図1－9　自分をアピールできない――自己主張と自信の悪いサイクルの例

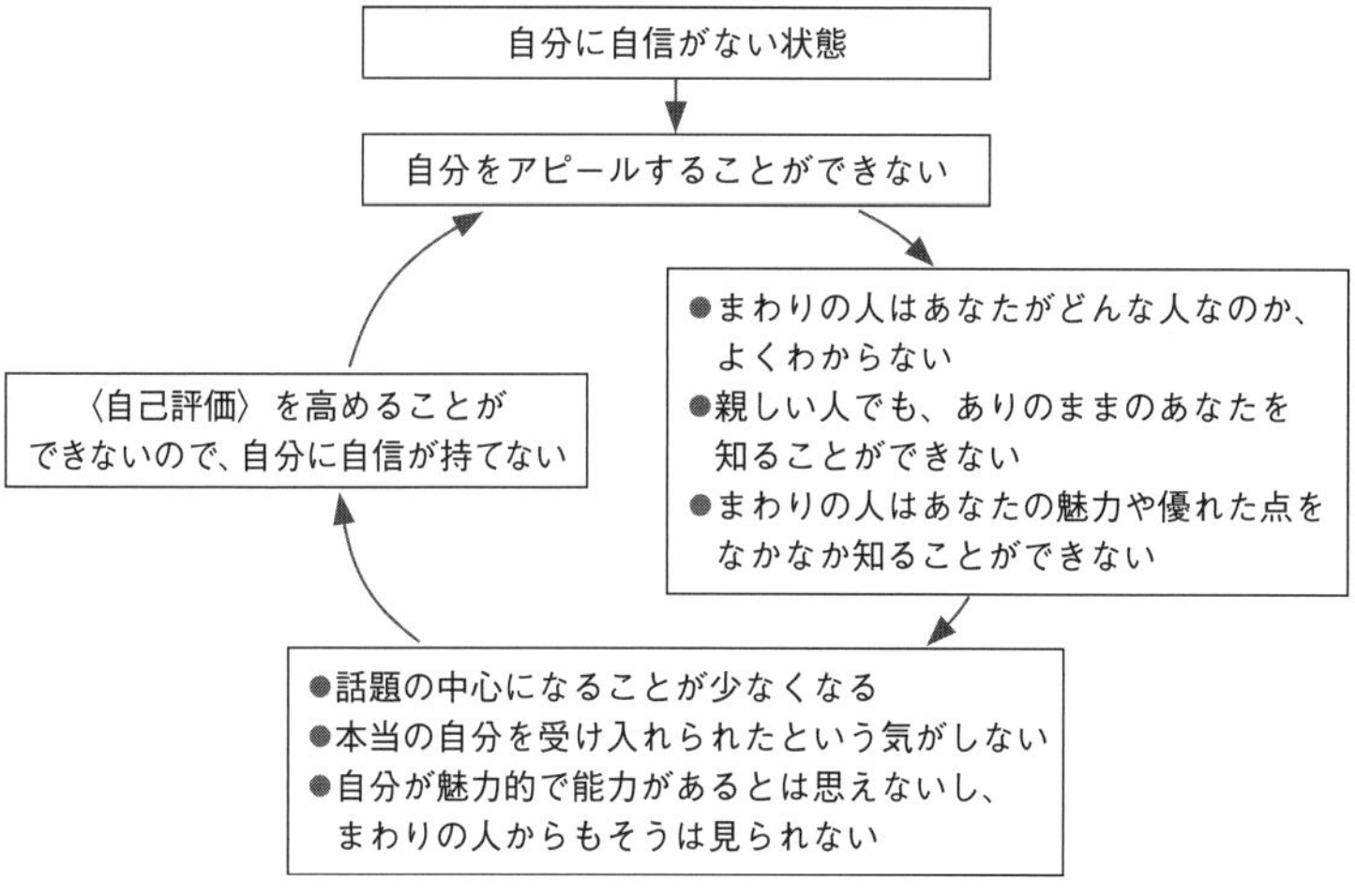
自分に自信がない状態
自分をアピールすることができない
●まわりの人はあなたがどんな人なのか、よくわからない
●親しい人でも、ありのままのあなたを知ることができない
●まわりの人はあなたの魅力や優れた点をなかなか知ることができない
●話題の中心になることが少なくなる
●本当の自分を受け入れられたという気がしない
●自分が魅力的で能力があるとは思えないし、まわりの人からもそうは見られない
〈自己評価〉を高めることができないので、自分に自信が持てない

ばならない

こういった〈思い込み〉はおもに〈自己評価〉に関係していますが、あなたが「自分をアピールし、〈自己評価〉を高めて、さらに自信を持つ」という〈よいサイクル〉に入るためには、なんとしてでも修正していかなければなりません。逆に言えば、そうした〈思い込み〉を修正すれば、〈自信がついてくるメカニズム〉を作動させることができるのです。

さて、ここまでのところを読んでいただければ、自分に自信を持つには、まずまちがった〈思い込み〉を正したうえで、①自分のよいところを認めること、②行動すること、③自己主張することによって、〈自己評価と自信〉〈行動と自信〉〈自己主張と自信〉の〈悪いサイクル〉を〈よいサイクル〉に変えていけばいいとおわかりになると思います。これについては、第2部と第3部で詳しく説明します。

第2章　自信のピラミッド

そもそも〈自信〉とはいったいなんでしょう？　〈自信〉とは、「自分を信じる」と書きますが、それだけでは〈自信〉とは何か、はっきりしたイメージを持つことはできません。「自分を信じる」というのがどういうことか、具体的にわからないからです。そこで初めにそのことについて考えてみましょう。キーワードは、「何について自分を信じるか？」「誰に対して自分を信じるか？」「自分を信じてどうするか？」です。

何について自分を信じるか？

まず、「何について」ですが、これはいくつかあります。

――自分がほかの人と同じように、かけがえのない人間であること

――自分にはそれなりに能力があること、あるいは努力次第で能力が身につくはずだということ

――自分はほかの人から愛され、必要とされているということ。ひとりの人間として認められ、尊重されているということ

こういったことについて、「自分を信じる」ことができるかどうか、これが「自信を持つ」ことの基礎になります。

誰に対して自分を信じるか？

次は「誰に対して」。こちらはふたつあります。

——自分に対して

——ほかの人に対して

これはどちらも大切なことです。

自分を信じてどうするか？

最後は「どうするか」。こちらもふたつあります。

——自分を信じて行動する

——自分を信じて自己主張する

どうでしょう？　この「誰に対して、自分を信じるか」、「自分を信じて、どうするか？」は、ひとつにまとめると、

——自分に対して、自分を信じて、行動する

——ほかの人に対して、自分を信じて、自己主張する

ということになります。つまり、前章で説明した〈行動〉と〈自己主張〉が〈自信の柱〉になっている

ことがわかります。では、「何について」はどうか？　それは、

――自分をかけがえのない人間として、それなりの能力があり、あるいは努力しだいで能力を身につけることができ、人から認められ、必要とされ、愛されていると、信じる

ということです。これはつまり、「自分を大切にしている」――すなわち、きちんとした〈自己評価〉を持っているということです。これも前章で出てきましたね。〈自己評価〉もまた、〈自信の柱〉になっているのです。

　そこで、このあとは〈自信の柱〉になっている、三つの要素――〈自己評価〉〈行動〉〈自己主張〉について考えてみましょう。

――自信の三つの要素

　まずは**図2－1**をご覧ください。これは自信を構成する

図2－1　自信のピラミッド

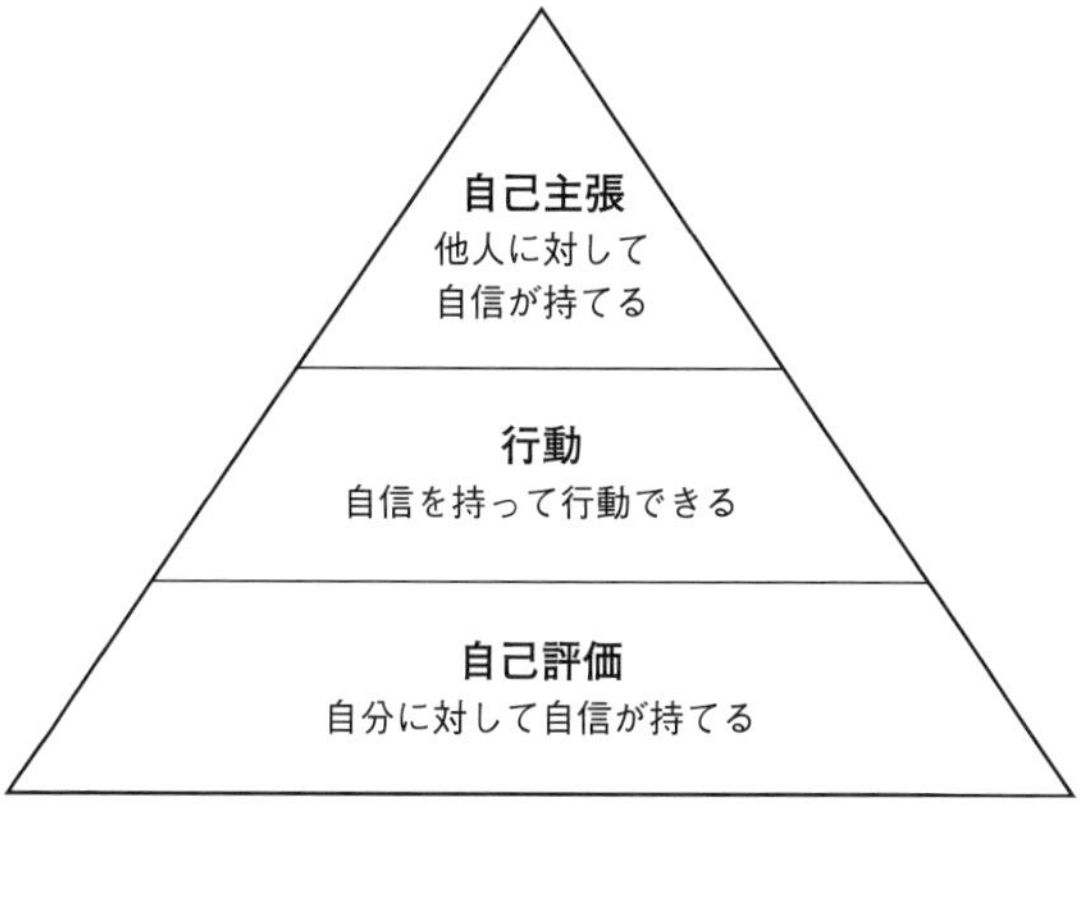

〈自己評価〉、〈行動〉、〈自己主張〉の関係を図に表したものです。この三つは互いに関連していますが、この図では〈自己評価〉をいちばん下にする、ピラミッドのイメージで考えています。これは、つまり〈自己評価〉を〈自信〉のいちばん基礎になるものと考え、〈自己評価〉を高めれば、〈行動〉することも容易になり、〈自己主張〉もできるようになるということです。また、その反対に〈自己主張〉ができれば、〈行動〉もできるようになり、〈自己評価〉が高まるということも表しています。そうなのです。この三つは互いに関連していて、どれかができるようになれば、ほかのこともできるようになり、総体的に自信が持てるようなメカニズムになっているのです。これについては、またあとで説明しましょう。その前に、ここでは〈自己評価〉〈行動〉〈自己主張〉について、もう一度、簡単におさらいしておきます。

〈自己評価〉

〈自信〉の基礎となるものです。たとえば、仕事をする時、あなたは自分にその仕事をする能力があると思っていますか？　人から愛され、認められ、また必要とされていると思っていますか？　かけがえのないものとして、自分を大切に思っていますか？　そう思える人は〈自己評価〉が高い人です。そして、そういう人は自分を信じて〈行動〉を起こすことができますし、ほかの人に対して〈自己主張〉することもできます。ほかの人が自分を認め、敬意を払ってくれていると信じることができ、また自分にはその価値があると信じているからです。そんなふうに考えれば、〈自己評価〉が〈自信〉の基礎となるというのは、よくわかりますね。〈自己評価〉の基本は自分を価値のある存在として考えられるかどうか、つまり自分を大切にできるかどうかということです。

ただし、〈自己評価〉というのは、生まれ育った環境や、親との関係などで、子どもの頃にできあってしまう部分もあります。したがって、「自分には能力がない」「自分は人から愛されるはずがない」といった思い込みが子どもの頃に刷り込まれてしまうと、その思い込みを正すのは、それほど簡単なことではありません。でも、安心してください。第3部でご紹介するように、そういった思い込みを正して、〈自己評価〉を高める方法はあるのですから……。ここでは次のことだけ覚えておいてください。それは、あなたが何をしようと、たとえどんな失敗をしようと、友だちから何と言われようと、また自分でどう思おうと、あなたという人間の価値は変わらないということです。

たとえ、あなたが「自分はダメな人間だ。自分には価値がない」と思おうと、あなたはほかの人と同じようにかけがえのない人間で、ほかの人と同じように価値があるのです。

〈行動〉

ピラミッドの真ん中に位置して、〈自信〉のいわば原動力になるものです。自分には能力があると思えば、安心して〈行動〉することができます。そして、〈行動〉の結果、成功すれば、自信が持てるようになります。これは前章の〈自信と行動のよいサイクル〉で見たとおりです。では、どうして、〈行動〉することが、それほど〈自信〉と関係しているのでしょうか？　それは、人間が生きていくには〈行動〉することが不可欠だからです。自分の力を伸ばすために勉強する、自分の能力を生かした仕事につく、新しいことに挑戦する、旅行をする、サークルに参加する、友だちをつくる、恋人をつくる、結婚する……。こういったことは、すべて〈行動〉です。そして、こうした〈行動〉によって、人生は豊かになります。それなのに、自分に自信がないせいで、〈行動〉するのをためらっていませんか？　だとしたら、ほかの人が普通にやっていることができなくなり、「自分はダメな人間だ」と思うようになるでしょう。こうして、前章で見た〈悪いサイクル〉にはまっていくわけです。

また、あなたが自分に自信がなく、行動を起こすのが苦手なら、それは「失敗する」のが怖いのかもしれません。ですから、〈行動〉を起こせるようにするためには、〈失敗〉をどうとらえるか、〈失敗〉とどう付き合うかについても考える必要があります。

〈自己主張〉

ピラミッドのいちばん上にきて、〈自信〉を確かにしてくれるものです。人はどれほど〈自己評価〉が高く、〈行動〉することができても、上手に〈自己主張〉して、ほかの人とうまく付き合うことができなければ、幸福に生きていくことはできません。

私たちが自分を愛し、認めることができるのは、ほかの人から愛され、認められるからです。そうでなければ、「ほかの人にとって、自分は価値のない人間だ」と思い、〈自己評価〉が低くなって、自信を持つことはできません。では、「ほかの人から認められている」「ほかの人から愛されている」というのは、どんな時にわかるのでしょうか？　それは、自分の要望を相手に伝えて、聞いてもらえた時、やりたくないことを「嫌だ」と言っても、関係が悪くなることがなく、むしろその気持ちを理解してもらえた時、相手の意見に異論を唱えても機嫌を悪くされることなく、受け入れてもらえた時です。もちろん、ほかにも人から認められている、愛されていると思う時はあるでしょうが、今書いたことが、対人関係において大きな要素を占めていることはまちがいありません。そして、こういったことはすべて〈自己主張〉に関係しています。

したがって、上手に〈自己主張〉することができるようになれば、「自分は人から認められている」「敬意を払われている」「愛されている」「人間として尊重されている」と実感することができ、〈自己評価〉が高くなります。また、〈行動〉との関連で言えば、「自分の希望や要求を伝える」「自分が不快だと伝える」「相手の要求に対して『ノー』と言う」「批判に対して反論する」「自分をアピールする」など、前章で述べた〈自己主張〉の五つの形は、すべてひとつの〈行動〉であるとも言えます。そうです。〈自己主張〉するということは、〈行動〉するということでもあるのです。ですから、〈自己主張〉＝〈行動〉がうまくいけば、それが自信になることは言うまでもありません。その意味でも、自信を持つのに、〈自己主張〉することは必要です。ただし、思い切って〈自己主張〉をしてみても、たまには「失敗する」こともあります。これについては、もう少しあとで触れます。

――シャンパン・タワー

ということで、自信を構成するこの三つの要素〈自己評価〉〈行動〉〈自己主張〉は、互いに影響し、補い合っています。したがって、このうちひとつでも欠けると、私たちの自信は根底から揺らいでしまいます。なお、**表2-1**は、〈自己評価〉が低くなったり、〈行動〉や〈自己主張〉ができなくなってしまう原因と、その時、私たちはどのような〈思い込み〉をしているのか、またそれが高じると、どんな病気になってしまうかをまとめたものです。

　また、それとは逆に、前にも書いたように、この三つの要素は、このうちのどれかが強化されると、ほかの要素も強化され、全体に〈自信〉を押しあげる力を持っています。そういうメカニズムになっているのです。そのメカニズムをイメージしていただくために、まずは**図2-2**の絵をご覧ください。

　あなたはシャンパン・タワーを知っていますか？　そう、この絵のように、シャンパングラスをピラミッドのように積み重ね、いちばん上のグラスにシャンパンを注いで、最後にはすべてのグラスをシャンパンで満たすというもの――これがシャンパン・タワーです。結婚式のパーティーなどでご覧になった方もいらっしゃるでしょう。いちばん上のグラスが満たされれば、シャンパンは自然と下のグラスに流れていきます。そして、またその下へと……　最後にはすべてのグラ

表2－1　〈自己評価〉と〈行動〉と〈自己主張〉ができない場合の原因と思い込み・病気とセラピー

	自己評価が低い	行動できない	自己主張できない
原因	子どもの頃、まわりから十分な愛情を得られなかった	子どもの頃の行動に対するまわりの反応（例　失敗すると叱られた、行動を抑制された）	子どもの頃の人間関係のトラウマ、失敗（例　クラスで笑いものになった）
思い込み	私はダメな人間だ 私には何の価値もない	私には能力がない	人から愛されなくてはならない
発症する可能性のある病気	うつ病 パーソナリティ障害	うつ状態 不安障害	社交不安障害 回避性パーソナリティ障害
セラピー	認知療法	行動療法	自己主張訓練

スがシャンパンで満たされるのです。

同様のことが、あなたにも起こりうるのです。いちばん上のグラスにシャンパンを注ぐだけで、タワー全体を満たすことができるように、〈自己主張する〉だけで、あなたの〈自信のピラミッド〉は一八〇度変わるのです。ちなみに、このイメージで言えば、シャンパングラスの並べ方を〈行動〉〈自己主張〉〈自己評価〉にしても、〈自己評価〉〈行動〉〈自己主張〉にしても、いちばん上のグラスが満たされれば、〈自信〉があふれ、いちばん下まで〈自信〉が満ちるメカニズムは変わりません。

――失敗とどう付き合うか？

では、ここからは〈失敗〉について考えていきましょう。先ほども書いたように、〈行動〉

図２－２　シャンパン・タワー

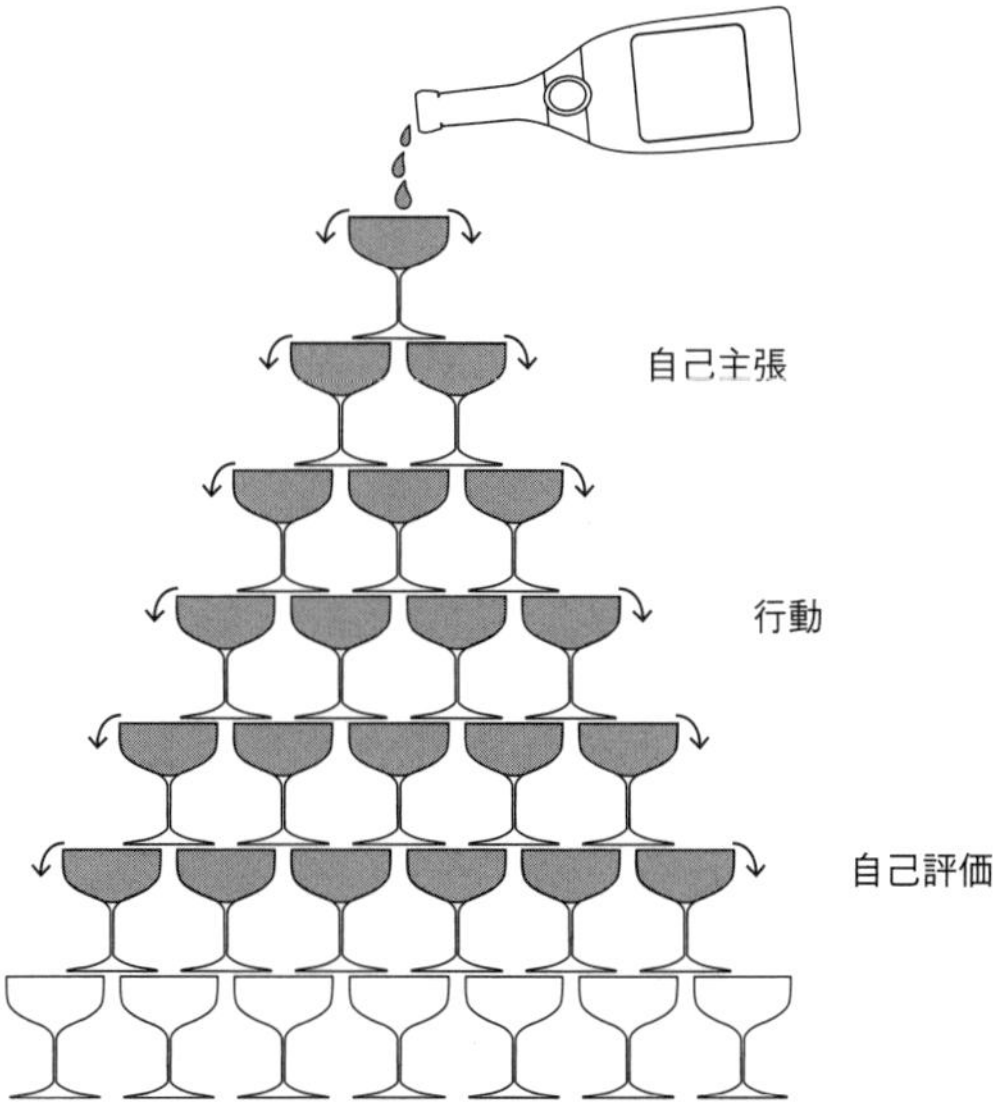

や〈自己主張〉には失敗がつきものです。せっかく勇気を出して〈行動〉を起こしたり、〈自己主張〉をしたりしても、いつでも必ずよい結果が出るとはかぎりません。そこで、失敗すると、「やっぱり自分はダメな人間だ」と考え、〈自己評価〉が下がります（本当は下げなくてもよいのですが、自信のない人は失敗したことによって〈自己評価〉を下げてしまいます）。また、自信も失います。そして、〈行動〉したり、〈自己主張〉したりするのが怖くなります。その結果、「自分は何もできない人間だ」「どうせ自分の言うことは人には聞いてもらえない」と考え、〈自己評価〉が下がり、ますます自信を失っていきます。

でも、それではいけません。私たちは「もっと自信を持つことができる」ようになるために、〈失敗〉とうまく付き合わなければならないのです。そのことをお話しする前に、まずは私のクリニックに通っているイザベルの話を聞いてください。

イザベルの場合――仕事場でも家でも失敗ばかり

ある時、イザベルはクリニックでこう自分を責めました。

「先生、私はダメな人間です！　馬鹿なことばっかりしているんです。会社でも、つまらないミスばかりしています。みんな私の不注意のせいなんです。上司が怒るのも当たり前です。それに先日、息子から、母親失格だとののしられてしまいました！　それというのも、息子が満点のテストを持って帰ってきたのに、私が見もしなかったからなんです。確かにあの時は、忙しかったし、仕事の心配事もあって息子の話を聞いてやれませんでした……。でも、こんなのただの言い訳ですよね。ほかのお母さんだったら、たとえ忙しくても子どもの話くらい聞くはずです。本当に私は、仕事場でも家でも失敗ばかりしているんです！」

イザベルは、仕事場や家庭で〈失敗〉をし、失敗ばかりしている自分はダメな人間だと思い込んでいます。しかし、よく考えてみると〈失敗〉したのは事実でも、「ダメな人間」だというのは、イザベルの思い込みにすぎません。それがいつの間にか、本人のなかでは確固たる〈事実〉になってしまっているのです。

確かにイザベルは、仕事をする時にミスをしないよう、もっと気をつけるべきだったかもしれません。息子がテストで満点をとったのですから、褒めてやるべきだったかもしれません。しかし、だからといって、イザベルはダメな人間なのでしょうか？

そもそも、私たちは、仕事でただ一度のミスも許されないのでしょうか？　ついうっかり、今日学校で何があったのか、子どもに尋ね忘れてしまったお父さんやお母さんは大勢いるはずです。

ところが、イザベルのように、自分に自信のない人というのは、〈失敗〉を必要以上に深刻にとらえて、たとえ、その〈失敗〉がささいなものでも、すぐに「やっぱり自分はダメな人間なんだ」と思ってしまうのです。つまり、〈失敗したという行為〉と〈自分はダメな人間だという判断〉をイコールで結びつけてしまうのです。このように人間の〈価値〉を〈行為〉の結果だけでとらえてしまうと、〈失敗〉をするたびに〈自己評価〉が下がってしまいます。そして、「何事につけても、非の打ちどころのない振舞いをしなければならない！　すべてを完璧にこなさなければならない」ということになってしまいます。しかし、そうではないのです。人間の〈価値〉は〈行為〉とは別のものであるということを、はっきりと覚えておいてください。

人には失敗する権利がある

このように、〈失敗〉するたびに〈自己評価〉を下げていたのでは、自分に自信を持つことはできません。イザベルのように、〈失敗〉を過大評価し、「失敗」＝「自分はダメな人間」という方程式に陥らないためには、〈失敗〉とうまく付き合う必要があります。そのために、大切なことをふたつ言っておきます。このアドバイスは、いつも頭に置いて、忘れないようにしてください。

1．あなたには、失敗する権利がある

〈失敗〉したことで、自分自身を責めるのはもうやめましょう。人は誰でも〈失敗〉するもので、〈失敗〉したからといって、あなたの〈価値〉が下がるわけではないのです。ですから、もし〈失敗〉しても、「自分はダメな人間だ」と思う必要はありません。同じ〈失敗〉を繰り返さないように、心がけさえすればよいのです。

2．人間としての価値を否定された時は、そのまま受け入れない

他人の批判に耳を傾け、成長しようとするのはよいことです。しかし、それは前にもお話ししたよう

に、あなたの〈行為〉に対する批判にかぎります。つまり、何かに失敗した時、「これからはそうならないように気をつけてほしい」という言葉を受けとめたり、「そうならないように、こうしたらどうだろう？」というアドバイスに耳を傾けるのは悪いことではありません。けれども、「そんな失敗をして、おまえは本当にダメな人間だな」とか、「まじめに働く気がないから、こんな失敗をするんだ」というように、あなたの〈人格〉が攻撃された場合には、決して黙っていてはいけません。私たちは皆、それぞれの価値を持っています。あなたという人間はかけがえのない存在なのです。ですから、あなたの〈価値〉をおとしめるような失礼なことを言う権利は、誰にもないのです。もちろん、上司もその例外ではありません。

自己診断テスト〈あなたにはどのくらい自信があるか？〉

さて、ここまでお話ししてきたように、自信には〈自己評価〉〈行動〉〈自己主張〉の三つの要素があり、互いに影響し、補い合っています。〈自己評価〉を底辺に、〈自己主張〉を頂点とするピラミッドで表されるように、どれかひとつができるようになれば、ほかのこともできるようになり、総体的に自信が持てるようになるという〈自信のメカニズム〉もイメージしていただけたと思います。そこで、〈自信の柱〉となる三つの要素――あなたの〈自己評価〉〈行動〉〈自己主張〉がどのくらいのレベルにあるか、自己診断してみましょう。

以下の質問について、あまり考えず、いちばん自分に近いと思うものを選んでください。

表２－２　自己診断テスト〈あなたにはどのくらい自信があるか？〉

	おおいにそう思う	そう思う	そう思わない	まったくそう思わない
1. 自分の能力に自信がない				
2. 自分自身のことに関して、決断することができない				
3. 目立たないように、いつも控え目にしている				
4. 失敗するのがとても怖い				
5. 絶対成功するという保証がないなら、 初めからやらないほうがよい				
6. 自分の感情を表に出さないほうだ				
7. 自分に対処できないような不意の出来事が起こりそうで、 いつも心配だ				
8. どちらかというと自分に否定的だ				
9. 自分で自分に満足できないことがよくある				
10. 私は完璧主義者だ				
小計 A				
11. ノーと言えない				
12. 人から褒められるとドギマギしてしまう				
13. なかなか自分の希望や要求を伝えられない				
14. 人から批判されても、言い返すことができない				
15. 人前で話すことが苦手だ				
小計 B				
16. よく自分は何の価値もない人間だと思う				
17. 私は長所より欠点の方がずっと多い				
18. 人と比べて劣っていると思う				
19. 自分にもっと誇りが持てたらと思う				
20. 自分自身に悪いイメージを持っている				
小計 C				
合計 A+B+C				

▼テスト結果の解説

あなたの答に点数をつけてください。

〈おおいにそう思う〉……1点
〈そう思う〉……2点
〈そう思わない〉……3点
〈まったくそう思わない〉……4点

1から10の質問に対するあなたの答の点数の合計を小計Aに、11から15の質問に対する答えの点数の合計を小計Bに、16から20の質問に対する答えの点数の合計を小計Cに書き込んでください。次に、A、B、Cの合計を書き込みます。

◆合計点数が61点から80点の人は、じゅうぶん自分に自信のある人です。ただその自信が過信になり、他人を見くだしたり、他人に対して高圧的な態度をとらないように注意しましょう。

◆合計点数が41点から60点の人は、おおむね自分に自信のある人です。全体としては問題ありませんので、それぞれの小計を見て、極端に点数の低いものがないかチェックしましょう。

◆合計点数が20点から40点の人は、自分に自信を持てずにいる人です。改善が必要です。

▼テスト結果にしたがって本書を活用しましょう

◆小計Aはどれくらい自分の〈行動〉に自信があるかを表しています。点数が20点以下だった人は、第3部の第2の鍵をご覧ください。きっとヒントが見つかるはずです。

◆小計Bは、あなたがどれくらい〈自己主張〉できるかを表しています。点数が10点以下だった人は、第3部の第3の鍵をご覧ください。

◆小計Cは、あなたの〈自己評価〉の度合いを表しています。点数が10点以下だった人は、第3部の第1の鍵をご覧ください。

◆さて、中にはA、B、Cすべての点数がよくなかったという方もいらっしゃるかも知れません。でも、大丈夫です！〈自己評価〉〈行動〉〈自己主張〉の、それぞれの要素は互いに影響し合い、補い合っているのです。ですから、〈自己主張〉する能力が向上すれば、〈行動〉することも容易になり、〈自己評価〉も高まります。実際、〈自己主張〉するためのセラピーを受けただけで、自分に自信を持てるようになった方が大勢いらっしゃいます。そのことは、私だけではなく、多くのセラピストたちが言っていることなのです。

第3章　自信と病気

自信を構成する〈自己評価〉〈行動〉〈自己主張〉の三つの要素は、互いに関連していて、どれかひとつができるようになると、ほかのこともできるようになって自信が持てるようになります。反対に、この三つの要素のうちひとつでも欠けると〈自信が持てなくなる、悪いサイクル〉にはまり、そこから抜けだすのが難しくなります。これが〈自信のメカニズム〉ですが、このメカニズムについては、ここまでの話で、ご理解いただけたと思います。

それを踏まえて、このあと第2部では〈自分に自信を持てなくさせる思い込み〉について、第3部では〈自信を持つためのトレーニング〉について説明していくのですが、その前にこの第3章と次の第4章では、少し寄り道をして、第3章では〈自信と精神疾患との関係〉について、第4章では〈子どもの自信〉について、お話しします。まずは、〈自信と精神疾患との関係〉についてです。

——自信のないことが関係している病気

自分に自信が持てなくて、〈自己評価〉が下がったり、〈行動〉や〈自己主張〉ができなくなると、〈自信が持てなくなる、悪いサイクル〉に入ります。この〈悪いサイクル〉にはまると、ついには精神疾患に至ることもあります。ということで、初めに「自信がないために起こる」、あるいはそれによって「ますます自信がなくなってしまう」精神疾患を見てみましょう。

うつ病

最初は〈うつ病〉です。これはまず〈自信の三つの柱〉のうち、〈自己評価〉に関係しています。つまり、「自分には能力がない」と思ったり、「自分は価値のない人間だ」と思ったりすると、気分が落ち込み、悲しみに閉じこもってしまうのです。そうすると、気持ちがつねに内に向かい、外の世界に対する興味や意欲が失われます。そうなったら、〈行動〉を起こすこともできません。その結果、また自信が失われ、「自分はダメな人間だ」と憂鬱《ゆううつ》な気分になるのです。これでは将来に対する希望を持つこともできません。症状は精神的なものばかりではなく、疲労感、不眠、動作が緩慢になる、集中力や記憶力の低下など、さまざまな形で表れます。そして、こんなふうに辛い症状がたくさん出てくると、ますます〈行動〉ができなくなり、それによってまた〈自己評価〉も低下します。

社交不安障害

これは、「人と付き合うのが不安だ」と極端な形で思ってしまう精神疾患です。その意味では、〈自信の三つの柱〉のうち、〈自己主張〉に関係していると言えますが、〈自己評価〉が低いと、〈自己主張〉ができなくなるので、もともとは〈自己評価〉の問題が底に横たわっています。また、症状が進むと、他人との接触を避け、自分だけの世界に閉じこもるようになって、パーティーに招待されても行かなかったりするので、〈行動〉にも影響が出てきます。もっと軽い場合でも、人前で話すのを避けたり、部下を持つのが嫌なために、昇進を断わったりもします。これも〈行動〉の問題です。

これを〈自己評価〉が低いという問題を出発点として考えてみますと、〈自己評価〉の低い人は、まず自分の魅力や能力に自信が持てません。そこで、他人からも低い評価を受けていると思い込み、他人と触れ合うのが怖くなります。要するに、「他人が怖い」【1】という状態になるのです。その結果、他人と関わることができなくなり、〈自己主張〉をするのが難しくなります。そうして、〈自信が持てなくなる、悪いサイクル〉にはまっていきます。また、その状態では自分だけの世界に閉じこもり、他人と関わる〈行動〉を避けるようになるので、症状はますます悪化していくというわけです。

ただし、今では大変有効な治療法が確立されていますので【2】、他人と接するのが怖くて、社会生活に困難をきたすようであれば、医師に相談なさるとよいと思います。

全般性不安障害

次は〈全般性不安障害〉です。この疾患に悩む人々も自分に自信が持てません。というのも、〈自己評価〉が低く、自分の能力が劣っていると考えるせいで、何をするにも不安になってしまうのです。また、何か突発的なことが起こったら、その状況を切り抜けられる自信がないので、予想外の出来事が起こったらどうしようと、いつでもびくびくしているのです。そうなったら、あらゆることが心配になります。また、うまくいくかどうか不安だったり、結果が悪いほうにいかないかと心配で、〈行動〉することもできません。その結果、〈自信が持てなくなる、悪いサイクル〉にはまり、ますます不安が強くなります。

アルコール依存症・心的外傷後ストレス障害（PTSD）

そのほかにも、自信のないことと関わりの深い精神疾患はたくさんありますが、ここでは〈アルコール依存症〉と〈心的外傷後ストレス障害《PTSD》〉について説明します。〈アルコール依存症〉になる人は、〈自己評価〉が低く、自分に自信がないために、ついアルコールに逃げ道を見つけます。また、〈自己主張〉もうまくできないので、普段言いたいことが言えずに我慢している鬱憤《うっぷん》を晴らすために、アルコールの力を借りたりします。ところが、そうやっていつもアルコールに頼っているうちに、アルコールが手放せなくなり、依存症になってしまうのです。そうなると、「今日は飲まないようにしよう」という意思と、「飲みたい」という誘惑の戦いになるわけですが、〈アルコール依存症〉の人はいつでもその戦いに負け、その結果、「自分はなんてダメな人間なんだ」と思って、ますます自信を失っていきます。

これに対して、〈心的外傷後ストレス障害〉は、肉体的、あるいは心理的に衝撃を受けた出来事が心的外傷《トラウマ》になって、それが原因で起こるものですから、もともと自信がなかったわけではありません。この場合は、「どうしてあの時、自分は身を守れなかったのか？」と自分が無力だったことを責め、「そういったことが起こるのは、自分は人から大切にされる資格がないからだ」と自分の価値を疑ったりして、〈自己評価〉が下がり、それによって、自信がなくなっていくのです。また、他人も信用できなくなるので、安心して〈自己主張〉をしたり、〈行動〉することもできません。その結果、ますます自信を失っていくという〈悪いサイクル〉にはまってしまうのです。

自信がありすぎることが関係している病気

今度は、これまでとは反対に、自信がありすぎることが関係している病気です。

双極性障害（いわゆる躁うつ病）

最初は〈双極性障害〉です。この疾患にかかると、人は「自分は優れた人間で、できないことはない」という誇大妄想に近いほどの自信を持ちます。この状態になると、自信に満ちて、このうえないほど幸せな気分に包まれ、ほとんど睡眠をとらずに活動しつづけたりします。ただし、この〈自信〉は一時的なもので、そのあとは必ずうつ状態に陥ってしまいます。

自己愛性パーソナリティ障害

この疾患にかかる人は、〈自己評価〉が非常に高いという特徴を持っています。ただし、そのせいで、まわりにも自分にもさまざまな問題を引き起こします。

それを理解するには、まず〈自己愛性パーソナリティ障害〉の人の〈自己評価〉が高いとはいえ、不安定だということを知っておく必要があります。つまり、〈自己評価〉は高いけれど、くずれやすいのです。そして、これはもちろん〈自信〉と連動していますので、〈自己愛性パーソナリティ障害の人の自信〉は強いようで、実はもろいということになります。いわば、〈偽りの自信〉です。すると、いったい、どういうことが起こるでしょうか?

〈本物の自信〉を持っている人なら、それこそ自分に自信があるので、まわりの人を尊重し、ほかの人の意見に耳を傾けることができます。また、人のよい面を見ようとし、いろいろな形で人をサポートしようとします。人を押しのけて、何かをすることもありません。

ところが、〈自己愛性パーソナリティ障害〉の人には、〈偽りの自信〉しかないので、本当の意味では、自分に自信が持てません。そうなのです。〈自己愛性パーソナリティ障害〉の人は、実は自信のない人なのです。けれども、自分を偉く見せようと思って、〈偽りの自信〉で身を固めているのです。〈自己愛性パーソナリティ障害〉の人の過剰な自信はここから来ます。

〈自己愛性パーソナリティ障害〉の人は、そのもろい〈偽りの自信〉を守るため、他人のよいところを認めようとしません。人の意見に耳を傾けませんし、人を尊重することもしません。つねに自分が正しく、他人がまちがっていると主張します。そうして、人を押しのけても自分が一番になろうとします。また、誰かが自分より優れていると感じたら、どんな手を使っても、その人をひきずりおろそうとします。また、相手が自分より劣っていると思ったら、傲慢で尊大な態度をとります。つまり、そういった形でかろうじて、その〈高くて、くずれやすい自己評価〉を守ろうとしているのです。

その結果、〈自己愛性パーソナリティ障害〉の人と一緒にいると、まわりの人は、つねに自分が下に見られているように感じます。また、都合のいい時にだけ利用されているとか、道具のように扱われているように感じます。なにしろ、相手は一緒に仕事をしても、手柄は全部ひとり占め、何もかも自分でやったような顔をします。それでいて、失敗したら、責任はすべてこちらに押しつけるのです。

そうなったら、〈自己愛性パーソナリティ障害〉の人のそばからは、人がどんどん離れていきます。集まってくるのは、同じようなタイプの他人を利用しようとする人だけです。親身になって心配してくれる人は、ひとりも残りません。また、人を見くだして、かろうじて自信を保っていても、本人もけっこう苦しい思いをしているのです。一見、自信に満ちあふれているように思えて、本人の心のなかはまわりが想像するほど平穏ではありません。〈自己愛性パーソナリティ障害〉の人は、いつでも他人からの批判を恐れているのです。また、いつか自分が決定的な失敗をしてしまうのではないかと、いつでもびくびくしています。ただし、自分では障害に気づいていないことが多く、精神科医に相談することもめったにないので、治療は簡単ではありません。

第4章　子どもに自信を持たせるには

第2章で説明したように、自信は、〈自己評価〉〈行動〉〈自己主張〉の三つの柱で構成されています。それでは、この三つの柱を太く、頑丈なものにするにはどうしたらよいでしょうか？　それには子どもの頃の親の接し方が大きく影響しています。いえ、もちろん、〈自己評価〉を高めたり、〈行動〉や〈自己主張〉ができるように訓練することは、大人になってからも可能ですが、子どもの頃から、高く安定した〈自己評価〉を持ち、適切な形で〈行動〉や〈自己主張〉ができるようになっていれば、それに越したことはありません。

そうなるために、親の果たす役割が大きいことはわかりますね。私はクリニックに相談にいらっしゃるお母さんたちから、よくこういう質問を受けます。

「親に自信がないと、子どもも自信を持つことができなくなってしまうんでしょうか？」

クリニックにいらっしゃるお母さんたちは、「自分に自信がない」方が多いわけですから、この質問はとてもよく理解できます。でも、心配はいりません。〈自信〉には遺伝的な要素もありますが、子どもの場合、親の接し方、育て方で、ずいぶん変わってくるからです。つまり、あなたに自信がなくても、お子さんを〈自信のある子〉に育てることは可能なのです。ということで、ここからは「子どもに自信を持たせる」にはどうすればいいか、何に気をつければよいかについて一緒に考えていきますが、まずは〈子どもの発達段階〉と〈自信〉の関係を見てみましょう。

子どもの発達段階と自信

ここでは〈子どもの発達段階〉を五つの段階に分け、それぞれの段階で、親がどう振舞ったら子どもに自信を持たせられるかをご説明します。

第1段階——母親から離されることに不安を覚える時期（八カ月から一歳）

生後八カ月くらいになると、赤ん坊は母親から離された時に不安を感じるようになります。その不安が大きくなりすぎると、〈自信のない子〉に育ってしまいますので、母親は子どもに対して、「用事が終わったらすぐに戻ってくるからね」と声をかけて、安心させてやる必要があります。子どもが自信を持つようになるためには、〈安心〉が必要なのです。

第2段階——最初に「ノー」と言いだす時期（一歳から三歳）

この時期になると、子どもはいろいろなことに「ノー」と言いだします。つまり、最初の〈自己主張〉をするわけです。その時に大切なのは、子どもの主張に耳を傾けることです。それが、子どもの〈人格〉を形成し、自信を持つための助けとなるからです。

第3段階――エディプス・コンプレックスの時期（三歳から六歳）

いわゆるエディプス期のことで、この時期は子どもが無意識のうちに性的なものの存在を理解しはじめる時です。その時に、過度の男らしさや女らしさを要求したり、逆に抑制したりすると、子どもは自信を失ってしまいます。また、性的な事柄に興味を示した時に、厳しく叱りつけるのもよくありません。

第4段階――親以外の人々と接しはじめる時期（六歳から十二歳）

この時期になると、学校の成績やクラスでの人気など、子どもの自信に関係することがたくさん出てきます。そういったことに、親は直接関与することはできませんが、子どもの様子を見ながら、子どもが自信を持てるよう、サポートしてやりましょう。また、この時期の子どもはまだ親に依存していますので、十分な愛情を注いで、「自分は愛されている」と感じさせることが大切です。

第5段階――アイデンティティーの確立の時期（思春期）

この時期になると、子どもはアイデンティティーを確立しはじめます。それは親から自立しようということですから、当然、親に対して反抗することも多くなります。思春期とは反抗期でもあるのです。したがって、この時期に大切なことは、子どもが〈自己主張〉する能力を伸ばしてやることです。たとえ反抗的であっても、まだ稚拙《ちせつ》な主張であっても、頭から否定してはいけません。まずはすべてを受け入れてから、いけないことはいけないと、親としての態度をはっきりと示しましょう。この時期の子どもは親を受け入れることと否定することを繰り返しながら、アイデンティティーを確立し、本物の自信を手に入れるのです。

——子どもが発する自信がないというサイン

さて、こういった成長の過程で、子どもは自分に自信が持てなくなった時、「自信がない」というサインを発します。「子どもに自信を持たせたい」と思うなら、それを見逃さなさいようにすることも大切です。以下、〈自信〉の三つの柱に沿って、そのサインを説明します。

〈自己評価〉が揺らいでいる時のサイン

子どもが自分に対して、よいイメージが持てるかどうか——つまり、〈高い自己評価〉を持てるかどうかは、子どもの自信と大きく関わっています。したがって、子どもが自分を否定的な言葉で表現した時は、気をつけなければなりません。特に、友だちと比べて自分が劣っていると言いだしたら、注意が必要です。たとえば、「私はルイーズみたいにきれいじゃないから……」とか、「ポールは勉強ができるけど、ぼくは頭が悪いから……」といったことを話しだしたら、〈自己評価〉が揺らいでいると考えてください。

また、子どもによっては、自分に自信が持てないと、「ぼくのパパはすごい学者だ」とか「有名なサッカー選手だった」、あるいは「貴族の出身だ」「両親は超能力者だ」というように、両親や家族について作り話をすることもあります。この裏には「自分の価値を高めたい」――「〈自己評価〉を高めたい」という気持ちがあるのですが、話しているうちに、自分でもそれが真実だと思い込んで自分の本当の家族を認めなくなったりすると問題です。それは親の出自や、学歴、職業にコンプレックスを抱いているということだからです。その場合には子どもとよく話し合い、現実を受け入れられるようにしてやらなければなりません。

〈行動〉に関するサイン

自分に自信が持てるようにするには、子どもの頃からいろいろな〈行動〉をして、それにある程度、成功する必要がありますが、当然のことながら、子どもは〈行動〉のすべてに成功するわけではありません。たとえば、運動会のかけっこで一等になれなかったとか、テストの点数がよくなかったとか、友だちと喧嘩をしてしまったとか、子どもたちは実にさまざまな失敗にぶつかります。そんな時、〈自信のない子〉は、簡単に気力をなくして努力をしなくなったり、「ぼくにはできないよ」と口にして、「自信がない」というサインを発しますので、あきらめずに〈行動〉するように促してください。

〈自己主張〉が苦手な子のサイン

ひと口に〈子ども〉と言っても、能力はさまざまですから、なかには人付き合いが苦手な子どももいます。友だちとうまくいかず喧嘩ばかりしているとか、いつもひとりで遊んでいるとか、そういった子どもの様子に気づいたら、それは〈自己主張〉がうまくいかないというサインの可能性がありますので、親としては十分に気をつけましょう。

なお、〈自己評価〉が低すぎたり、〈自己主張〉が極端に苦手だったりすると、子どもでも〈うつ病〉や〈社交不安障害〉になることがあります。まわりの大人は、この点についても十分注意する必要があります。

あなたの子どもに自信を持たせるには？

それでは、ここからは「子どもに自信を持たせる」やり方について、考えていきましょう。まず知っていただきたいことは、「子どもは親の接し方次第で、自信を持つことができるようになる」ということです。これについては、面白い実験があるので、最初にそれを紹介しましょう。

ピグマリオン効果

この実験はアメリカのローゼンタールとヤコブセンというふたりの心理学者が、一九六〇年代にサンフランシスコの小学校で行なったものです【3】。ふたりはクラスのなかから無作為に生徒たちを選んで、「この生徒たちは将来、成績が伸びる」という偽の情報を教師に与えたのですが、それによって教師が生徒たちの能力を信じた結果、その生徒たちの成績は平均よりも上になったのです。これはピグマリオン効果と呼ばれるものです。

この実験には、現在倫理上の問題も含めた数々の批判があるのですが、それでも、この実験結果には注目すべき点があります。それは子どもの能力を伸ばし、自信を持たせるには、まずまわりの大人がその子の能力を信じることが大切だということです。あなたの子どもに自信を持たせたいなら、まずはあなたが子どもの力を信じてやりましょう。

親が自信を持っていることを示し、子どもの手本となる

では、こうして子どもの力を信じたところで、次に大切なことはなんでしょう？　それは親である、あなた自身が自信を持つことです。もし、親が自分に自信があり、精神的によい状態でいるなら、おのずと子どももそうなるからです。それは今のあなたには難しいかもしれません。でも、心配はいりません。もしあなたが今、自信を持てなくてつらい思いをしているなら、自分の苦しみを率直に語り、あなた自身、自分の苦しみに冷静に対処できるんだ、ということを示してください。そうすれば、お子さん

は、人は、たとえ完璧でなくとも、自分の欠点より長所に目を向けることで、困難に立ち向かうことができるということを理解するでしょう。

親の役割

それでは、次に「子どもに自信を持たせる」にはどうすればいいか、もう少し具体的な形で見ていきましょう。親には、

①子どもに〈条件付きでない自信〉を持たせる
②子どもに価値基準を示す
③子どもをコーチする
④子どもに教える
⑤子どもを自立させる

という五つの役割があります。以下、順番に見ていきましょう。

①子どもに〈条件付きでない自信〉を持たせる役割

あなたはお子さんに対して、条件付きの愛情を注いでいないでしょうか？　たとえば、お子さんが成功したらいい顔をするが、失敗したら不機嫌になったり、無視したりするという形で……。もちろん、

あなたが、お子さんの成功を願うのは当然のことです。しかしそれは、あくまであなたの願望だということを覚えておいてください。大切なことは、お子さんが何をしようと、それがどんな結果であろうと、認め、愛するということです。親が無条件に愛すれば、子どもは、行動や、その結果に左右されない〈条件付きでない自信〉を持つことができるのです。〈条件付きでない自信〉を持つことができないと、失敗したり、不測の事態に遭遇するたびに、その自信は大きく揺らいでしまいます。しかし同時に、向上心や自分自身に誇りを持たせるためには、ある程度〈条件付きの自信〉を持たせることも必要です。では、〈条件付きでない自信〉を持たせるには、どうするか？　具体的には次のアドバイスに従ってください。

- お子さんのミスや失敗を許してあげてください
- お子さんが何をしようと、どんな失敗をしようと、あなたがお子さんを愛していることに変わりはないということを、示してあげてください
- 絶対に、人前でお子さんにひどいことを言わないでください
- お子さんが自分から〈行動〉をした時、その〈行動〉や〈行動〉の結果を非難しないでください
- あなたが、ありのままのお子さんを認め、受け入れているということを、示してあげてください

②子どもに価値基準を示す役割

これは、〈親の役割〉のなかでもかなり難しいものだと思います。思春期の子どもを持つ親にとって

は、特に難しいでしょう。思春期というのは、前にも書いたように、反抗期でもあるからです。すなわち、子どもは親のやり方に反発を覚え、自分で自分のやり方を模索するので、親を指標にしようとはしないわけです。しかし、それでも、親は子どもの指標でありつづける必要があります。

そこで大切なことは、首尾一貫した態度をとることです。普段からそうすべきだと言っていることをしなかったり、してはいけないと言っていることをしたりしないでください。親のすることが一貫しないで、言っていることとやっていることが矛盾しているようなら、何が正しくて、何がまちがっているかわからなくなり、親のやり方を受け入れることも、批判することもできません。その結果、自分のしていることが正しいと自信を持つこともできません。

何事にも首尾一貫した態度をとり、言動を一致させること――当たり前のことのようですが、これは非常に大切なことです。

③子どもをコーチする役割

お子さんが何か〈行動〉したら、ちょうどスポーツのコーチのように、失敗か成功かにかかわらず、いつでもそばでサポートしてあげてください。仮に失敗しても、その〈行動〉に挑戦したこと、またそこで努力したことを褒めてあげてください。たとえば、「よく挑戦したね。今回はダメだったけど、辛抱強くがんばれば、次はきっとうまくいくよ！」といった具合です。

また、お子さんが困難にぶつかった時は、あなたが解決してやろうとするのではなく、お子さん自身が考え、解決できるようにしてあげてください。もしそれでうまくいかなかったら、その時に初めて、困難を乗り越えられるよう手伝ってあげてください。でも、その時も手伝うだけです。お子さん自身に〈行動〉させる。これはとても大切なことです。

④子どもに教える役割

子どもは大人になるまでにいろいろなことを学ばなければなりません。勉強についてなら学校の先生が教えてくれますが、ほかの人から愛されるにはどうすればよいか、ほかの人とうまく付き合っていくにはどうすればよいか、ほかの人から尊重されるにはどうすればよいか、などについては、親が教える必要があります。具体的には、

- 人間としての価値を否定されるような攻撃を受けた時には、きちんと抗議しなければならないということを教えてあげてください
- 自分の意に染まない要求に対して「ノー」と言うことを教えてあげてください
- ほかの人のことも自分のことも、ともに尊重しなければならないことを教えてあげてください
- 自分に誇りを持つことを教えてあげてください

そのいっぽうで、子どもに現実を教えるのも〈親の役割〉です。つまり、子どもがどんなに願っても、各人の能力には限界があり、すべてを手に入れられるわけではないことを教えるのです。世の中には叶えられない望みがあるということ、そして、その事実を受け入れ、深刻になりすぎないということを教

える必要もあります。

⑤ 子どもを自立させる役割

最後は〈子どもを自立させる役割〉です。親鳥が雛《ひな》を巣立たせるのとちがって、人間にとってこの役割はそれほど簡単なことではありません。子どもをひとり立ちさせることは、人間の親にとって、身を切られるように辛いことなのです。でも、子どもに自信を持たせるためには、どうしてもそれをしなければなりません。

ただ、覚えておいていただきたいのは、子どもにとっては、永久に親が必要だということです。子どもが成人し、独立したあとも、たとえ五十歳、六十歳になろうとも、あなたは永遠に親でありつづけるのです。また、成人したあとも、子どもが自分に自信を持ちつづけるには、さまざまな形での親のサポートが必要です。そんな時に、あなたはお子さんの助けになってあげてください。

ということで、〈子どもに自信を持たせるための親の五つの役割〉について、お話ししてきましたが、お読みになっておわかりのとおり、〈親の役割〉は実に多岐にわたっており、そのすべてを完璧にこなすのは非常に難しいと思います。でも、ご安心ください！　精神科医である私自身、我が子にとって完璧な親であるわけではないのです。ですから、このとおりできないとコンプレックスを持つ必要はありません。これまでのアドバイスは、ひとつの目安としてお考えください。

——あなたの子ども時代はどうだったか？

さて、これまでの話で、自分に自信が持てるようになるためには、子ども時代がいかに大切かということがおわかりいただけたと思います。普段、あなたはお子さんにどう接していますか？　まずはそれを考えてみてください。お子さんに「自信を失わせる」接し方をしていないでしょうか？　もしそういったことがあると気づいたら、この機会にぜひあらためてください。

それと同時に、あなたはこの章を読んで、どうして自分に自信が持てないのか、はたと思いあたったところもあると思います。そうです。あなたが自分に自信を持てないとしたら、それはおそらく子ども時代の経験が影響しているのです。それがすべてとは言いませんが、少なくとも大きな割合を占めていることは確かです。

この時、自分に自信を持てなくなった原因になっているのは、その子ども時代の経験によってできた〈思い込み〉です。この〈思い込み〉というのは、「自分はどんな人間か？」とか、「世の中とはどういうものか？」「生きていくためには、どう振舞うべきか？」といったことに対する個人的な考えのことですが、そのなかでも少し極端で、「絶対にそうだ」とか「絶対にそうでなければならない」と信じきっているようなもののことです。それは多くの場合、子どもの頃にできあがってしまい、いったん、その〈思い込み〉を持つと、その後の思考パターンや行動パターンが決まってしまいます。〈自信を持てなくさせる思い込み〉も、その例外ではありません。だからこそ、その〈思い込み〉は、子ども時代のあなたの自信を失わせ、今でも自信を持てなくさせているのです。

ということで、第2部では、この〈自信を持てなくさせる思い込み〉について考えていきたいと思います。

第2部

自信を持てなくさせる七つの〈思い込み〉

あなたはどうして、自分に自信を持てないのでしょうか？　その理由はあなた自身の〈思い込み〉にあります。あなたは人生や自分に対して〈ネガティブな考え＝思い込み〉を持ってはいないでしょうか？　たとえば、「自分には能力がない」とか、「何事もつねに完璧にやらなければならない」とか……。こういった〈思い込み〉は人生のさまざまな局面で、あなたの邪魔をし、あなたに自信を持てなくさせます。

したがって、自分に自信を持つようにするためには、この〈思い込み〉を変える必要があるのです。そのためには、どうしてそんな〈思い込み〉を持つようになったのか、きちんと知らなければなりません。そこで、この第2部では、あなたに自信を持てなくさせる七つの〈思い込み〉を紹介し、それについて考えます。

第５章　思い込み１　私には能力がない

第1部で述べたように、自信には〈自己評価〉〈行動〉〈自己主張〉の三つの柱があって、〈自己評価〉が高まり、〈行動〉や〈自己主張〉ができるようになってくると、よいサイクルができて、自信がついてくるというメカニズムになっています。けれども、自信が持てない人は、このよいサイクルがなかなかつくれません。その時に邪魔をしているのが、人生や自分に対する〈ネガティブな考え＝思い込み〉です。

この〈思い込み〉は、ほとんどの場合、子どもの頃にできあがって、特別なトレーニングをしないかぎり、それを変えるのは容易ではありません。その結果、人生のさまざまな局面で、〈自己評価〉を高めたいと思った時、あるいは〈行動〉や〈自己主張〉をしようと思った時、ふと顔を出しては邪魔をするのです。

そこで、この第2部では、この〈思い込み〉にはどんなものがあるか、どうしてそんな思い込みができてしまうのか、その〈思い込み〉を解消するにはどうすればいいのか、見ていきたいと思います。

最初に、基本的な七つの〈思い込み〉をあげます。

思い込み1　私には能力がない
思い込み2　いつでも人から愛され、認められなければならない
思い込み3　私はダメな人間だ
思い込み4　何事も完璧にやらなければならない
思い込み5　いつも正しい決断を下さなければならない
思い込み6　世の中は危険に満ちている
思い込み7　人を信頼してはいけない

ということで、その一番手として、この章では、「私には能力がない」をとりあげます。まずは実際に私のクリニックに通う相談者の話を聞いてください。第1部にも登場したセリアです。

セリアの場合――できないことがいっぱい！

セリアは二十一歳の法学部の学生で、クリニックを訪れる前に、《私には自信がありません。そんな自分をなんとか変えたいと思っているのですが……》と、手紙を送ってきました。そこで、セリアを相談室に迎えいれると、私は真っ先に、「あなたは《自分には自信がない》と書いていますが、具体的にはどういうことですか？」と尋ねました。以下はその時のやりとりです。

セリア　私にはできないことがたくさんあるんです。たとえば、パーティーに誘われても行くこと

ができません。知らない人と話をすることができないからです。

私　なるほど。ほかにはどうですか？

セリア　アルバイトをすることもできません。この間は、せっかくレストランのアルバイトを紹介してもらったのに、断わってしまいました。学費を納めるのに、どうしてもお金が必要だったのに……。

私　なぜ断わったんです？

セリア　これまでにしたことがない仕事だったからです。注文を聞きまちがえたり、注文とはちがう料理を出してしまったり、お釣りをまちがえたりするのが怖かったんです。

私　つまり、与えられた仕事ができないのではないかというのが心配だったんですね。ほかにも理由がありますか？

セリア　はい。私が何もできないことが、お客さんや一緒に働いている人にわかってしまうのではないかと心配でした。

私　では、これまでに、人からなんにもできない人間だと思われたことがあるのですか？

セリア　あります。というか、いつもそうなんです！

こうして、セラピーを進めるにつれて、セリアが人生全般にわたって、同様の恐怖を感じていることがわかってきました。大学では試験のたびに失敗するんじゃないかと心配し、まわりの学生につまらない人間だと思われているんじゃないかと不安になるというのです。男子学生に好意を示されても、陰では馬鹿にされているんじゃないかと疑ってしまうといいます。

そして、面談を重ねるうちに、セリアは、次の二つのことに恐怖を感じているということがわかってきました。

――自分には何もできないのではないかという恐怖

――「あいつは何もできない人間だ」と、人から思われているのではないかという恐怖

実際、セリアはこうした恐怖を子どもの頃からずっと感じつづけてきたのです。しかし、どうしてセリアはこんなふうに、「自分には何もできない」と思い込むようになってしまったのでしょう？　その〈思い込み〉は、いつどのようにしてできあがったのでしょう？　また、その〈思い込み〉の裏には、どんな気持ちや考えが隠されているのでしょう？　この〈思い込み〉をなくすには、どうしたらいいのでしょう？

以下、この章だけではなく、第2部でとりあげる七つの〈思い込み〉のすべてについて、いつ、その〈思い込み〉が生まれたのか、その裏にはどんな考えが隠されているのか、その〈思い込み〉を解消するにはどうしたらいいのかについて考えていきたいと思います。

――どうして、「私には能力がない」と思ってしまうのか？

話を聞いてわかったことですが、その原因のひとつは、思ったとおり、子どもの頃の経験にあったよ

うです。前にも書きましたが、こういった〈ネガティブな考え＝思い込み〉は子どもの頃にできあがってしまうものなのです。ただ、それがすべてだとも言えません。もともとの性格もありますし、その後の環境で、この〈思い込み〉が強化されてしまうこともあります。ということで、このあとは、どうしてセリアが「私には能力がない」と思い込んでしまったのか、そして、その〈思い込み〉がどんなふうに強化されたのか、見ていきましょう。

まずはセリアが経験した子どもの頃の出来事についてお話しします。

よい成績をとっても褒めてもらえない

子どもの頃のセリアは、おとなしくて親の言うことをよく聞き、学校の成績もよかったと言います。それにもかかわらず、両親はセリアに対して決して満足しているようには見えませんでした。それどころか、もっと親の言うことを聞いて、もっとよい成績をとることを望んでいたと言うのです。

セラピーを進めていくなかで、セリアは子どもの頃のある出来事を思い出しました。ちょうど中学校に入ったばかりの頃のことです。内気な性格のせいで、なかなか友だちはできませんでしたが、セリアは一生懸命勉強して、かなりの成績をとることができました。ところが、両親はそれをちっとも評価してくれず、「もっとよい成績がとれるはずだ」と言ったのです。

セリアはとても傷つきました。というのも、その成績はセリアが精一杯努力した結果だったからです。そのうえ、学校では友だちもなく、ひとりぼっちでした。そのことを母親に相談しても、「クラスメートを家に招待してみたら？」というひと言さえありません。そこで、セリアはこう思い込んでしまったのです。

「私には能力がないんだ。だから、こんなに一生懸命勉強したのに、パパやママが褒めてくれるような、よい成績を取ることができないんだ。それに、私が勉強もスポーツもなんにもできないから、友だちだってできないんだ」と……。

もし、この時に両親が「もっとよい成績がとれるはずだ」と言うのではなく、こんなふうに言っていたとしたら、どうでしょう？

「よくがんばったね。中学に入っていろいろ大変だったろう。クラスメートは知らない子ばかりだし、通学には四十五分もかかるようになったからね。新しい環境に慣れるだけで疲れただろう。それに中学は科目ごとに先生がちがうからね。それを考えると、今学期の成績はとてもいいよ。私たちも鼻が高い。ただちょっと心配なのは、新しい学校で友だちをつくるのに苦労してるんじゃないかということだ。一度クラスメートを家に招待したらどうだろう？　もしその子の家が遠いなら、車で迎えにいってあげるよ」

これだったら、セリアも「自分に能力がない」という〈思い込み〉を持たなかったと思います。

——〈思い込み〉の強化——元々の性格と交友関係

ただ、セリアがこんなふうな〈思い込み〉を抱いた原因をすべて両親の教育のせいにすることはできません。これにはセリアの性格も関係していると思われます。というのも、セリアは小さな頃から神経質な子どもで、そういった性格の子どもは、自分の能力が人と比べてどうなのか、つねに気にする傾向にあるからです【4】。母親の話によると、セリアもごく小さい時から、学校から戻ると、「あの子は私よりよくできるのよ。それに、クラスのみんなから好かれている」と、毎日のように話していたと言います。

　また、セリアが大人になっていく過程で、この〈思い込み〉が強化されたという事実も否めません。神経質な性格のせいで、セリアは何事に対しても、「自分がうまくやれるかどうか」ということに不安を抱いています。「試験でいい成績がとれるか？」「大学入学資格試験《バカロレア》に合格できるか？」「ボーイフレンドをつくれるか？　ボーイフレンドとうまくやっていけるか？」「レストランでレジを打てるか？」……。セリアは人生のさまざまな局面で、こういった不安を抱き、〈行動〉を避けたり、あるいは〈行動〉を起こしても、失敗したりしてきました。そこで、ますます「自分には能力がない」と思い込むようになっていったのです。

　また、セリアの交友関係も問題でした。セリアは「自分には能力がない」という〈思い込み〉から、自分を高く評価してくれる人の言葉が信じられず、むしろ自分の価値を低く見るような人と付き合っていました。彼女自身、自分に対する評価が低かったので、同じように低い評価をする人といるほうが、安心だったからです。

　その結果、大人になってからも、セリアの〈思い込み〉はいっこうに解消されませんでした。それは次のような〈悪いサイクル〉で強化されていきました。まず、セリアは子どもの頃に経験した出来事や、両親から受けた教育、そして本人の性格のせいで、「自分には能力がない」という〈思い込み〉を持っています。その結果、新しいことに挑戦することができなくなり、成功体験を得ることができません。また、いろいろな人と知り合って、自分の能力を高く評価してくれる人と出会うこともできません。たまたまそういう人と出会っても、相手が自分を高く評価してくれるのが信じられず、結局、自分を低く評価する人間と付き合うことになります。そうして、あいかわらず自分に不安を抱えたまま、悲しい気持ちで、「私には能力がない」という思いを強くするわけです。**図5-1**は、その〈悪いサイクル〉を示したものです。そして、この〈悪いサイクル〉は、セリアが私のクリニックに相談に来て、セラピーを受けるまで続いたのです。

〈思い込み〉の解消

さて、セラピーを受けたことによって、セリアは今ではかなり自分に自信を持てるようになりましたが、それには子どもの頃に、どうして両親があんな態度をとったのか、それを理解したことも大きかったようです。すなわち、両親を理解したことによって、「自分には能力がない」という考えが妥当ではないと気づいたのです。

セラピーも終盤に差しかかった頃、私はセリアに尋ねました。

「セリア、なぜあの時、あなたのご両親はあんな態度をとったのだと思いますか？」

すると、セリアはこう答えました。

「私の両親は、いろいろ辛い経験をしてきたんです。父も母も必死に働いていましたが、家にはいつもお金がありませんでした。父はよく『立派な地位につくんだぞ』と言っていました。実際、両親とも

図５－１〈私には能力がないという思い込み〉がもたらす悪いサイクル ── セリアの場合

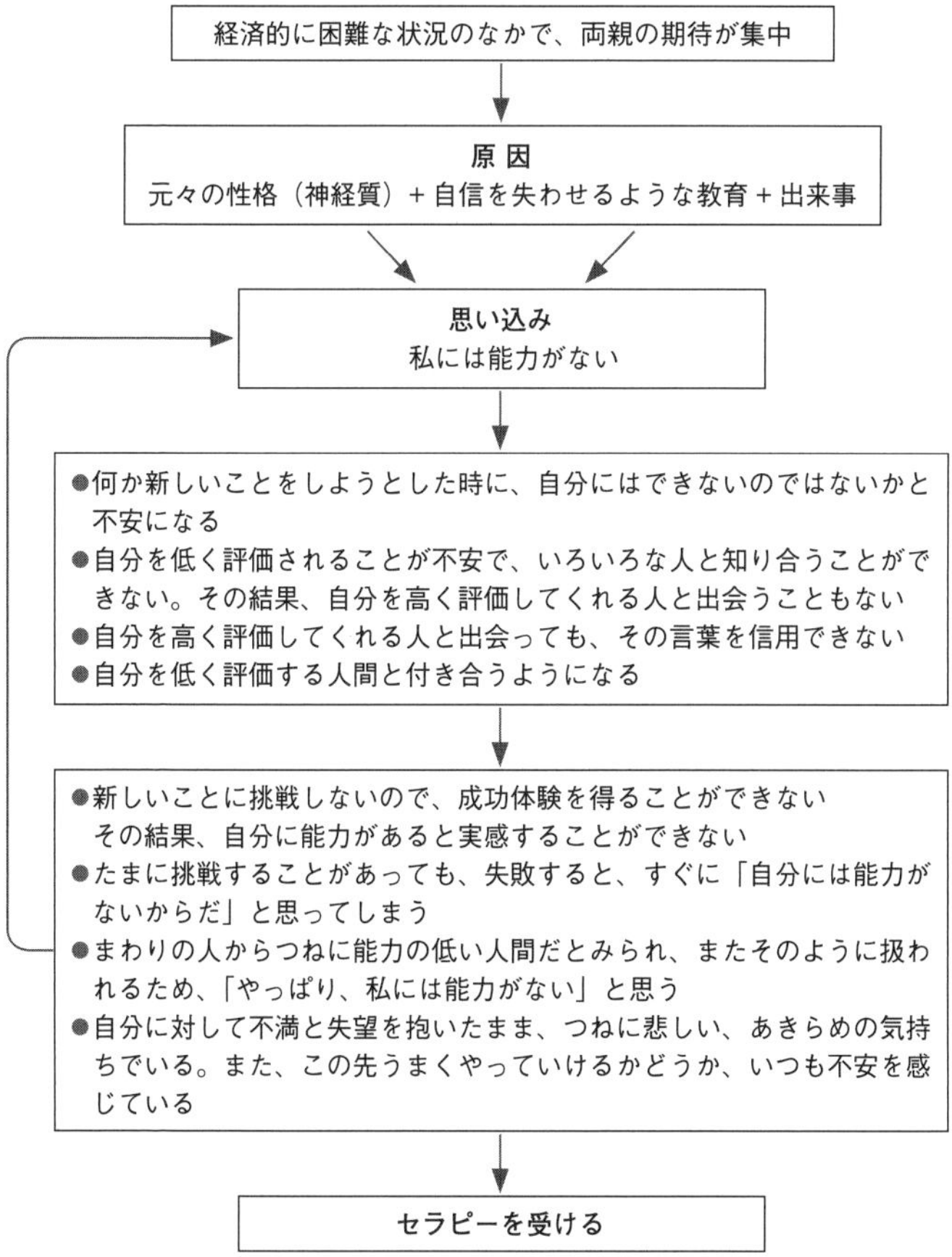
経済的に困難な状況のなかで、両親の期待が集中
原因
元々の性格（神経質）＋自信を失わせるような教育＋出来事
思い込み
私には能力がない
●何か新しいことをしようとした時に、自分にはできないのではないかと不安になる
●自分を低く評価されることが不安で、いろいろな人と知り合うことができない。その結果、自分を高く評価してくれる人と出会うこともない
●自分を高く評価してくれる人と出会っても、その言葉を信用できない
●自分を低く評価する人間と付き合うようになる
●新しいことに挑戦しないので、成功体験を得ることができない
その結果、自分に能力があると実感することができない
●たまに挑戦することがあっても、失敗すると、すぐに「自分には能力がないからだ」と思ってしまう
●まわりの人からつねに能力の低い人間だとみられ、またそのように扱われるため、「やっぱり、私には能力がない」と思う
●自分に対して不満と失望を抱いたまま、つねに悲しい、あきらめの気持ちでいる。また、この先うまくやっていけるかどうか、いつも不安を感じている
セラピーを受ける

社会的地位が低いために苦労していたので、私には成功して欲しかったんだと思います。父は自分に教育がないせいで苦労したので、私にはよりよい教育を受けさせようとしたんです」

そうなのです。セリアの両親のしたことは、娘のためを思ってのことだったのです。ただ、やり方が不器用なだけで、決してセリアを傷つけようとしたわけではありませんでした。セリアも心の底では、それがわかっているのです。私はこう言いました。

「あなたのお父さんは、とってもあなたに期待していたんですね。特に、勉強でいい結果を出すことに……。あなたが成功するためだったら、お父さんはなんでもしてくれたのではありませんか？」

すると、セリアは泣きながらこう答えました。

「ああ、そうですね。今まで、そんなふうに考えたことはありませんでしたが……。でも、そのとおりです。父は私が成功するためにあらゆることをしてくれました。私が今、大学の修士課程にいられるのも父のおかげなんです……」

ということで、このあとは、この〈私には能力がないという思い込み〉を解消する方法についてお話ししましょう。

〈私には能力がないという思い込み〉を解消する方法

最初に述べたように、自信というのは〈自己評価〉〈行動〉〈自己主張〉の三つの上に成り立っているのですが、自分に自信を持てなくさせる〈思い込み〉は、すべてこの三つに悪影響を与えています。〈私には能力がないという思い込み〉も、例外ではありません。そこで、この〈思い込み〉を解消する方法は、必然的に〈自己評価〉を高める方法や、〈行動〉や〈自己主張〉ができるようにする方法と重なってきます。したがって、詳しくは第3部を見ていただくことにして、ここでは〈私には能力がないという思い込み〉を解消するためのヒントをあげておきましょう。

ヒント1――自分の能力を否定的な目で見るのはやめましょう

「そんなことは自分にはできない」と自分の能力を否定的な目で見ると、〈行動〉を起こすのが難しくなります。たとえ行動を起こせたとしても、その結果は失敗に終わってしまうでしょう。始める前からうまくいかないのではないかと不安を感じていたら、その不安に押しつぶされてしまうことが多いからです。これについての具体的な方法は、第12章〈自己評価を高めるためのトレーニング〉を参照してください。

ヒント2――「自分にもできる」ということを実感するために〈行動〉を起こしましょう

ここで重要なことは、その行動が成功するように、いつ、どんなふうに、何をするか、また誰と一緒にするかをまず考えることです。というのも、このトレーニングは成功することに意味があるからです。カナダ出身の心理学者、アルバート・バンデューラは次のように言っています。「行動して、成功すれば、自信がわいて、自分には能力があると思えてくる。そして、それがまた行動の原動力になる」【5】。

これについての具体的な方法は、第13章〈行動するためのトレーニング〉を参照してください。

ヒント3――もっと自分を主張しましょう

「あなたには能力がない」というまわりの人の言葉を簡単に受け入れたり、「私にはなんにもできないから」と遠慮して、つまらない仕事ばかり引き受けるのはやめましょう。それでは、自分の能力を試す機会もなくなります。絶対にできるとまでは思えなくても、がんばればできそうだったら、まわりの人がなんと言おうと、挑戦してみてください。これについての具体的な方法は、第14章〈自己主張をするためのトレーニング〉を参照してください。

第6章　思い込み2　いつでも人から愛され、認められなければならない

二番目の〈思い込み〉は、「いつでも人から愛され、認められなければならない」というものです。この〈思い込み〉も、自信が持てないと悩んでいる多くの人が持っているもので、人生のあらゆる局面で顔を出して、〈自己評価〉を高めたり、〈行動〉したり、〈自己主張〉したりすることを妨げます。

実際に私のクリニックにも、こうした〈思い込み〉に苦しんでいる方が大勢いらっしゃいます。そのうちの三人の方の話を聞いてください。最初は二十六歳の女性、オレリーの話。オレリーは、人から愛されるためにひたすらまわりに尽くしてしまいます。

オレリーの場合——いつでも人の言いなりになる

オレリーは、ある研究所の実験助手です。独身で、恋人はいますが、その恋人には妻子がいます。いわば不倫の関係です。また、その関係は決して対等とは言えません。オレリーの気持ちや都合など関係なく、相手が会いたい時にだけ会うという関係です。それでもオレリーは、この関係を断ち切ることができません。「自分はつまらない人間だから、誠実な男性が相手にしてくれるはずがない」と思い込ん

でいるからです。

また、友だちとの関係も同じです。オレリーにはふたり友だちがいますが、はたしてそれを本当の友だちと言えるかどうか……。というのも、その関係はやはり対等ではないからです。普段は見向きもしないのに、会いたい時にだけ連絡してきて、日時も場所もすべて自分たちの都合で決めてしまいます。オレリーが都合を聞かれたことはありません。オレリーは何も言わずに、ただ従うだけなのです。

職場での人間関係も、似たようなものです。個人的な都合で同僚が会社を休んだりすると、その分の仕事は必ずオレリーにまわってくるのです。それにもかかわらず、どうやら給料は職場でいちばん低いようです。というのも、社長に疎《うと》まれるのが怖くて、給料を上げてくれるように頼んだことがないからです。まさに、模範的な社員というわけです。

では、どうしてオレリーは、恋人にも友人にも自分の気持ちや都合を伝えることができないのでしょう？　あるいは、社長に給料を上げてほしいと頼むことができないのでしょう？　それはそんなことをすると、相手から嫌われてしまうと思っているからです。そうです。オレリーは〈いつでも人から愛され、認められなければならないという思い込み〉を持っているのです。そのせいでまわりの言いなりになっているのです。

ポールの場合――つねに人から認められようとする

次はエンジニアのポールの話を聞いてください。ポールはとても優れたエンジニアで、博士号を持ち、世界じゅうで講演をしています。それだけ聞けば、自分に非常に自信のある人物だと思うでしょう、ところが、ポールはこう言います。

「ぼくにとって、講演は恐怖以外の何ものでもありません。いいえ、冷静に考えれば、自分に講演する能力があることはわかっています。でも、聴衆のなかに、ぼくの発表を認めてくれない人がいるのではないかと想像すると、それだけで恐ろしくなるんです。実際、講演のあとで、たったひとりでも『今日の発表はよくなかったね』と言う人がいたら、それから三日は寝込んでしまうでしょう。ぼくはあらゆる人から認められたいんです。そうじゃないと、居ても立ってもいられなくなるんです。

だから、人から認められるためだったら、なんでもします。自分の意見を変えることだって……。たとえば、パネルディスカッションで、ほかの討論者と意見がちがったら、ぼくはその人の意見に自分の意見を近づけて、対立などなかったようにします。相手がまちがっていると、よくわかっていても……。

友だちとの関係も同じです。仮に誰かがまちがったことを言っても、ぼくは黙っています。余計なことを言って、相手の機嫌を損ねるのが嫌だからです。ぼくはいつでも、人から褒められたい、いいやつだと思われたい、認められたいと思っているのです。そうならなければ、自分に自信が持てません。そう、ぼくの〈自己評価〉の基準は、他人がぼくを評価してくれるかどうかなのです。人から認められたと思えば高くなりますが、そうじゃなければ、がくんと下がるのです」

ソフィーの場合――男性からの褒め言葉がなければ生きていけない

最後はソフィーという若い女性です。ソフィーはいつでも男性から愛されていないと不安だと言います。まずは本人の話を聞いてください。

「私の父は肉体労働者でした。家は貧乏だったし、知的な会話もありませんでした。文学とか美術とか音楽とか、そういった話はしたことがありません。いえ、私も結局、あまりいい学校には行けなかったので、そういう話題にはついていけません。要するに、教養がないんです。だから、人と話す時には、いつも恥ずかしい思いをしています。特に、教養があって、気のきいた会話ができて、自分の思ったことをきちんと伝えられるような人と面と向かうと、気おくれしてしまいます。

その代わりと言っては何ですが、外見には多少の自信があります。だから、私の価値は外見にあると思って、男の人を惹きつけるために、たくさん服を買ったり、美容院に行ったりして、おしゃれに気を使うことにしました。メイクも時間をかけます。それで、初めはいつもうまくいくんです。デートの誘いに応じると、男の人はみんな優しくしてくれて……。そうすると、私は彼が素敵な王子様で、私をさらって夢のような世界に連れていってくれると、勝手に想像してしまうんです。自分が特別な存在になったように感じて……。でも、幸せな気分でいられるのは最初のうちだけです。そのあとは、ふたりの関係を続けるために、つねに彼の気を引き、女性としての魅力を見せつけなければなりません。そして、セックスしなければ……。だって、彼から『愛してる。君しかいない』と言ってもらうためにはセックスするしかないんです」

そう言うと、ソフィーはため息をついて、こう続けました。

「でも、現実はそんなにうまくはいきません。だいたいは失望することになるんです。男の人はいったん性的関係を持ってしまうと、私に魅力を感じなくなってしまうんです。しかも、私が付き合ってきたのは、奥さんやほかに恋人がいて、セックスしたい時だけ会いにくるような人ばかりでした。私は自分が思っているほど、男の人にとって大切な存在じゃなかったんです。そうなると、最初が幸せな気分だっただけに、がっくりきてしまって……。そんな時は、もうこんなことはやめようと決心したりします。でないと、もっと自分が嫌になりそうで……。でも、しばらくすると、やっぱりそうするしかないかなと思ったりして……。だって、私の取り柄は男の人の気を引くことだけなんですから……。先生、私は頭もよくないし、教養もありません。男の人と会話をするといっても、何を話せばいいのかわからないんです！」

いかがですか？　皆さんはこの三人の話を聞いて、どう思いましたか？　三人に共通するのは、〈いつでも人から愛され、認められなければならないという思い込み〉が〈自己評価〉にも〈行動〉にも〈自己主張〉にも影響を与えていることです。すなわち、「人から愛され、認められない」と感じると、たちまち〈自己評価〉が下がり、相手から嫌われたり、疎まれるのが怖くて、〈行動〉も〈自己主張〉もできなくなってしまうのです。これでは、〈自信を失っていく、悪いサイクル〉にはまっていくだけです。また、この〈思い込み〉は、「私の価値は他人の評価によって決まる」という、もうひとつ別の〈思い込み〉と密接な関係を持っています。

それでは、こうした〈思い込み〉がどのようにして生まれ、大きくなっていくのでしょうか？

どうして、「いつでも人から愛され、認められなければならない」と思ってしまうのか？

この〈思い込み〉の原因は、やはり子ども時代の経験にあると思われます。子どもにとって、いちばん大切な人間は両親ですが、この〈思い込み〉を持つ人は、子どもの頃、そのいちばん大切な両親から「愛されていない、認められていない」と感じたことがあって、それが心に深く刻みつけられてしまったのです。両親から愛され、認められなければ、子どもは大変な危機感を抱くものですから、こういった〈思い込み〉を持つのは当然でしょう。また、両親ではなくても、自分にとって大切な人から愛されなかったり、認められなかったりして深く傷ついた経験をすると、やはりこの〈思い込み〉が生まれ、人から気に入られることを第一に考えるようになります。

では、これについて、まずは〈自己評価〉との関連から、もう少し詳しく見てみましょう。

〈自己評価〉への影響

「いつでも人から愛され、認められなければならない」と思ってしまうことの問題点は、〈自己評価〉の基準が他人の評価にあるということです。つまり、前述したように、「私の価値は他人の評価によって決まる」と考えてしまう。したがって、大切な人から愛されなかったり、認められなかったりしたら、それだけで、「自分には価値がない」と思い込んでしまうわけです。けれども、その考えはまちがっています。というのも、「人から愛され、認められる」というのは、〈自己評価〉の重要な基準ではありますが、唯一の基準ではないからです。

〈自己評価〉のふたつのタイプ

先ほどのポールの話を思い出してください。ポールは、「ぼくの〈自己評価〉の基準は、他人がぼくを評価してくれるかどうかなのです」と言っています。つまり、ポールが〈自己評価〉を高めるには、「人から愛され、認められなければならない」のです。いや、ポールにかぎらず、この〈思い込み〉を持つ人は、自分が価値のある人間だと確認するために、いつでも家族や友人、あるいは職場の同僚とよい人間関係を築き、人から愛され、認められ、尊敬されなければならないと考えています。そう、自分が価値のある人間かどうかは、他人が決めることなのです。

その結果、ポールのように、相手に合わせるために自分の意見を変えたり、ソフィーやオレリーのように、人から褒められることが日々の行動の目的になってしまいます。というのも、他人からよいイメージを持たれることでしか、自分の価値を証明できないからです。こうなってしまうと、本当の依存状態に陥ってしまいます。たばこやアルコール、ドラッグから抜けだせないのと同じように、「人から愛され、認められる」ということに依存しているのです。

しかし、この項の最初に書いたように、〈自己評価〉の基準は、他人の評価だけではありません。他人の評価も重要ですが、それよりも、自分が自分のことをどう評価するかのほうがずっと大切です。しかも、その評価は「自分はダメな人間だ。つまらない人間だ」と自分の価値を一方的におとしめるようなものであってはなりません。自分には長所も短所も、得意なことも苦手なこともあるけれど、そうしたありのままの自分を、かけがえのない存在だと考える――そういった評価でなければなりません。他人の評価には関係なく、日々の出来事にも左右されず、いかなる条件にもかかわらず、自分には価値があると考える――そういった評価です。

こうした〈自己評価〉を持っていれば、自分への批判を受けとめることができ、必要とあらば、相手に反論することもできます。人と意見がちがったくらいでは、〈自己評価〉は揺るがないのです。その意味では、〈高く、安定した自己評価〉だと言えます。これに対して、〈自己評価〉の基準が他人の評価にあると、ちょっと人から批判されただけで、〈自己評価〉はおおいに揺らいでしまいます。したがって、全般に〈自己評価〉は低い水準にあり、たとえ高くなることがあったとしても、不安定なものになります。

ふたつの〈自己評価〉のバランス

とはいえ、これまで何度も書いてきたように、〈自己評価〉を高めるためには、他人の評価も重要です。実際、「人から愛され、認められている」と思えば、それだけで「自分には価値がある」と感じることができて、〈自己評価〉が高くなるのはまちがいありません。ですから、他人の評価を気にすること自体は悪いことではないのです。他人が自分のことをどう見ているか、それをきちんと理解して、受けとめる。そうして、至らない部分は改善する。それができれば、人は大きく成長し、〈自己評価〉は高まります。

問題はオレリーやポール、ソフィーのように、他人の評価だけをもとにして、自分の価値を決めてしまうことです。そんなことをしていたら、〈自己評価〉はいつまでたっても、高く、安定したものにはなりません。人からちょっと冷淡な扱いを受けたら、それだけで低いレベルまで落ち込んでしまいます。そして、そういったことは毎日の生活のなかで、普通に起こることなのです。

ということで、〈自己評価〉を高く維持するためには、他人からの評価と自分自身による評価、このふたつのバランスをとることが大切です。「人から愛され、認められる」ように努力するいっぽうで、それを絶対的なものだと思わないこと。そうして、「いつどんな状況でも、条件にかかわらず、自分はかけがえのない存在であり、自分には価値がある」と思うこと。そのようにして、〈自己評価〉をつくりあげるのです。

では、他人の評価には関係なく、どんな状況でも「自分には価値がある」と思える人は、どうやってそんなふうになれたのでしょう？　それは子どもの頃に、両親や大切な人から、たっぷりと愛情を注がれたおかげだと考えられます。子どもが何をしても、無条件で子どもを愛し、認めるというタイプの愛情を……。

ただ、そう書くと、心配になってしまう方がいるかもしれません。「〈自分の価値は他人の評価によって決まるという思い込み〉は、子どもの頃、両親から十分に愛され、認められなかったせいだという。それなのに、大人になってから、他人の評価には関係なく、『自分には価値がある』と思えるようになるのだろうか？」と……。

でも、その心配は必要ありません。大人になってからでも、無条件で「自分には価値がある」と思うようになることはできるのです。これについては、この章の最後に、そのためのヒントをお話しします。

――〈行動〉と〈自己主張〉への影響

次は〈いつでも人から愛され、認められなければならないという思い込み〉が〈行動〉と〈自己主張〉にどんなふうに影響するかという話です。まずはこの〈思い込み〉を持っている人の〈行動〉と〈自己主張〉の特徴について述べます。特徴はふたつあります。

1．ひたすら人から認められようとする

いつでも相手の気を引くような態度をとったり、相手を喜ばせようとします。あるいは、ひたすら相手の意見に合わせようとします。人から嫌われたり、認められなかったりしたら、自分の価値がなくなってしまうように感じるからです。その結果、相手の意見がまちがっていると思っても、はっきりそう言うことができません。また、自分がやりたくないことでも、相手に認められると思ったら、献身的に行ないます。

2. 人の言いなりになる

たとえば、友人と映画に行く時、自分が観たいものがあっても口には出さず、相手が観たいと言ったものに合わせます。食事をする時にも、相手が行きたいと言ったレストランに行きます。バカンスもそう。行きたい場所があっても、自分から提案するようなことはせず、相手が選んだ場所に出かけます。大切なことは相手の機嫌を損ねないようにすることだからです。いざこざを避けるためだったら、自分が我慢するくらい、なんでもないと思っているのです。というよりは、相手の気分を害して、見捨てられるのが怖いのです。

　こんなふうにしているかぎり、決して「自信が持てる」ようになれないことは、おわかりですね？にもかかわらず、〈いつでも人から愛され、認められなければならないという思い込み〉を持っている人は、こうした〈行動〉に走ってしまいます。もちろん、きちんと〈自己主張〉することもできません。では、この〈思い込み〉を持つ人は、どうしてこのような態度をとってしまうのでしょう？　実はこういった態度をとる裏には、ある特別な気持ちや考えが隠されているのです。「ひたすら人から認められようとする」「人の言いなりになる」というそれぞれの〈行動〉の裏にある〈気持ち＝考え〉を見ていきましょう。

1. 人の考えに従っていれば、受け入れてもらえる

ひたすら相手の意見に合わせようとする態度の裏には、〈人の考えに従っていれば、受け入れてもら

えるという気持ち〉があります。みんなと仲よくして、グループの一員でいたいのなら、決して人とちがった意見を言ってはいけないと思い込んでいるのです。ごく普通に考えれば、相手とちがう意見を言ったからといって、受け入れてもらえないということはありません。反対に、相手に合わせても、受け入れてもらえない場合もあります。けれども、本人はかたくなにそう考えているのです。

2.相手の言いなりになっていれば、見捨てられることはない

映画に行くにも、レストランに行くにも、バカンスに出かけるにも、自分の希望を言わず、なんでも相手の言うとおりにしてしまう裏には、〈相手の言いなりになっていれば、見捨てられることはないという気持ち〉があります。子どもの頃に両親からふりむいてもらえなかった経験から、人から見捨てられることが怖いのです。

ということで、〈いつでも人から愛され、認められなければならないという思い込み〉を持っている人は、子どもの頃から自分を抑え、人に合わせて生きているのですが、この〈思い込み〉は大人になるにしたがって、だんだん強化されていきます。次項では、その強化の過程について見てみましょう。

――〈思い込み〉の強化――いい人だと思われることの落とし穴

これまで説明してきたように、〈いつでも人から愛され、認めなければならないという思い込み〉を持っている人は、つねに相手に気に入られようとして、決して相手の意見に反対しません。また、頼まれたことは断りません。これは多くの場合、好意的に受けとめられるでしょう。そういった人は、みんなから〈問題を起こさない人〉として歓迎されますし、何よりも〈控えめで、親切な人〉だと思われるからです。そうすると、この〈思い込み〉を持つ人は、「人から受け入れられた」ことに安心し、「そうなったのは、自分が人の意見に逆らわず、まわりから認められようとしたからだ」と思います。こうして、〈思い込み〉が強化されるのです。

しかし、そういった態度を続けていると、毎日の生活のなかで、しょっちゅう困った事態が訪れます。最近疲れぎみなので、今日は早く帰ってのんびりしようと思っている時に、残業を頼まれてしまったら、どうしましょう？　結婚記念日にレストランで食事をするのを楽しみにしていたのに、夫が突然、今日は家で食べようと言いだしたら、どうすればいいのでしょう？　友だちから、あまり気の進まない頼みごとをされてしまったら？

〈いつでも人から愛され、認めなければならないという思い込み〉を持っている人にとって、相手の言葉に逆らったり、頼まれたことを断ったりすることはできません。子どもの頃から「そんなことをしたら、見捨てられてしまう」と思い込んでいるので、そうすることに非常な恐怖を感じるのです。そこで、結局は自分を抑え、相手の言いなりになってしまいます。

けれども、そうやってつねに自分を抑えていると、いつまでたっても、自信が持てるようになりません。相手の要望とはちがっていても、自分の希望を相手に伝え、それでも相手が自分を認めてくれた時、

「自分には価値があるんだ」と、本当の意味での自信が持てるようになるからです。ところが、それをしないでいると、「相手の言葉に逆らったり、頼みごとを断ったりして、問題を解決する」という成功体験が得られません。あとに残るのは、「私には価値がないので、相手の言うことを全部聞いて、初めて認められるんだ」という思いだけです。その結果、〈思い込み〉が強化されて、また振出しに戻ってしまうのです。**図6－1**は、その〈悪いサイクル〉を示したものです。

もし、あなたがこうした〈思い込み〉に悩んで、〈悪いサイクル〉にはまっているなら、そこから抜けだすためのトレーニングをしなければなりません。

では、どうすればよいのでしょう?

図6－1〈人から愛され、認められなければならないという思い込み〉がもたらす悪いサイクル

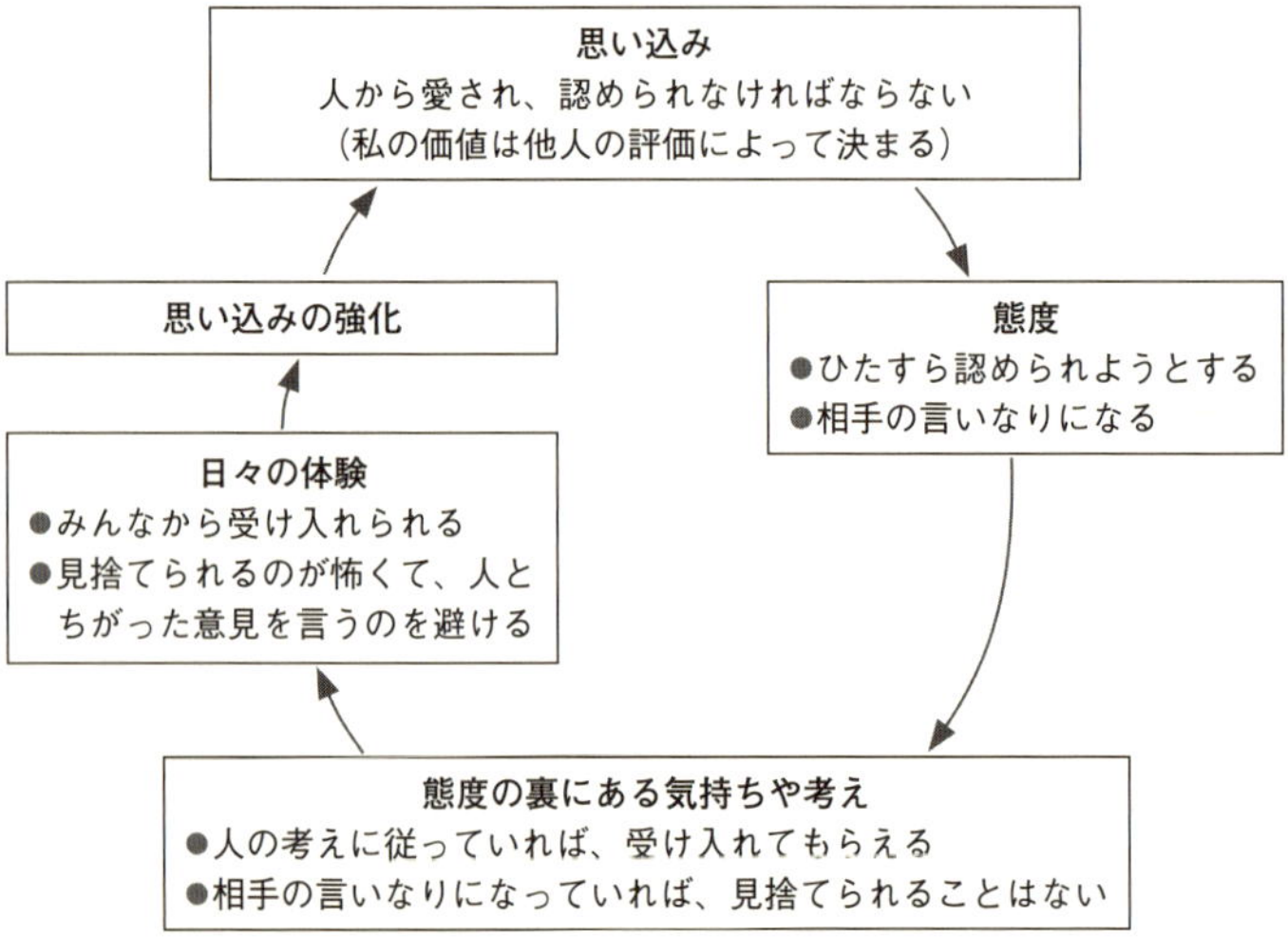
思い込み
人から愛され、認められなければならない
(私の価値は他人の評価によって決まる)
態度
●ひたすら認められようとする
●相手の言いなりになる
態度の裏にある気持ちや考え
●人の考えに従っていれば、受け入れてもらえる
●相手の言いなりになっていれば、見捨てられることはない
日々の体験
●みんなから受け入れられる
●見捨てられるのが怖くて、人とちがった意見を言うのを避ける
思い込みの強化

——〈いつでも人から愛され、認められなければならないという思い込み〉を解消する方法

詳しくは本書の第3部を見ていただくことにして、ここでは〈いつでも人から愛され、認められなければならないという思い込み〉を解消するためのヒントをあげておきましょう。

ヒント1——なんの条件もつけずに、自分には価値があると思いましょう

この〈思い込み〉のおおもとは、「人から愛され、認められなければ、自分には価値がない」と思っていることです。したがって、「人からどう思われようと、自分には価値がある」と思うことができれば、人の反応を気にして、くよくよと思い悩むことはなくなります。そのためには、まず他人の評価を絶対視するのはやめましょう。他人の評価は大切ですが、気にしすぎるのはよくありません。それよりも、自分のよいところを見つけて、「誰がなんと言おうと、自分には価値がある」と思いましょう。そのための具体的な方法は、第12章〈自己評価を高めるためのトレーニング〉を参照してください。

ヒント2——自分が思ったとおりに行動してみましょう

もし、あなたがこの〈思い込み〉の持ち主なら、あなたは相手の意見に逆らって何かしたいと思った時、「こんなことをしたら、相手はどう思うだろう？」と考えて、結局はやめてしまうのではありませ

んか？　でも、そんなことを続けていると、いつまでたっても自分に自信が持てるようにはなりません。思い切って、自分が思ったとおりに行動してみましょう。相手はたとえそれに反対だったとしても、どうしてもあなたがそうするというなら、認めてくれるはずです。人によってさまざまな考え方があって、それがこの世の中を豊かにしているのです。ちゃんとした人なら、それがわかっていて、あなたの行動を受け入れてくれるはずなのです。実際にそうしてみて、相手から認められれば、あなたはもっと自分に自信を持って行動できるようになると思います。これについての具体的な方法は、第13章〈行動するためのトレーニング〉を参照してください。

ヒント3――自分の意見や希望をはっきりと伝えましょう

人から愛されるために相手の言いなりになったり、人から認められるために相手の意見に合わせるのはやめにしましょう。それよりも、自分の意見や希望をはっきりと相手に伝えるようにしてください。また、人からあまりやりたくない頼みごとをされたら、丁寧に断わりましょう。そうやって、自己主張をすることで、自分が受け入れることのできる範囲を相手に示すことが大切です。実を言うと、そうしたほうが逆にずっと人から尊重され、認められるのです。これについての具体的な方法は、第14章〈自己主張をするためのトレーニング〉を参照してください。

第7章　思い込み3　私はダメな人間だ

三番目の〈思い込み〉は、「私はダメな人間だ」というものです。まずは、いつものように、実際に私のクリニックを訪れた相談者の話を聞いてください。

ジュスティーヌ――人とうまく付き合えない

最初は三十代の女性、ジュスティーヌです。ジュスティーヌは、「自分はダメな人間だ」と思い込んでいます。つまり、能力もない、魅力もない、積極性もない、いつもうじうじしていて性格も暗い、自分のことしか考えない――というように、あらゆる意味で、自分はダメだと考えているのです。そこで、私はジュスティーヌに、「最近、自分がダメだと感じた出来事を話してください」と頼みました。以下はその時のやりとりです。

ジュスティーヌ　先週の土曜日に友だちのクレールとクラブに行ったんです。そこで、素敵な男の人に出会ったんですけど……。でも、私は自分に自信がないので、もちろん、声をかけることはできませんでした。

私　なるほど。その時、心のなかではどんなことを思っていましたか？

ジュスティーヌ　私は何をやってもダメだから、声をかけるなんてとうていできないって……。ダンスも下手だし……。それに、全然知らない人だし……。相手だって、一緒に来た仲間と踊っていたほうが楽しいんじゃないかなって……。私は知らない人といると、落ち着かないんです。

私　じゃあ、あなたは、ただ黙って見ていた？

ジュスティーヌ　ええ。その男の人はダンスが上手で、みんなの喝采を浴びて……。でも、そのうちに、私たちが見ているのに気づいたみたいでした。

私　それなら、声をかけやすくなった？

ジュスティーヌ　いいえ。クレールは彼のそばに行って踊りはじめたのに、私はひとり取り残されてしまって……。私はつくづく自分はダメだって思いました。近寄るのにも、うじうじ悩んで……。こんな時、クレールだったら、悩むことなんかしないで、彼に話しかけるだろうにって、そう思いました。そしたら……。

私　そしたら？

ジュスティーヌ　そしたら、思ったとおり、クレールは彼に話しかけました。でも、私はふたりのところには行きませんでした。こんなところにひとりでいないで、ふたりの話に加わりに行けばいいのにと思いながら……。でも、私にはクレールみたいにユーモアのセンスもないし、一緒にいても楽しくないだろうから、私が行ったりしたら、きっと彼は退屈する——そう考えたら、一歩もそこから動けなかったんです。やっぱり、私はダメな人間なんです。

ジュスティーヌはクラブで出会った素敵な男性に声をかけたいという気持ちと、自分はダンスも下手だし、話も上手じゃないから、そんなことはできないという葛藤《かっとう》に悩み、結局声をかけることができずに、「私はダメな人間だ」と自分を責めさいなんでいます。

このやりとりでわかるように、〈私はダメな人間だという思い込み〉は、人から〈行動〉する力を奪います。しかも、自分の望んだ〈行動〉ができないと、この〈思い込み〉を持っている人は、そのことでも自分を責め、「やっぱり、私はダメな人間だ」という思いを強くします。そう、皆さんもよくおわかりのように、〈悪いサイクル〉にはまってしまうわけです。

幸い、カウンセリングを続けるうちに、ジュスティーヌはむやみに自分を責めるのをやめ、「相手が私といて楽しいと思うかどうかは、相手の問題なのだから、先回りして楽しくないだろうと考えて、うじうじ悩んでもしかたがない」と考えられるようになりましたが、そこまで行くには、ある程度時間がかかりました。〈思い込み〉というものは、それほどしっかりと心のなかに根づいているものだからです。

セバスチャンの場合——自分はダメだという気持ちに押しつぶされる

次はセバスチャンという男性です。セバスチャンは「自分はダメな人間だ」という気持ちから、これまでに数回、ひどいうつ状態に陥り、入退院を繰り返しています。抗うつ剤を常用し、何度も病気休暇をとっています。

セバスチャンの場合、薬による治療は必要ですが、私はそれに加えて、心理療法を行なうことにしました。つまり、うつ病の原因は〈私はダメな人間だという思い込み〉にあるのですから、カウンセリングによって、その〈思い込み〉を解消しようとしたのです。

私がセバスチャンに提案したのは、〈認知再構成法（コラム法）〉と呼ばれるもので、「自分がダメな人間だ」と感じた時、その時の状況、感情、そして、その時に浮かんできた考え（自動思考）を表の三つの欄《コラム》にまとめるというものです。実はこれは第一ステップで、このあと、その〈自動思考〉を検証し、第四の欄に〈自動思考〉が正しいと思われる根拠を書き、第五の欄に〈自動思考〉に対する反証をあげるという第二ステップが続き、最後に第六の欄に〈自動思考〉に代わる、その状況にふさわしい考え〈適応的思考〉を書き、第七の欄に感情の変化を記入するという第三ステップに至ります（ただし、第四の欄と第五の欄を省略して、全体を五つの欄にまとめたり、また別の欄をつけ加える場合もあります。本書では第四、第五の欄を省略した形で行なっています）。

というわけで、セバスチャンには、まず第一ステップの三つの欄を書いてもらいましたが、これは本人に〈認知のゆがみ〉を知ってもらうためです。〈思い込み〉とは、〈認知のゆがみ〉から生じるものだからです。つまり、ある状況をとらえる時に、極端なとらえ方（認知の仕方）をしてしまう――それが〈思い込み〉なのです。コラム法は、表に記入することによって、まずは自分の〈認知のゆがみ〉に気づき、適切な認知の仕方に導くことを目的としています。これが〈認知再構成法〉と言われる所以《ゆえん》です。

さて、実際にやってみると、セバスチャンは就職や友人、夫婦に関係する三つの状況で、「自分はダメな人間だ」と思った時のことを表にまとめてきました。就職に関係する状況とは、現在セバスチャンは失業中なので、しばらく前に履歴書を書いたのですが、その最中にネガティブな考えや感情にとらわれ、「自分はダメな人間だ」と感じたというのです。友人に関しては、「君は自分のことばかり話している」と言われた時、夫婦に関しては、「あなたはもう少しましな格好ができないの?」と妻から言われた時、「自分はダメな人間だ」と感じたと言います。**表7－1**は、セバスチャンが記入したものを整理して、まとめたものです。

この表を見てわかるとおり、セバスチャンはどんなことでも最後には「自分はダメだ」というところに結びつけてしまいます。では、この〈思い込み〉はどのようにしてできあがったのでしょう?

表７－１　認知再構成法 ―― セバスチャンの３つのコラム

状況	感情	自動思考
状況１ 就職のための履歴書を書かなければならない	●自分が情けない ●悲しい 8/10	●ぼくはダメだ ●何もできないから、誰も雇ってくれない ●今回もダメだろう ●うまくいきっこない
状況２ 友だちのベルナールから、人の話を聞かないで、自分の話ばかりすると咎められた	●恥ずかしい ●落胆 7/10	●本当だ。ぼくは自分のことばかり、しゃべっている ●なんてダメなやつなんだ！ ●ぼくは、エゴイストでナルシストだ
状況３ 食卓につこうとした時、妻が、「もう少しましな格好はできないの！」と言った	●落胆 ●怒り 6/10	●どうして、そんなことを言われなきゃならないんだろう？ ●妻はぼくがいるだけで、不愉快だと思っているんだ ●妻がぼくを認めてくれることはないだろう ●みんな、ぼくのことが嫌いなんだ ●やっぱり、ぼくはダメな人間だ

〈状況〉は、いつ、どこで、何が起こったのか、誰と一緒にいたのか、具体的に書く。
〈感情〉は、その時の気持ちを書いて、その程度を10段階で評価する。
〈自動思考〉は、その時に頭に浮かんだ考えを思い出して、正確に書く。

――どうして、「私はダメな人間だ」と思ってしまうのか？

ほかの〈思い込み〉と同じように、この〈思い込み〉を持つに至った原因は、子どもの頃の経験――特に親の態度にあります。たとえば、子どもに対する叱り方が激しすぎたり、罰が厳しすぎたりすると、子どもは「自分はダメな人間だ」と思い込みやすくなります。あるいは、親が子どもにまったく関心を持たず、放っておいたり、性的な虐待を加えたりしても、子どもは「自分には価値がないから、そういうことをされるんだ。自分はダメな人間だ」と思うようになります。また、家のなかでうまくいかないことをすべて子どものせいにして、「おまえがいるからいけないんだ」と事あるごとに口にしたりすると、やはり子どもは「自分はダメな人間なんだ」と思ってしまいます。これは親が子どもに「おまえはダメな人間なんだ」という〈思い込み〉を植えつけているようなもので、それだけに生半《なまはん》可《か》なことで解消することはできません。

いえ、もちろん、適切なトレーニングをすれば、この〈思い込み〉を解消することもできるのですが、それにはまずこの〈思い込み〉が強化されるのを防ぐ必要があります。この〈思い込み〉を持つ人は、大人になってからも、それを強化するようなことをせっせと行なっているからです。それはまるで、この〈思い込み〉に毎日、肥料をやって、大きな花を咲かせようとしているみたいなものです。

というわけで、次項ではこの〈思い込み〉の強化について、お話しします。

〈思い込み〉を強化するメカニズム

セバスチャンの例でもわかるように、〈私はダメな人間だという思い込み〉を持っている人は、すべてのことを「自分はダメだ」というところに結びつけます。つまり、子どもの頃にできあがった〈思い込み〉を、日々強化しているわけです。

子どもの頃にできあがった〈思い込み〉というのは、心にしっかり根づいているので、容易に解消することはできません。けれども、大人になってから、日々の生活を通じて強化しているものについては、トレーニング次第で解消することができます。そして、実を言うと、大人になってから強化している〈思い込み〉を取り除くだけで、子どもの頃の〈思い込み〉もずいぶん解消できるものなのです。

自分を追いつめる三つの考え方

さて、子どもの頃の経験を通じて、あなたは今、〈私はダメな人間だという思い込み〉を持っています。これはしかたがありません。子どもの頃にさかのぼって、経験したことをなしにすることはできないからです。けれども、あなたはこの〈思い込み〉を持っているだけではなく、事あるごとに、「だから、私はダメな人間だ」と考えて、〈思い込み〉を強化しているのではないでしょうか？

そう言うと、「いや、そんなことはない」という言葉が返ってきそうですが、これは自分でも無意識に行なっているのです。つまり、あなたは自分で考えているのではなく、ある一定のメカニズムに従って、「私はダメだ」という結論を導きだしている——そうなるような考え方をしているのです。したがって、〈思い込み〉の強化を防ぐためには、「私はダメだ」という結論を導き出すために、あなたが無意識に行なっている考え方の主要なものを知っておく必要があります。その考え方は三つあります。

① 自分の悪い面を過大評価する
② 自分のよい面を過小評価する
③ 悪いことが起こったら、それを一般化する

もし、あなたがこういう考え方をしているとしたら、それはあなたが〈私はダメな人間だという思い込み〉を強化する形で、現実をとらえていることになります。では、この考え方がどんなふうに〈思い込み〉を強化しているのか、そのメカニズムを見てみましょう。

① 自分の悪い面を過大評価する

あなたは何か悪いことが起こった時、それを全部、自分のせいにしていないでしょうか？ たとえば、仕事でミスをした時に、それは状況的にしかたがなかったのではなく、完全に自分のせいだと考えたりしていないでしょうか？ あるいは、そのミスを大げさに考えすぎていないでしょうか？ また、人には誰でも欠点があるものですが、その欠点を実際より重大な欠点だと思っていないでしょうか？ そんなふうに考えたら、「自分がダメな人間だ」と思うのは当たり前ですね。つまり、これが〈私はダメな

人間だという思い込み〉を強化するメカニズムなのです。

②自分のよい面を過小評価する

また、あなたは何かよいことが起こった時、自分の力を過小評価していないでしょうか？　たとえば、仕事で成功した時、「運がよかっただけだ」とか、「同僚の力のおかげだ」と、謙遜ではなく、本気で思ったりしていないでしょうか？　あるいは、人から褒められた時、その言葉を素直に受け取らず、「この人は私のことをよく知らないから、こんなことを言うんだ」と考えたりしてはいないでしょうか？　もしそうなら、あなたは「自分はダメではない」と思う機会をことごとく逃しているのです。

③悪いことが起こったら、それを一般化する

人間は誰でもミスをします。また、完璧な人はいませんので、欠点が表に現われる時もあります。そんな時、あなたは「私はいつもこうだ」とか、「やっぱりダメだ。私は決してちゃんとやれたためしがないんだ」というように、起こったことを「いつも」とか「やっぱり」とか「決して」とかいう言葉で一般化していないでしょうか？　これは〈私はダメな人間だという思い込み〉を強化する考え方です。この考え方のメカニズムに従えば、一度、仕事を失敗しただけで、いつも失敗していることになるからです。同様に、友だちから一度、「自分のことばかり話している」と言われたら、「自分は決して友だちとうまくやれたことがない」ことになります。そして、結論は「やっぱり、私はダメな人間だ」になるというわけです。

どうでしょう？　こうしてみると、この三つの考え方が〈私はダメな人間だという思い込み〉を強化しているのがわかりますね？　ただ、こうした考え方をしてしまうのは、おおもとに〈私はダメな人間だという思い込み〉があるからだとも言えます。その〈思い込み〉があるから、悪い面を過大評価し、よい面を過小評価し、悪いことが起こったら、それを一般化してしまうのです。つまり、〈認知のゆがみ〉が〈考え方のゆがみ〉を生み、その考え方のメカニズムによって、現実をゆがんだ形で見る――つまり、さらなる〈認知のゆがみ〉を生んでしまうのです。「私はダメな人間だ」というのは〈自己評価〉が低いということですが、これは明らかに〈自己評価〉を下げていく〈悪いサイクル〉です。

ネガティブな感情と失敗につながる態度

さて、〈思い込み〉を強化するのは、この三つの考え方だけではありません。あなたの感情も、〈思い込み〉を強くする形で働いています。「自分はダメだ」と思うと、悲しい気持ちになったり恥ずかしい気持ちになったりして、人から何かを言われた時に、適切な対応ができません。つまり、〈自己主張〉がうまくできなくなります。そうすると、「相手とうまくコミュニケーションをとれないで、自分はダメだ」と思う気持ちはさらに強くなります。

また、〈私はダメな人間だという思い込み〉を持っていると、何をするにも不安で、〈行動〉ができなくなります。そうしたら、「どうして、私はうじうじ悩んでばかりで、行動ができないんだろう？」と、自分を責めることになります。あるいは、なんとか〈行動〉することにしても、「どうせ、うまくいくはずがない」という気持ちが出てきて、きちんとした準備ができません。その結果、〈行動〉に失敗して、「やっぱり、私はダメだ」になるわけです。

図7−1は、ここまでの話をもとに、おおもとの〈思い込み〉から始まって、それがさらに強化される〈悪いサイクル〉を示したものです。

環境の問題

また、この〈思い込み〉が強化されるのは、あなたを取り巻く環境にも要因があります。あなたは自分を高く評価してくれる人の言葉が信じられなくて、「君はダメだ」とか、「おまえはダメだ」と口にする人を友人や結婚相手に選んでいませんか？　そういう人たちの言葉や態度は、あなたの〈思い込み〉と一致するので、あなたはそれを自然に受け入れて

図７－１〈私はダメな人間だという思い込み〉がもたらす悪いサイクル

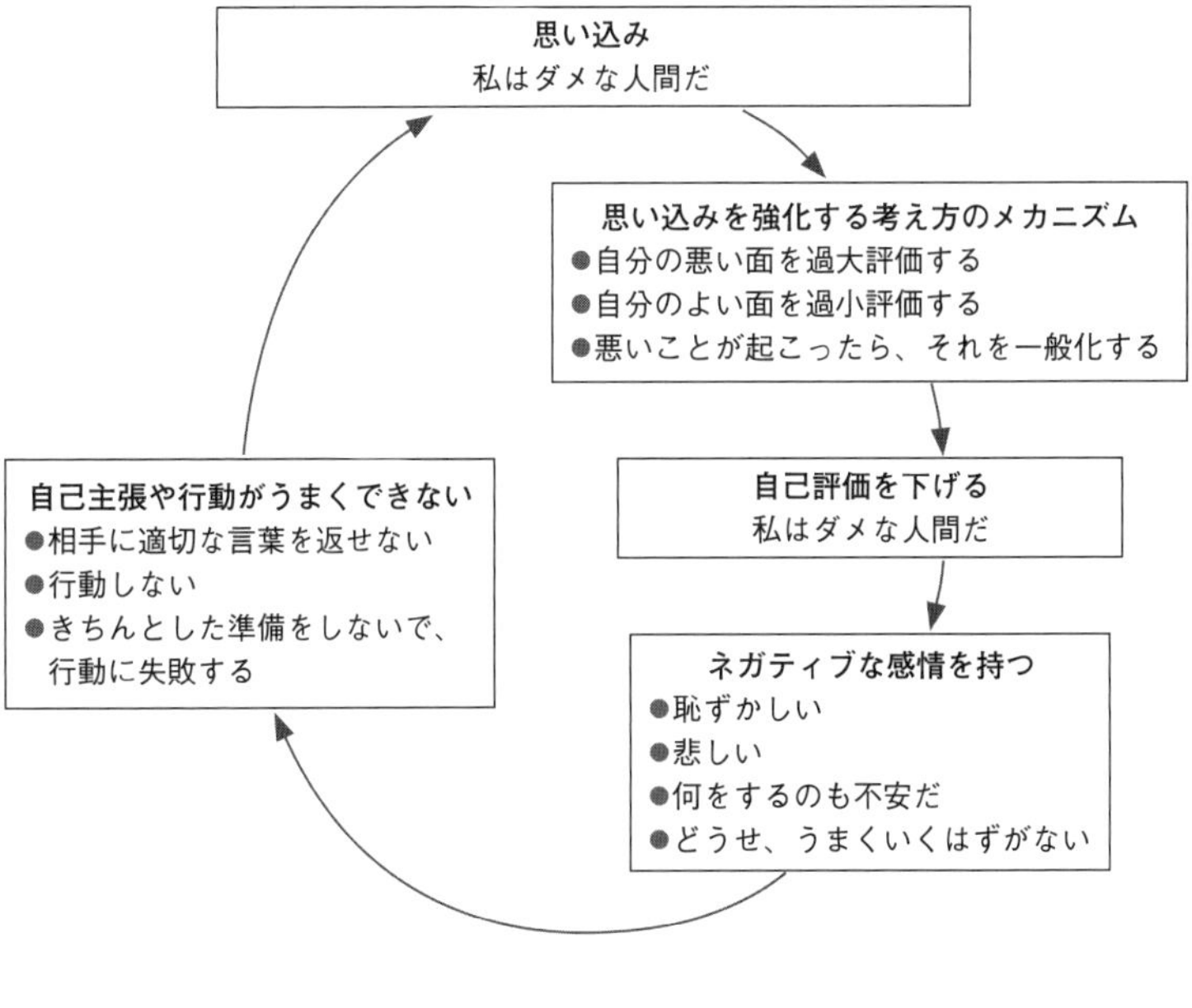
思い込み
私はダメな人間だ
思い込みを強化する考え方のメカニズム
●自分の悪い面を過大評価する
●自分のよい面を過小評価する
●悪いことが起こったら、それを一般化する
自己評価を下げる
私はダメな人間だ
ネガティブな感情を持つ
●恥ずかしい
●悲しい
●何をするのも不安だ
●どうせ、うまくいくはずがない
自己主張や行動がうまくできない
●相手に適切な言葉を返せない
●行動しない
●きちんとした準備をしないで、
行動に失敗する

しまうのだと思います。けれども、そういう人たちは、自分が優れていると思いたいために、あなたを見くだし、おとしめている可能性もあります。

それから、もしかしたら、あなた自身のやり方にも問題があるかもしれません。あなたは自分のことを話す時に、「私はダメな人だから」というのが口癖になっていませんか？　そんなふうに自分自身のことをあまりに否定的に話していると、たとえあなたのことを評価している人でも、「本人がそう言うのだから、やっぱりダメなのかなあ」と思ってしまいかねません。

あなたは職場でも、「私はダメな人間だから、このくらいしかできない」と言って、自分の能力を活《い》かせないような仕事を引き受けていませんか？　また、仕事でよい結果を出しても、自分は何もしなかったと謙遜して、手柄を同僚に譲っていませんか？　その結果、まわりの人も「あなたはダメな人間だ」と思うようになり、それがはねかえってきて、「やっぱり、自分はダメだ」と思うようになるのです。

最後にもうひとつ。うつ病や社交不安障害などの精神疾患にかかると、この〈思い込み〉が強化されることがあります。うつ病の場合は、物事をネガティブに考えるメカニズムが強化され、「私はダメだ」という思いに沈んでいきます。また、気分がふさいで何もする気が起こらないので、そのことでも、「自分はダメだ」と思ってしまいます。社交不安障害の場合は、人と上手に付き合うことができず、やはり「自分はダメだ」という気持ちを強くします。

✿――〈私はダメな人間だという思い込み〉を解消する方法

　では、最後に〈私はダメな人間だという思い込み〉を解消する方法をお話ししましょう。詳しくは第3部でご説明するとして、ここではいくつかのヒントをご紹介します。

ヒント1――すべてのことを「私はダメな人間だ」というところに結びつけるのはやめましょう

　〈私はダメな人間だという思い込み〉にはふたつの種類があります。「これこれだから、私はダメだ」という〈思い込み〉と、「ともかく、私はダメな人間だ」という〈思い込み〉です。そのうち、「これこれだから、私はダメだ」という〈思い込み〉については、そう思う理由を努力してなくす方法があります。つまり、「私は人見知りするからダメだ」と思っているなら、初めて会った人に積極的に話しかけてみる練習をすればいいでしょう。あるいは、「人見知りするからダメだ」という論理を「人見知りするけれど、ダメではない」という論理に置きかえる方法もあります。

　そうすると、このふたつのうち、本当に問題なのは、「ともかく、私はダメな人間だ」という〈思い込み〉のほうだとわかります。これまで説明したように、あなたが「自分はダメな人間だ」と思い込んでいるのは、自分の悪い面を過大評価したり、悪いことが起こると、それを一般化しているからです。実は子どもの頃にこの〈思い込み〉ができたのは、親が「これこれだから、この部分についてはダメだ」と言うべきところを、「おまえはダメな人間だから、こうなるんだ」と言ったところに問題があるのです。いつ、どんな時も、すべてについてダメな人間など存在しません。そう考えて、何か悪いことが起こったとしても、「私がダメだから、こうなるんだ。ともかく、私はダメな人間だ」と、全面的に自分を否定しないようにしましょう。そのためには、「自分を批判する」自分自身の声とも戦いましょう。セバスチャンのところで出てきた〈認知再構成法（コラム法）〉の表をつくってみることも役立ちます。これについての具体的な方法は、第12章〈自己評価を高めるためのトレーニング〉を参照してください。

ヒント2―「自分はダメだから失敗する」と思わずに、行動を起こしてみましょう

ジュスティーヌは、「どうせ私は魅力的ではないし、ユーモアのセンスもないから、話しかけにいっても、相手が退屈するだろう」と考え、〈行動〉を起こしませんでした。その結果、「自分はダメだ」という思いを強くしました。けれども、最終的には、「相手がどう思うかは相手の問題なのだから、最初から失敗を予想して、行動をためらうことはない」と考えることができるようになって、この状態は改善しました。また、同じ〈行動〉を起こすにしても、失敗するのではないかと思いながらすると、本当に失敗してしまうものです。〈行動〉を起こす時は、成功するつもりで、しっかり準備をするようにしましょう。具体的な方法は、第13章〈行動するためのトレーニング〉を参照してください。

ヒント3――自分のよいところをきちんとアピールしましょう

この〈思い込み〉を持つ人は、自分のよいところをきちんとアピールすることができません。アピールしようにも、「自分はダメな人間だ」と思って、よいところをすべて過小評価してしまうからです。しかし、能力という点でも、人間としての魅力という点でも、あなたには必ずよいところがあるはずです。その部分をきちんと見つけて、人にもアピールしましょう。いかに自分がダメな人間かを強調するのはよくありません。「私、これには自信があるんです」とか、「がんばったから、うまくいきました」とか、もっと自分のよいところを見せていくようにしましょう。これについての具体的な方法は、第14章〈自己主張をするためのトレーニング〉を参照してください。

第8章　思い込み4　何事も完璧にやらなければならない

四番目の〈思い込み〉は、「何事も完璧にやらなければならない」というものです。この〈思い込み〉も、〈自己評価〉や〈行動〉や〈自己主張〉に悪い影響を与え、それを持つ人に自信を持てなくさせています。まずは、いつものように、私のクリニックにいらした相談者の方の話を聞いていただくことから始めましょう。

エロディの場合——過食症の原因は過度の完璧主義

エロディは二十五歳の薬剤師です。失恋がきっかけとなって、一年前から過食症になってしまいました。そうです、エロディはまず過食症の相談をするために、私のクリニックを訪れたのです。

話を聞くと、エロディは身長が一六一センチなのですが、失恋のあと、過去最高の七五キロまで太ってしまったというのです。その当時のことを、エロディは、「私はまるで巨大な牛のようでした」と言います。そして、このイメージが心から離れなくなり、太るのが怖くて嘔吐と過食を繰り返すようになってしまったのです。その間、体重は四四キロから七五キロの間で行ったり来たりしていたのですが、私のクリニックに来た時には、五一キロでした。

この体重はＢＭＩ（肥満指数）に照らしても標準です。しかし、エロディは、自分は「太っていて、醜い」、特に「お尻が大きすぎる」と口にしました。そして、そんな自分が不満だと……。そのため、もっとやせようと極端なダイエットをして、猛烈な空腹感を伴う低血糖を引き起こし、過食症になるという〈悪いサイクル〉にはまっていたのです。したがって、失恋のあとで過食症になったといっても、その間は直線でつながっているわけではありません。失恋のストレスから体重が増え、そのことに恐怖を覚えて、無理なダイエットをした結果、過食症になったのです。**図８－１**は、その過程を

図８－１　エロディの心理と過食症のメカニズム

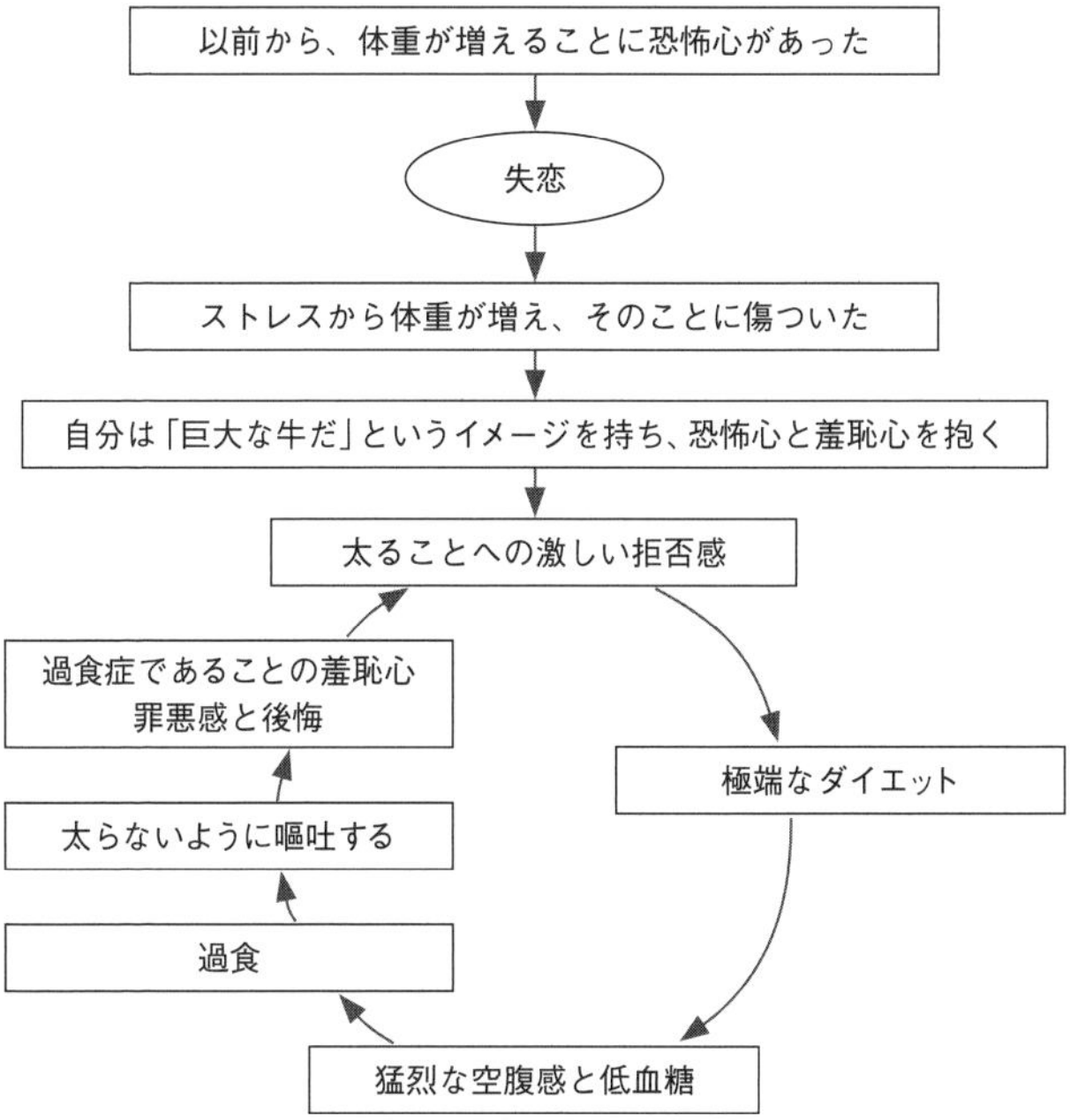
以前から、体重が増えることに恐怖心があった
失恋
ストレスから体重が増え、そのことに傷ついた
自分は「巨大な牛だ」というイメージを持ち、恐怖心と羞恥心を抱く
太ることへの激しい拒否感
極端なダイエット
猛烈な空腹感と低血糖
過食
太らないように嘔吐する
過食症であることの羞恥心
罪悪感と後悔

示したものです。

さて、この図を見ると、〈太ることへの激しい拒否感〉から下は、過食症の〈悪いサイクル〉ですが、問題はどうしてエロディがそれほど太ることに拒否感を抱いたかということです。あるいは、なぜ体重が増えたことを異常に気にして、自分を「巨大な牛のようだ」と感じたかということです。つまり、そこには心理的な何かが影響しているはずです。

その何かは、しばらくカウンセリングをするうちにわかってきました。エロディは、失恋するずっと以前から、体重が増えることに恐怖心を抱いていたのです。そのため、普段からかなり食事を制限して、ダイエットをしていたということです。失恋前というのは、太る前のことですから、エロディがそれほど太ることに恐怖心を抱かなければならない理由はありません。それなのに、どうしてそんな恐怖を感じて、ダイエットをしていたのでしょうか？

その答えはエロディに、「あなたにとって、太っているというのは、どういうことですか？」と質問をした時に、はっきりしました。エロディはこう答えたのです。

「そうですね。太っているというのは、自分の体重をコントロールできないということですから、自分に対して不満です。私はもっと、自分を完璧にコントロールできなければいけないのです。それから、太っているというのは、自分のスタイルが完璧ではないということです。そんな状態では、人から受け入れてもらえないでしょう。特に男の人からは……。また、スタイルが完璧ではないというのは、私自身が完璧ではないということですから、そんな自分には自信が持てません。それは要するに、自分には価値がないということですから……」

そう言うと、最後にエロディはこうつけ加えました。

「もし、私が永遠に四四キロの体重を保てたとしたら、ほかの問題だってすべてうまくいくと思います」

でも、それが決してそうではないことは、読者の皆さんもおわかりだと思います。問題は体重ではありません。先ほど、エロディは体重が増えたことでショックを受け、そのことに恐怖を抱いて、極端なダイエットをした結果、過食症になったと言いましたが（表面的にはそのとおりで、因果関係としてはそれでまちがいないのですが）、その裏にはもっと根深い問題が隠されていたのです。そう、過度の完璧主義という問題が……。それは、エロディの言葉のなかに、何度も「完璧」という言葉が出てきたことでもわかります。

そこで、私はこう尋ねてみました。

「もしかしたら、あなたは体重だけではなく、すべてのことで完璧でありたいと思っていませんか？」

すると、エロディは即座にこう答えました。

「ええ、そのとおりです。私はすべてのことで完璧でありたいと思っています。そうですね。もしかしたら、ちょっと行きすぎたところがあるかもしれませんが……。でも、そうじゃないとダメなんです。自分が完璧なスタイルじゃないと気がすまないし、知的な面でも完璧じゃないと嫌なんです。相手から何か言われたら、気のきいた返事をしないといけないし、いつもユーモアのある言葉で、まわりの人を楽しませなければならない。もちろん、仕事は丁寧で、これ以上のことはできないと、人から尊敬されるようにやらなければなりません。恋人とだって、完璧な関係をつくらないと……」

そのあとも、エロディの「完璧でなければならない」もののリストは、延々と続きました。ただ、話しているうちに、生活のあらゆる面で完璧さを求めるあまり、自分に対するハードルを上げすぎて生きづらい思いをしているということが、本人にも少しわかってきたようです。

だいたい、先ほども書いたように、過食症になったのも失恋のせいではありません。失恋後、体重が増えたことに恐怖を感じて、極端なダイエットをしたのが直接の原因ですが、そのおおもとをたどれば、エロディが「何事も完璧にやらなければならない」と思っていたせいなのです。というのも、まず失恋によって、エロディの「恋人と完璧な関係をつくる」という理想は見事に打ち砕かれてしまいました。そこで、エロディは自分のスタイルがまだまだ完璧ではなかったと考え、「もう二度とこんなことがあってはならない。もう二度と見捨てられないように、恋人がずっと一緒にいてくれるように、もっと完璧なスタイルにならなければ」と考えたのです。ところが、そのあとに失恋のストレスから太ってしまったので、強い恐怖を感じ、極端なダイエットに走ったのです。エロディが「完璧なスタイル」にこだわらなければ、過食症にはならなかったでしょう。

　では、どうしてエロディは、ここまで「完璧でなければならない」と思い込むようになってしまったのでしょう？　また、そもそも、その〈思い込み〉は〈自信〉とどんな関係にあるのでしょう？　〈自信〉に対してどういう悪影響を与えているのでしょう？　次項ではそのことをお話ししたいと思います。

——どうして、「何事も完璧にやらなければならない」と思ってしまうのか？

カウンセリングを続けるうちに、エロディがこの〈思い込み〉を持つにいたったのは、やはり子どもの頃に原因があるとわかってきました。なかでも、いちばん大きいのは、親が厳しすぎたことです。そう、エロディはいつでも完璧を求められたのです。

エロディの父親はとても厳しく、ほんの小さなミスも許しませんでした。エロディは言います。

「父はよくこう話していました。『失敗するのは本人が悪いからだ。完璧に準備をして、細心の注意を払っていたら、決して失敗などするはずはない』って……。ええ、私もそう思います。あらゆる事態に備えて、完璧に行動していたら、悪いことなんて起こるはずがないんです。だから、今回失恋したのだって、私がいけないんです。私が体重の管理を怠って、完璧なスタイルになれなかったから……。全部、私の責任なんです！」

エロディは小さい頃から、父親にそう思い込まされてきたので、何か悪いことが起こった時に、ほかの考え方をすることができません。すべて、「自分が完璧にやらなかったのがいけないんだ」と思ってしまうのです。

父親がエロディに厳しかったのは、父親自身も「何事にも完璧でなければならない」と思っていたからです。そして、おそらく、父親がそうなったのは、そのまた親がそう思っていたからだと考えられます。この〈思い込み〉は、親から子へと、世代を超えて受け継がれていく可能性があるのです。それはこの〈思い込み〉を持つ親が子どもに対する時、「何事も完璧にやらないと、この子が大きくなった時に、まわりから認めてもらえない」と心配になるからです。だからこそ、子どもに対して厳しく接するようになるわけです。

その結果、たとえば学校の成績に関して言えば、親は子どもの成績に異常な関心を示し、ちょっと試験の点数が低いと、不機嫌になったり文句を言ったりします。言い訳は絶対に許されません。また、親が許容できないほど悪い成績だと、そんな成績をとったこと自体を無視されることもあります。普段は成績についてうるさく言うのに、まるで試験などなかったように、ひと言も触れないのです。逆に点数がよいと安心した顔をしますが、手放しで褒めてくれるわけではありません。家族の合言葉は〈うまくいって当たり前〉です。成功するのは当然で、褒めるには値しないというわけです。反対に、失敗は厳しく咎《とが》められます。

こんなふうに育てられると、子どもは自分に自信を持つことができません。親の要求が高すぎるので、なかなか目標を達成することができないからです。自信を持つには、「うまくいった」と感じる経験——成功体験が大切なのです。それなのに、現実に味わうのは、「やっぱり、ダメだった」という失敗の経験ばかりです。

また、自分ではうまくいったと思っても、親からは、「まだまだだ。こんなことで満足してはいけない。もっと完璧に」と叱られたり、発破《はっぱ》をかけられたりします。これも、子どもの自信を押しつぶします。子どもがある程度の成果を出した時、「よくやったね。この間までできなかったことが、できるようになったじゃない。がんばったね」と褒めてもらえれば、子どもの自信は育つのですが、そういったことは決して起こりません。ようやく褒めて——というより、認めてもらえるのは、完璧にやった時だけです。これでは、仮に〈自信〉が生まれたとしても、〈条件つきの自信〉にしかなりません。この場合、子どもは完璧にやって初めて、「私には素晴らしい価値がある」「私には素晴らしい能力」があると自信を持つことができるのです。

これは反対から見れば、完璧にやらないかぎり認めてもらえないということです。そこで実際に、悪い成績をとった時に、親が不機嫌になって口もきいてくれなくなったら、子どもは「自分は親から見捨てられるのではないか」と不安になったりもします。子どもにとって親は絶対なので、「もっと完璧にやらなければ」と思うようになるのです。

〈思い込み〉の裏にある考え

こうしてみると、この〈思い込み〉の裏にある気持ちや考えは明らかです。それは、「完璧にやって初めて、私は価値のある人間になる」という考え、そして「完璧にやらないと、見捨てられてしまう」という気持ちです。以下、順番に見ていきましょう。

①完璧にやって初めて、私は価値のある人間になる

学校の試験でも、スポーツでも、バレエやピアノのお稽古でも、家の手伝いでも、子どもは完璧な成果を出した時、初めて親から認められます。たとえ、まずまずの結果を出したとしても、褒めてもらえないばかりか、もっときちんとしなければダメだと叱られます。完璧にやらなければ、親から認めてもらえないのです。そういったことから、子どもは「完璧にやって初めて、私は価値のある人間になる」という考えを持つようになるのですが、この考えにはもちろん問題があります。

その問題とは、〈自分のした行為の結果〉と自分の〈価値〉を混同していること。人間の価値は〈行

為の結果〉で決まるわけではありません。成功しても、失敗しても、その人の存在そのものが尊いのです。もちろん、成功すれば自分の能力に対する〈自己評価〉は上がりますが、それは〈自己評価〉を上げるための、ひとつの要素にすぎません。反対に、「成功して初めて、自分には価値がある」と考えてしまうと、〈条件つきの自己評価〉になってしまいます。第6章で見た「人から認められて初めて、自分には価値がある」というのと同様、このタイプの〈自己評価〉は、たとえ高くても不安定なものになります。

②完璧にやらないと、見捨てられてしまう

子どもというものは、いつも親のほうを見ているものです。自分が親から愛されているか、認められているか、評価されているか、あるいはちゃんと関心を持たれているかどうか、絶えず気にかけています。子どもは親がいないと生きていけないのですから、これは当然のことです。それなのに、物事を完璧にやった時だけしか、親が子どもを認めず、それ以外は怒るか、無視するか、冷たい態度をとっていると、子どもは「完璧にやらないと、見捨てられてしまう」という不安を持つようになります。そして、そんな不安を持っていれば、もちろん〈自己評価〉は低くなります。そのことは、「何があっても、自分は親から愛されている。見捨てられることなど絶対にない」と感じている子どもの〈自己評価〉と比べてみればわかります。そういった子どもの〈自己評価〉は、高く、安定しています。それにひきかえ、「完璧にやらないと、見捨てられてしまう」と思っている子どもは、いつ親から見捨てられるかと不安で不安で、ともかく完璧を目指してしまいます。エロディが「すべてにおいて完璧である」ことを自分

に求めたのも、この不安が大きかったせいです。すなわち、エロディは、本当の意味では自分に自信がなかったのです。

こうした考えや気持ちは、子どもの頃に親との関係で生まれたものなので、心のなかにしっかり根づいています。そして、〈何事も完璧にやらなければならないという思い込み〉は、この考えや気持ちに支えられています。したがって、この〈思い込み〉を解消するには、この部分までさかのぼって、考え方のゆがみを修正する必要があります。その方法については、章の最後でヒントを紹介することにして、ここからは、この〈思い込み〉と〈自信〉の関係について、より詳しく見ることにしましょう。

自信との関係

では、この〈思い込み〉は〈自己評価〉や〈行動〉や〈自己主張〉にどのように悪影響を与えるのでしょうか？　まずは〈自己評価〉に関することからお話ししていきましょう。

〈自己評価〉に与える悪影響

前項で述べたように、〈何事も完璧にやらなければならないという思い込み〉の裏には、「完璧にやって初めて、私は価値のある人間になる」という考えと、「完璧にやらないと、見捨てられてしまう」という気持ちがあります。これはともに、〈低い自己評価〉を形成する役割を果たしています。つまり、この〈思い込み〉を持っている人の〈自己評価〉はもともと低いのです。したがって、自信を持つためには、〈自己評価〉を上げていかないといけないのですが、この〈思い込み〉を持っていると、〈自己評価〉はますます下がっていきます。理由は簡単で、「何事も完璧にやろう」と思っても、そんなことは不可能だからです。

たとえば、試験を受けるとしたら、あなたは百点満点を目指すでしょう。そこで、もし百点がとれれば〈自己評価〉は維持されますが（百点をとるのが当たり前なので、それによって〈自己評価〉は上がりません）、八十五点だとしたらどうでしょう？　あなたはその結果に満足できないどころか、「完璧にできなかった」と思って、〈自己評価〉を下げることになります。ほかのことについても同様です。テニスをすれば、大会で優勝しないかぎり満足できません。〈自己評価〉も上がりません。準優勝に終わったとしても、「自分はダメだ」と思う必要はないのに、〈自己評価〉を下げてしまうのです。

現実の世界では、あらゆることを完璧にやって、すべてに成功することはできません。成功することもあれば失敗することもあるし、成功したにしても、部分的なものだったりすることもあります。それなのに、あなたは完璧に成功しないかぎり、「自分がよくやった」「自分には能力がある」「自分には価値がある」と認めないのです。これでは〈自己評価〉を高くできるはずがありません。そう考えれば、この〈思い込み〉がどれほど〈自己評価〉に悪影響を与えているか、おわかりいただけると思います。

〈行動〉に与える悪影響

次は〈行動〉に与える悪影響です。これはひと口で言ってしまうと、「何事にも完璧であることを目指してしまうと、時間が足りなくなる」ということです。それはふたつの形で現れます。まず、どんなことでも、「完璧にする」には時間がかかります。書類を作成するにしても、ひとつもミスがないようにと思ったら、普通の人が二度読みなおすところを三度も四度も読みなおさなければなりません。それがあらゆることについてあてはまるのですから、それだけでも時間がかかります。

加えて、この〈思い込み〉を持つ人は、「自分が完璧である」ことを証明するためにさまざまな活動に参加しようとします。たとえば、大学二年生になるジュリーはスポーツクラブで体操をして、大会で優勝することを目指していますが、そのほかに週二時間ずつスケートと水泳をして、こちらも大会で優勝したいと考えています。また、空いた時間には人道団体で活動し、家では母に喜んでもらおうと妹や弟の世話をしています。しかも、完璧に……。部屋の掃除は毎日しますが、週一回は徹底的にやります。もちろん、学業も手は抜きません。ジュリーは大学生なので、講義の空き時間を使うことで、まだなんとかやっていますが、この調子で活動を増やしていったら、どうなるでしょう？

そうです！　時間が足りなくなるに決まっています。そして、「何事にも完璧を目指す」人の大半は、この状態に陥るのです。そうなったら、もちろんいろいろと弊害が出てきます。やるべきことはたくさんあるのに、時間がないので次々と後回しにして、ほかの人から文句を言われたりします。また、時間に追われてやらなければならないので、いくつもミスが出ます。とうてい「完璧にする」ことはできません。つまり、「何事にも完璧であろうとした」結果、やることはすべて中途半端で、ひとつも完璧にすることはできないのです。それなのに、本人は「何事も完璧でなければならない」と思っているのですから、〈自己評価〉はガタ落ちです。そんなことをしていたら、そのうち完全に自信を失ってしまうでしょう。

もうひとつ、この〈思い込み〉が〈行動〉に与えがちな悪影響は、「完璧にやらなければならない」と思うあまり、何もしなくなることです。少しでも失敗する可能性があることは避け、完璧にできることだけやろうとします。つまり、ジュリーとは反対のやり方をするわけですが、それでも「完璧にする」ことはなかなかできません。また、〈行動〉をしないので、成功体験が得られません。結局、第1章でお話しした〈自信と行動の悪いサイクル〉に入り、次第に自信をなくしていくことになります。

〈自己主張〉に与える悪影響

最後は〈自己主張〉に与える悪影響です。もし、あなたがこの〈思い込み〉の持ち主なら、あなたはほかの人のすることに満足できないだろうと思われます。「何事も完璧にやらなければならない」「そうするのが当然だ」と考えているあなたからすると、ほかの人のすることはいい加減すぎるのです。そこで、あなたはイライラして、ついほかの人に、うるさく文句を言っていないでしょうか？　また、「こんなことなら、自分でしたほうがいい」と言って、すべて自分でしていないでしょうか？　こういった言葉や態度は、当然のことながら、相手を傷つけます。あなたは自分でも気がつかないうちに、悪いタイプの〈自己主張〉をしていることになるのです。

　また、「何事も完璧にやらなければならない」と思うと、〈自己主張〉の仕方も難しくなってきます。〈自己主張〉は人との関係をつくるのに重要なものですが、あなたはほかの人とつねに「完璧な関係」を求めているからです。けれども、こうすれば必ず「完璧な関係」がつくれるなどという〈自己主張〉のやり方など、現実にはありません。そこで、あなたは〈自己主張〉に失敗して落ち込んだり、場合によっては〈自己主張〉をやめてしまいます。それがあなたの自信を失わせることは明らかです。こんなふうにして、この〈思い込み〉は、〈自己主張〉にも悪影響を与えているのです。

〈思い込み〉の強化——環境的要因

　さて、〈何事も完璧にやらなければならないという思い込み〉は、その人を取り巻く人間関係によっても強化されていきます。この項ではこの〈思い込み〉を強化する環境的要因にも触れておきましょう。先ほども書いたように、「何事にも完璧でなければならない」と思っていると、ほかの人のすることが気になります。ほかの人はずぼらで、いい加減で、見ているだけでイライラしてしまうのです。そこで、この〈思い込み〉を持っている人は、自分と同じように「何事にも完璧でなければならない」と思っている人を、友人やパートナーに選びます。自分と価値観が同じなので安心できるからです。そうなると、「類は友を呼ぶ」で、この〈思い込み〉を持つ夫婦は、やはりこの〈思い込み〉を持つ夫婦と親しく付き合うようになり、結局、まわりがすべて、この〈思い込み〉を持つ人ばかりになってしまいます。そうなったら、別の価値観によって、この〈思い込み〉が修正されることはありません。〈思い込み〉はさらに強化されてしまうのです。

また、現代のような競争社会では、「何事においても完璧である」ことが求められます。テレビや新聞を見てください。そこには〈優秀な者だけが生き残る。現代社会は、能力と結果だけがものをいう社会なのだ。ミスはひとつも許されない。完璧であれ！〉というメッセージがあふれています。こんなメッセージを日々受け取っていたら、この〈思い込み〉が強化されるのは当たり前です。こうして、この〈思い込み〉を持つ人は、ますます「完璧である」ことに駆りたてられていくのです。

それでは、この〈思い込み〉をなくすには、どうしたらいいのでしょうか？

〈何事も完璧にやらなければならないという思い込み〉を解消する方法

これまでと同じように、詳しくは第3部で述べることにして、ここではいくつかのヒントをご紹介します。

ヒント1――完璧でなくてもよいと思えるようにしましょう

人は「何事においても完璧である」ことはできません。だから、まず「自分は完璧でなくてもよい」と思えるようにしましょう。それには自分の失敗を相対化して、「まあ、このくらいの失敗をすることもあるさ」と自分に言えるようにすることです。要するに、〈行為の結果〉と〈自分の価値〉を一緒にしないで、「失敗はしたけれど、それで私の価値が下がったわけではない」と考えるようにするのです。また、「完璧でなければ意味がない」という二者択一的な見方をやめて、「百点はとれなかったけれど、八十五点だったからいいか」のように、努力した結果に満足できるようにすることも大切です。これについての具体的な方法は、第12章〈自己評価を高めるためのトレーニング〉を参照してください

ヒント2—すべてを完璧にやろうとするのはやめましょう

何かをする時に、「完璧を目指したい」というあなたの気持ちはなかなか変えることができないかもしれません。そうであれば、まず、やることに優先順位をつけて、大切なことからするようにしましょう。すべてをやろうとして、何もできなくなってしまうのは、いちばんよくありません。また、「完璧を目指す」にしても、目標を何段階かに分けて、「ここまでできたら、今回は完璧」と思うようにしましょう。

反対に「完璧でなければならない」「決して失敗してはならない」と思うあまり、何もすることができなくなっていたら、楽しいこと、やさしいことから始めましょう。難しいことは後回しにしてください。「自分に自信をつける」には、〈行動〉して、それに成功することが多大な効果を発揮します。これについての具体的な方法は、第13章〈行動するためのトレーニング〉を参照してください。

ヒント3—自己主張の仕方に気をつけましょう

あなたは「完璧であろう」とするあまり、ほかの人にイライラして、厳しい言葉を投げつけていないでしょうか？　自分の気持ちや要望を伝えることは大切ですが、伝え方には配慮しなければなりません。また、「相手と完璧な関係」をつくろうとするあまり、どう言っていいかわからなくなったり、「いつでも完璧な意見を言わなくてはならない」という気持ちから、黙り込んだりしていないでしょうか？　ほかの人との関係は、まず口を開かないことには始まりません。ともかく、相手に言葉を投げかけてみましょう。こういったことについての具体的な方法は、第14章〈自己主張をするためのトレーニング〉を参照してください。

第9章　思い込み5　いつも正しい決断を下さなければならない

五番目の〈思い込み〉は、「いつも正しい決断を下さなければならない」というものです。初めに、私のクリニックにいらした相談者の話を聞いてください。四十七歳の銀行員、ソニアという女性です。

ソニアの場合――何も決められない

「私はとても優柔不断で、何ひとつ決められないんです。人生に関わるような大きなことだけでなく、日常のほんの些細なことも決められません。私の決断はまちがっているんじゃないかと心配で……。ええ、正しく決断する自信がないんです。たとえば、花瓶を買おうと思っても、赤いほうを買うか青いほうを買うか、ずっと迷ってしまいます。どちらの色が居間に合うか、あれこれ考えてしまって、結局決められないんです。サッカークラブまで息子を車で迎えにいくか、それともひとりでバスで帰ってくるように言うか、なんてことも、ぐずぐず考えてばかりでさっと決められなくて……。それに、この前、パソコンが壊れたんですが、新しいのを買うか中古を買うか、どちらがいいのかいまだに迷っているんです。そのせいで、仕事がほとんどストップした状態です。そう言えば、結婚するかどうか決めるまでにも何年も悩みました……」

ソニアがなかなか決断できないのは、本人も言っているとおり、「正しく決断する自信がない」からです。そこにあるのは、「いつも正しい決断を下さなければならない」という思い込みですが、さらに突きつめるとその奥には「失敗が怖い」という気持ちがあります。でも、ちょっと考えてみてください。いつでも正しい決断をしつづけることができる人など、この世にいるものでしょうか？　そんな神様のような人はおそらくいないはずです。人間は失敗するものです。失敗したと気づいたところで、軌道修正すればいいのです。

決断しないこともひとつの決断になる

もしかしたら、あなたはこう言うかもしれません。「失敗するくらいなら、何も決断しないほうがいいんです。そのほうが安心ですから」と……。確かに、何も決断せずに、〈行動〉しないでいれば、失敗するリスクは避けられます。けれども、それでは成功の喜びも得られません。また、「自分にはこんなことができた」という成功体験が得られないので、〈自己評価〉を高める機会も失われます。もちろん、自分の決断に不安があるので、〈自己主張〉をすることもできません。すなわち、自信が持てるようになる要素をことごとく排除してしまうことになるのです。

それから、もうひとつお伝えしておきたいのは、「決断しないこともひとつの決断だ」ということです。つまり、それは「何も行動を起こさない」という決断をしたということなのです。そして、「何も行動を起こさない」というあなたの決断が正しいとはかぎりません。「何もしない」ことによって、ネガティブな結果になることだってあるからです。

たとえば、ソニアは赤い花瓶か青い花瓶かを選べなくて、結局、花瓶を買うことができませんでした。これは、「花瓶を買わない」という決断をしたことになります。もし、どちらかの花瓶を買っていたなら、新しい花瓶にバラの花を活《い》けて家族に「きれいだね」と褒められていたかもしれません。けれども、決断を避けるという決断をしたソニアの家には、新しい花瓶はありません。「新しい花瓶にバラの花を活けて家族に褒められる」という成功体験を逃してしまったことになるのです。

あるいは、あなたがルノーかプジョーのどちらかの車を買うとしましょう。「正しい決断」をするために、あなたはまずルノーの販売員に山ほど質問をします。そして次に、プジョーのショールームに行って、また同じことを繰り返します。けれども、それだけ質問してもどちらを選ぶのが正しいのかまだ決められず、再びルノーの販売員に「あの、ちょっと聞き忘れたんですが……」と電話をかけ、次いでプジョーの販売員にもまた電話で尋ねます。そうして、販売員が五月の連休前に車を買うことを勧めると、今度は妻（あるいは夫）を相手に延々と考えつづけるでしょう。「もし、プジョーを買ったら、こんなメリットがある。ルノーなら……」。そして、そうやって迷ってどちらも買わないでいるうちに、五月の連休は過ぎていき、車があれば楽しめたかもしれないレジャーを楽しめなかったことになるのです。これは決断をしないという決断がもたらした、明らかにネガティブな結果です。

——どうして、「いつも正しい決断を下さなければならない」と思ってしまうのか？

では、そもそもこの〈思い込み〉はどのようにしてつくられたのでしょうか？

これまでの〈思い込み〉と同じように、この〈思い込み〉も子どもの頃の経験が大きく関わっていると考えられます。具体的には、親が失敗を恐れ、なかなか決断できなかった場合、その姿を見て育った子どもはやはり「決断というのは、いつでも正しく下さなければならない」と思い込みやすくなります。子どもは周囲の大人、特に親をお手本にして育ちます。身近なところに「たとえまちがっても、あとからなんとかなる」と考え、思いきって決断を下すような人がいないと、「決断するというのは一大事だから、まちがってはいけない」と考えるようになるのです。

また、親がまちがった決断をしたせいで、子どもの頃に非常に苦労した人も、この〈思い込み〉を持ちやすくなります。「正しく決断しないと大変なことになる」という考えが子どもの頃にしみついてしまうからです。たとえば、私のクリニックに相談に来た若い女性は、父親が商売に失敗したため、子どもの頃、突然貧乏になって大変な苦労をしました。そのせいで、今でもお金がなくなる恐怖にさいなまれ、金銭がからむ問題を前にすると「正しい決断を下さなければ、取り返しのつかないことになるかもしれない」と思ってなかなか決断できないと言います。

さらに、子どもの頃、小さな弟や妹の面倒をみることを両親から全面的に任されていた場合にも、この〈思い込み〉はつくられやすいでしょう。というのは、弟や妹に比べて年長とはいえ自分自身もまだ子どもなので、そんな重い責任を果たすことに強い不安とストレスを感じてしまうからです。「もし自分がまちがった決断をしたら、弟や妹を危険な目にあわせることになるかもしれない」という恐怖から、「いつも正しい決断を下さなければならない」と思い込んでしまうのです。これには性格も関係していて、すべてのことに対して必要以上に責任を感じやすいと、この〈思い込み〉はよりつくられやすいと考えられます。

　というわけで、次項では、こうしてつくられた〈思い込み〉をさらに強化する〈気持ち〉についてお話ししたいと思います。

〈思い込み〉の強化――失敗やリスクが怖い

　人生は決断の連続です。もちろん、なかにはあわてて決断することなく結論を出すまでじっくりと考えたほうがいいこともあるでしょう。家の購入、結婚や離婚など、失敗した場合にあとあとまでダメージが残ることはそのほうがいいかもしれません。けれども、「いつも正しい決断を下さなければならない」という〈思い込み〉がある人は、そういった大きな問題だけでなく、何色の花瓶を買うかとか、レストランでどんな料理を選ぶとか、そういった日常の些細なことも、なかなか決めることができません。

　それは次の三つの気持ちが、何を決めるにしても顔を出して、この〈思い込み〉を強化しているから

です。その三つの気持ちとは、

1．失敗するのが怖い
2．自分には責任が重すぎる
3．リスクをとるのが怖い

です。以下、この三つの気持ちについて、もう少し詳しく見ていきましょう。

1．失敗するのが怖い

あなたは失敗を恐れるあまり、ソニアのようにちょっとしたことも決められなくなっていませんか？「失敗したらどうしよう？」そう考えてしまって、何かを決めることに二の足を踏んでいませんか？

確かに、失敗はあまり気持ちのいいものではありません。けれども前述したように、失敗を恐れて何も決められないでいると、失敗もしないかわりに、成功体験も得られないのです。そもそも、たいていの失敗は取り返しがつくものです。もし、ソニアが赤いほうの花瓶を買って、家に帰ってからやっぱりカーペットの色には青いほうが合うと思ったら、青い花瓶と交換してもらえばいいのです。また、失敗というのは自分で思っているほど、あとあとまで影響しないものです。むしろ失敗を恐れて決断しなかった時のほうが、後悔が残る恐れがあります。

2．自分には責任が重すぎる

何かについて決断すれば、必ず何かが変わります。けれども、「いつも正しい決断を下さなければならない」と思っていると、まちがった決断をして、「その何かを悪いほうに変える」ことを必要以上に心配してしまいます。そうして、「自分が何かを決めたせいで、まわりに悪い影響が出たりしたら責任がとれない」と思い、「そんなことを決めるなんて、自分には責任が重すぎる」と考えてしまうのです。言い換えれば、これは他人に対して責任を感じすぎているということです。

確かに、決断のなかには他人に対して責任を持たなければならないものもあるでしょう。人事部長が誰を解雇するかを決めなければならないような場合は、慎重な決断が要求されます。しかし、ここで言っているのは、そういった他人の人生に大きく影響するような決断のことではありません。たとえば、記念日のレストランを選ぶとか、家族旅行の行き先を決めるとか、そういった日常の小さなことです。そういった決断には「正しい」も「まちがい」もないはずです。また、何かを選んだあと、「悪いこと」が起こったとしても、そのすべてを自分の責任のように感じる必要はありません。それは、いわば自分の責任を過大に評価しているとも言えるでしょう。

3．リスクをとるのが怖い

どんな決断をするにせよ、選びとったものには多少のリスクがついてきます。しかし、いつでも正しく決断しようとすると、そのリスクを大きくとらえすぎて動けなくなってしまうことがあります。私のクリニックに来たジャックという男性は、せっかく恋人からプロポーズされたのに、結婚したらどんなリスクがあるだろうかとあれこれ考え、二年間も返事を迷っていました。その結果、煮え切らないジャックに愛想を尽かして、彼女は別の男性と結婚してしまったそうです。

では、あなた自身についてはどうでしょう？　たとえば、友人があなたを土曜日のディナー・パーティーに招待してくれたとします。そこにはあなたの知らない人も何人か招かれています。あなたは出席したいと思うものの、「もしその人たちにつまらない人だと思われたらどうしよう」というのが心配で、行こうか行くまいか、迷ってしまいます。そして、とうとう金曜日の夜になっても決められず、友人に出席するかどうか電話できません。あなたがこの〈思い込み〉を持つ人であれば、そういったことは経験があると思います。

でも、そんな時は思いきって出席してみればいいのです。そうすれば、会話が弾んでとても楽しい時間を過ごせるかもしれません。また、交友の輪が広がるチャンスも生まれるでしょう。リスクやデメリットのほうばかり見ないで、メリットのほうに目を向けてみてください。

図9-1は、ここまでの話をまとめて、この〈思い込み〉が自信を失わせていく〈悪いサイクル〉を示したものです。

以上、この〈思い込み〉を強化する気持ちを三つあげましたが、これとは別に、過去に辛い体験をしたせいで、「決断ができなくなる」場合もあります。その体験がいまだにトラウマとなって残っているのです。一例をあげると、過去の結婚相手から何年間にもわたって、モラル・ハラスメント〈言葉や態度による暴力〉の被害をこうむり、いまだに傷がいえていないような時は、もし新しいパートナーに出会って求愛されたとしても、その人と新しい関係を築くという選択になかなか踏み切れないかもしれません。この場合は、第11章でお話しする〈人を信頼してはいけないという思い込み〉が関係していますので、そちらを参考にしてください。

――〈いつも正しい決断を下さなければならないという思い込み〉を解消する方法

それでは最後に、この〈思い込み〉を解消する方法をお話ししましょう。ここで大切なのは、何よりも〈行動〉することですが、詳しくは第3部のトレーニングを見ていただくことにして、ここではいくつかのヒントをあげておきたいと思います。

図9－1〈いつも正しい決断を下さなければならないという思い込み〉がもたらす悪いサイクル

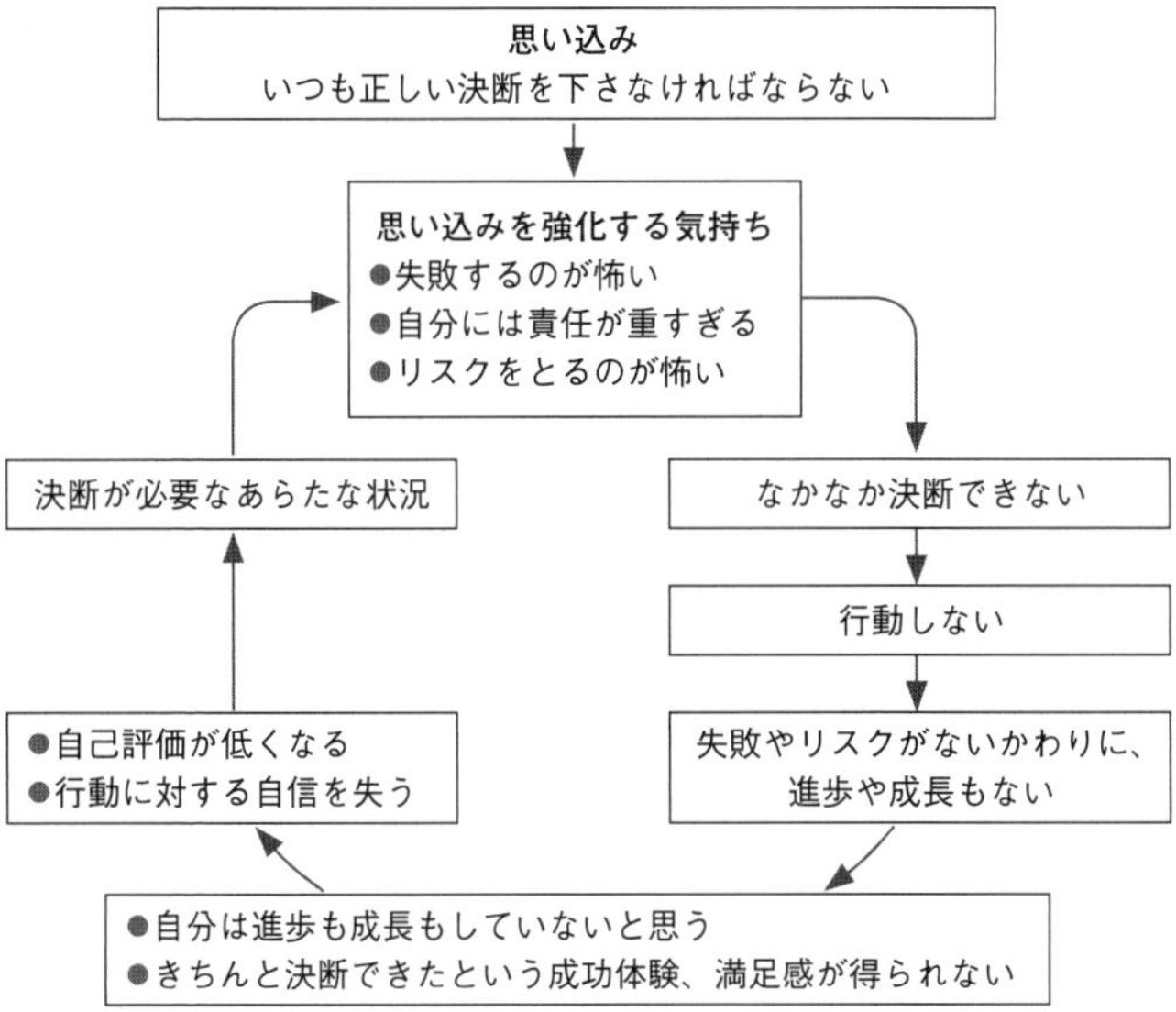
思い込み
いつも正しい決断を下さなければならない
思い込みを強化する気持ち
●失敗するのが怖い
●自分には責任が重すぎる
●リスクをとるのが怖い
なかなか決断できない
行動しない
失敗やリスクがないかわりに、進歩や成長もない
●自分は進歩も成長もしていないと思う
●きちんと決断できたという成功体験、満足感が得られない
●自己評価が低くなる
●行動に対する自信を失う
決断が必要なあらたな状況

ヒント1――失敗してもよいと思えるようにしましょう。

「絶対に正しい決断を下さなくては」と思うと、大きなプレッシャーになり、決断することがとても難しく感じられます。しかし、少しくらい失敗してもなんとかなるものだと思えば、だいぶ気が楽になると思います。それに何より、失敗したからといって、あなたの価値が下がるわけではありません。失敗したことと、あなたの価値は関係がないのです。したがって、まちがった決断を下したからといって、〈自己評価〉を下げるようなことはせず、もっと自分を肯定的に見ましょう。そのための具体的な方法については、第12章〈自己評価を高めるためのトレーニング〉を参照してください。

ヒント2――ともかく〈行動〉してみましょう

先ほども書いたように、この〈思い込み〉を解消するには、〈行動〉することがいちばんです。といっても、いきなり「大きな失敗をする恐れがある」ものに挑戦することはできないので、まずは失敗してもダメージが少ないもの、あるいは自分が得意で、失敗する恐れが小さなものを選びましょう。いくつかの〈行動〉のメリットとデメリットを比較して、自分にとってメリットが大きいものを選ぶというやり方もあります。迷ってばかりいては何も生まれません。ともかく、決断して、〈行動〉してみることです。そして、それがうまくいったら、だんだん大きな決断をして、少し勇気のいる〈行動〉にも挑戦してみましょう。これについての具体的な方法は、第13章〈行動するためのトレーニング〉を参照してください。

ヒント３――自分の気持ちを大切にして、人にもそれを伝えましょう

たとえば、進学先や将来の進路を決める時、あるいはレストランで料理を選ぶ時でも、本当はこうしたいという希望があるのに、ほかの人の意見に押されて、ちがうものにしてしまった――あなたにはそういった経験はありませんか？　それはあなたが自分の決断に自信が持てないせいで、つい人の意見に頼ってしまうからです。でも、そんなことを繰り返していると、自分の人生が自分のものではないような気がしてくるものです。大切なのは、その決断が正しいかどうかではなく、それがあなたの望んでいることかどうかです。決断をするなら、自分が本当に望んでいることを選び、それが自分の希望だと人にも伝えましょう。そうです。「正しいかどうかは別にして、私はこうしたい。だから、こう決断した」と自分でも思い、相手にも伝えるのです。相手の意見に耳を傾けるのは大切ですが、自分の決断に自信がないせいで、相手の言いなりになってしまってはいけません。ともかく、自分の気持ちを大切にして、人にもそれを伝えましょう。これについての具体的な方法は、第14章〈自己主張をするためのトレーニング〉を参照してください。

第10章　思い込み6　世の中は危険に満ちている

六番目の〈思い込み〉は、「世の中は危険に満ちている」というものです。この〈思い込み〉を持っている人は、まわりが危険だらけに思えるため、いつも何かが不安でたまらないという状態にあります。いえ、もちろん、どんな人でも不安を感じることはあります。不安というのは、生きていくうえで、ある程度必要なものだからです。しかし、それは程度の問題で、その不安がこの〈思い込み〉を持つ人のように、自分を押しつぶすほど強いものであれば、話は別です。そういった不安は、自信に対して、かぎりなく悪影響を与えるからです。

というのも、不安が高じて「まわりは危険だらけだ」と感じると、まず「その危険に対して、自分は何もできない」という無力感にさいなまれてしまい、〈自信の三つの柱〉のひとつである〈自己評価〉が下がることになります。また、「自分は何もできない」と思ってしまうと、〈行動〉を起こすこともできなくなります。そして、周囲の人の反応を心配し、「こんなことを言ったらひどい目にあうかもしれない」と恐れる気持ちから、〈自己主張〉もできなくなってしまいます。これでは、自信が持てるようにはなりません。

では、この〈思い込み〉を持つ人は、いったいどんなことに不安を感じるのでしょう？　また不安を感じると、どんなふうになるのでしょう？　いつものように、私のクリニックにいらした相談者の話を聞いてください。ピエールという五十四歳の男性で、私のクリニックには〈自信〉についての相談ではなく、〈不安〉についての相談をするためにやってきました。

ピエールの場合——いつも不安でたまらない

「先生、私はいつも不安で不安でたまらないんです。こうしている間にも何か悪いことが起こるんじゃないかって気が気じゃなくて……」

最初に私のクリニックにやってきた時、ピエールはおどおどと緊張した様子で、こう話しはじめました。

「とにかく心配だらけなんですよ。自分でもうんざりするんですが……。この前は、孫が熱を出したので娘が病院に連れていったんですが、その後どうなったのか電話してこないので、もしかして髄膜炎《ずいまくえん》にでもなったんじゃないかって不安でたまりませんでした。ほかにも、娘が車に乗って出かけると、事故にあっていないか一時間ごとに電話して確かめてしまいます。でも、電話を切ったとたんに、すぐまた心配になってしまって。それで最後には『いい加減にしてよ！』と、娘を怒らせてしまうんです。運転中の娘にはいい迷惑だってわかっているんですが、そうでもしないと心配でたまらないんです。

仕事をクビにされるんじゃないかっていうのも不安の種です。いえ、今の会社でもう三十五年間働いていて、とりたてて問題はないんです。まもなく定年を迎えますしね。ただ、それでも、いつクビにされるかって、毎日びくびくしてしまって……。
そのうえ、いつも身体のどこかが痛いんです。そうすると、すぐに最悪のことを想像してしまいます。癌《がん》か何か深刻な病気なんじゃないかと……。ありがたいことに、主治医の先生はいつも辛抱強く私の話を聞いてくれて、そのたびに検査をしてくれるんですが、何も見つかりません。それでもすぐにどこか痛くなるんですから、安心なんかできませんよ。
とにかく、世の中、不安の種だらけなんです。ひとつなくなったと思ったら、すぐ次の不安が出てくるんです。確かに、月々の収入はあるし、家族は健康だし、特にこれといった問題を抱えているわけじゃないし……。それでも、いつも不安になるんです。こうしている間にも、家族や親しい人たちに何か恐ろしいことが起きるんじゃないかって……」

ピエールはどうして、これほど不安になるのでしょうか？ 仕事の面でも、ピエールは自分にちゃんとその責任が果たせるかどうかが不安で、これまで何度も昇進の話を断わってきたそうです。また、外国旅行をしたこともないと言います。「見ず知らずの土地で、事故にあったり病気になったりしたらどうしよう」と不安になるため、旅行することができないのです。

カウンセリングの過程でそういった話を聞くうちに、私にはピエールの不安の原因がだんだんわかってきました。その原因とは、「自信がない」ことです。最初に書いたように、不安が高じて、「まわりは危険だらけだ」と感じると、〈自己評価〉や〈行動〉、〈自己主張〉に悪影響が出て、自信が持てなくなってくるのですが、自分に自信がないと、昇進でも外国旅行でも、初めて経験することにうまく対処できるかどうかが不安で、「自分のまわりは危険に満ちている」と感じるのです。すなわち、「逆もまた真なり」で、このふたつは「玉子が先か、にわとりが先か」という形で、〈自分に自信を持てなくさせる、悪いサイクル〉をつくっていくのです。

不安がもとで起こる身体的な症状

ところで、自信の話からは少しそれますが、不安が高じると身体面にもさまざまな症状として現われてくることがあります。たとえば、筋肉の緊張、肩こりや頭痛、手足の震え、動悸《どうき》、発汗、口の乾きといったもので、時には目眩《めまい》がしたり、のどに何かがつかえている感じがしたりもします（ピエールの訴えていた身体の痛みも、こういった種類のものだと思われます）。また、外からの刺激に対して過敏になるため、人から呼ばれただけでびっくりして飛びあがるといった反応をしたり、集中力や記憶力の低下を感じたりすることもあります。さらに、寝つきが悪くなったり、夜中に何度も目を覚ましたりといったことも起こります。

どうして、「世の中は危険に満ちている」と思ってしまうのか？

それにしても、この〈思い込み〉ができてしまう原因は何なのでしょうか？　今の段階では、まだはっきりとしたことはわかっていません。ただ、子どもの頃にはもう〈思い込み〉ができあがっているということから、要因としては次の三つが考えられています。

遺伝的要因

これは生まれつき、セロトニンなど脳内の神経伝達物質が不足しているため、体質として不安を感じやすいということです。また、発達心理学者のジェローム・ケーガン博士の本には、赤ん坊の頃から感受性が強すぎるため、周囲の出来事に過敏に反応して、すぐに不安になってしまう子どもの例が報告されています【6】。

心理的要因

こちらは〈遺伝的要因〉とも、次の〈教育的要因〉とも関係してきますが、幼児期の体験のせいで、ごく幼いうちから「自分のまわりは危険だらけだ」と頭や心が認識してしまうというものです。つまり子どもの頃の体験によって、実際には危険ではないことまで「危険である」というゆがんだ認知を持ってしまい、「世の中は危険に満ちあふれている」と思い込んでしまうのです。

教育的要因

親が子どもを過度に〈放任〉したり、あるいはその反対に〈過保護〉に育てたりすると、そのどちらの場合も、子どもは「危険を過大に評価する」ようになると言われています。まず、〈放任〉タイプの親に育てられると、子どもはまだ自力では解決できないような危険なことに直面しても、親から何も助けてもらえず放っておかれます。そのため、不安や恐怖を感じつづけることになり、「世の中は危険だらけだ」と思うようになってしまうのです。

次に、〈過保護〉タイプの場合、親は子どもに「危ないから、気をつけなさい」「危ないよ。外に出ちゃだめだ」「こんな危ないことはやめたほうがいい」などと言いつづけます。そうすると、子どもはやはり「世の中は危険だらけだ」と思うようになっていきます。結局、どちらの育て方をされても、子どもは問題に立ち向かう自信をなくし、その結果、臆病になって、いつでも安全なところにいるようになってしまうのです。

以上、〈世の中は危険に満ちているという思い込み〉が子どもの頃につくられる要因を三つ見てきましたが、この三つは単独では、この〈思い込み〉の原因にならないと言われています。それぞれが重なった結果、「世の中は危険に満ちている」という〈思い込み〉ができあがるのです。**図10－1**はその過程を示したものです。

図10－1〈世の中は危険に満ちているという思い込み〉がつくられる過程

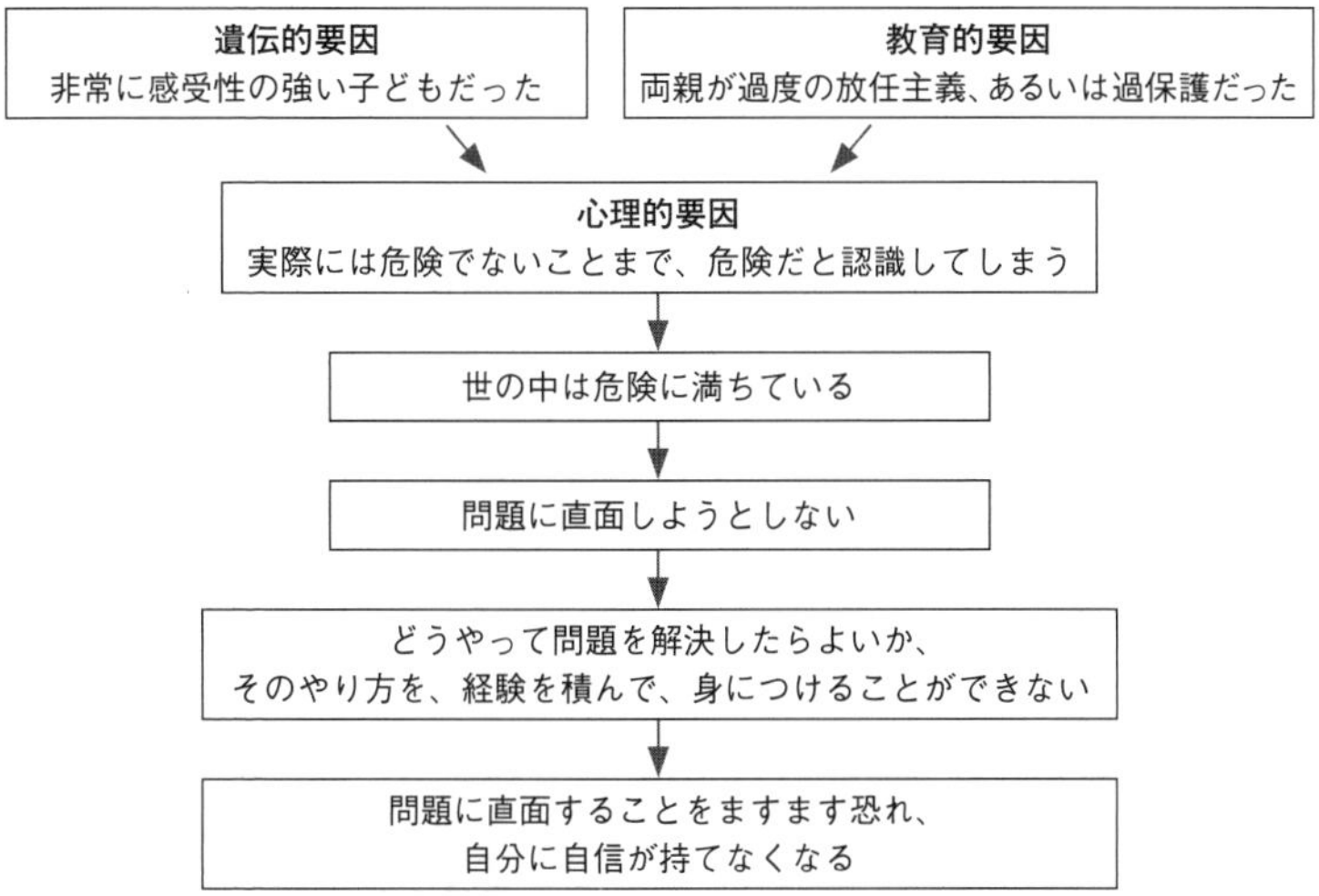
遺伝的要因
非常に感受性の強い子どもだった
教育的要因
両親が過度の放任主義、あるいは過保護だった
心理的要因
実際には危険でないことまで、危険だと認識してしまう
世の中は危険に満ちている
問題に直面しようとしない
どうやって問題を解決したらよいか、
そのやり方を、経験を積んで、身につけることができない
問題に直面することをますます恐れ、
自分に自信が持てなくなる

——〈思い込みの強化〉——三つの思考パターン

先ほどもお話ししたように、この〈思い込み〉もまた、「玉子が先か、にわとりが先か」という形で、〈悪いサイクル〉に入りながら、大人になってからも強化されていきます。その裏には、次のような三つの思考パターンの影響があると考えられます。

1.潜在的な危険を過大評価する

子どもの頃に「世の中は危険に満ちている」という〈思い込み〉がいったんつくられると、大人になっても世の中を実際以上に危険だと思いつづける傾向があります。つまり、潜在的な危険を過大に評価してしまい、「世の中は本当に危険に満ちている」と考えてしまうのです。そうなると、ピエールが感じていたように、世界はいつ大きな危険がふりかかるかわからない場所になってしまい、あらゆることが脅威に感じられてきます。そのせいで、運転中の娘の無事を確認するために一時間ごとに電話をしたり、どれだけ仕事で評価されても、いつ会社からクビにされるかとびくびくせずにはいられないのです。

もしあなたが、ピエールのようにあらゆることに危険を感じて行動できないようでしたら、飛行機に乗って海外旅行をするなどもってのほかですね。いや、もしかしたら、家から外に出るのも怖いかもしれません。けれども、それは〈行動〉して新しい体験を積み重ねることを避けているということです。その結果はもうおわかりですね。あなたは〈行動〉することによって得られたかもしれない〈自信〉も得ることができないのです。

2．予想外の出来事に直面するのが怖い

次に、潜在的な危険を過大評価する人にとって、自分の知らないことはものすごく危険に思えるため、予想外の出来事を恐れるようになります。そのため、初めてすることはできるだけ避けるようになり、未知の状況に立ち向かう機会を自分からなくしていきます。けれども、そうなると予想外の出来事に対処する経験が少なくなるため、何か突発的な問題が起きた時、うまく切り抜けることが難しくなります。その結果、問題を解決する能力に自信が持てなくなってしまうのです。

また、あなたは今まで経験したことのない状況を前にすると、つい先回りして、悪いことばかり考えてしまわないでしょうか？　そうすると、「そんなに悪いことが起こるなら、自分にはとうてい無理だ」と考え、〈行動〉を起こすことができません【7】。そうなったら、「何か突発的な問題が起きた時、自分にはその問題を解決する能力がない」という思いがいっそう強くなり、結局は、「世の中は危険に満ちている」という〈思い込み〉が強化されてしまうのです。

3．どんな悪いことが起こるのか、前もって考えておけば、適切な対処ができる

では、あなたはどうして「つい先回りして、悪いことを考えてしまう」のでしょう？　それは「どんな悪いことが起こるのかを前もって考えておけば、適切な対処ができる」という考えが根底にあるからです。つまり、これから起こるかもしれない悪いことを先回りして考え、危険を見積もろうとしている

のです。これはかならずしもまちがってはいません。仕事でもなんでも、リスクを考えることは大切なことです。ただし、問題は、そのリスクに対する考え方が悲観的すぎる――あるいは、現実離れしていることです。それではリスクのことばかり気になって、何もできなくなってしまいます。

「もしこうなら、ああなるだろう。そうなると、今度はこうなるんじゃないか。それなら、こうなってしまうのではないだろうか」。あなたはこんなふうに、どんどん先を考えてしまうことはありませんか？　実際、ピエールも昇進を断わった時に、次のように考えてしまったと言います。

「部長になったら、部下をきちんと指導しなければならない。でも、私にはそれができないだろう。そうしたら、部下は大きな失敗をしでかすだろう。部長として、私は当然そのフォローをしなくてはいけないが、私にはそんな力はない。問題はますます大きくなり、ついに社長の知るところとなるだろう。結局、部下の失敗は上司である私の責任なので、私は責任をとって会社をやめることになるだろう。そうでなければ、社長からクビを言いわたされることになる……」

どうでしょう？　まるで何手も先を読もうとするチェスのプレーヤーのようではありませんか。けれども、悪いことを先回りしてあれこれ考えるだけでは、現実の役には立ちません。ピエールの場合、リスクを検討したうえで、それを最小にする方法を考えようというのではなく、悪いことから悪いことへと想像をふくらませていくだけだからです。一般にこの〈思い込み〉を持つ人には、そういう傾向があります。「どんな悪いことが起こるのか、前もって考えておけば、適切な対処ができる」と口では言いながら、実際には「リスクを見積もって、ある程度の成算があったら果敢に挑戦する」のではなく、「現実離れしたリスクに怯え、何もしなくなってしまう」のです。

図10−2は、これまでの三つの思考パターンをまとめたもので、〈世の中は危険に満ちているという思い込み〉のせいで自信を失っていく〈悪いサイクル〉を示したものです。

――〈世の中は危険に満ちているという思い込み〉を解消する方法

それでは最後に、この〈思い込み〉を解消する方法についてお話ししましょう。詳しくは第3部でご説明しますので、ここでは簡単なヒントをあげておきます。

ヒント1――物事をネガティブに考えすぎないようにしましょう

これまでにもお話ししてきたように、物事をネガティブな方向に考えすぎると、実際よりも問題を深刻にとらえてしまうことになります。そうすると「自分にはそんな難しい問題を解決する能力はない」と、はな

図10−2〈世の中は危険に満ちているという思い込み〉がもたらす悪いサイクル

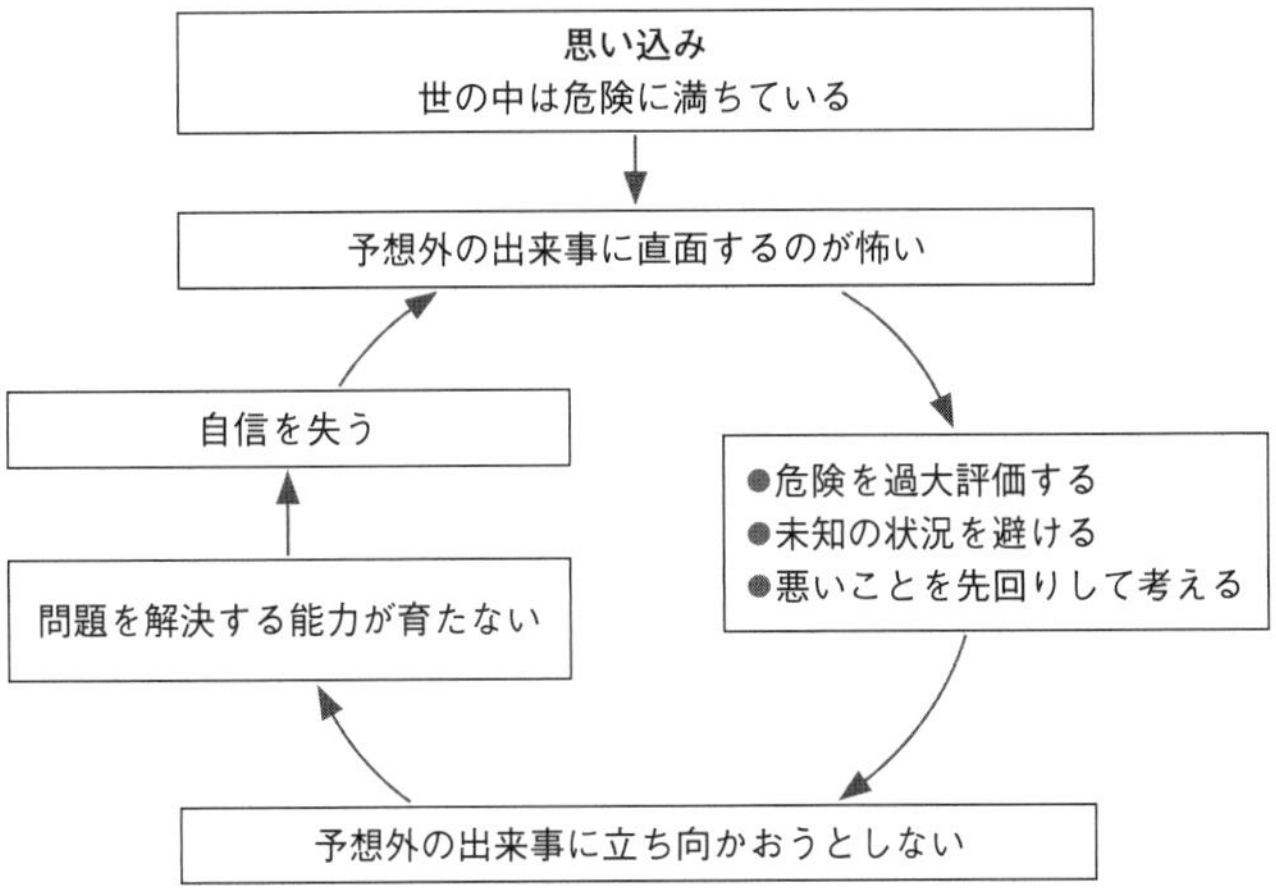
思い込み
世の中は危険に満ちている
予想外の出来事に直面するのが怖い
●危険を過大評価する
●未知の状況を避ける
●悪いことを先回りして考える
予想外の出来事に立ち向かおうとしない
問題を解決する能力が育たない
自信を失う

から思い込んでしまうことにもなりがちです。これでは〈自己評価〉が下がり、これまで以上に自信が持てなくなります。でも、世の中、そう悪いことばかりが重なるものではありません。たいていのことは、あなたがうまく処理できる範囲内にあります。それに、少々問題が起こりそうでも、どうするかは実際に起こった時に考えればいいのです。そうすると、「案ずるより産むがやすし」で、意外と名案が浮かぶものです。ですから、まず悪いことばかり想像するのはやめにすること。そして、「たいていのことは、自分にもできる」と考えましょう。要は、自分の能力をもっと信頼することです。これについての具体的な方法は、第12章〈自己評価を高めるためのトレーニング〉を参照してください。

ヒント2―リスクを減らすための準備をしたうえで、できることから始めましょう

「世の中は危険に満ちている」と考えていると、何をするのも恐ろしく、なかなか〈行動〉することができません。そして、そこで何もしないと、その〈思い込み〉はまったく修正されないので、ますます「世の中は危険に満ちている」ように思えてきます。この〈悪いサイクル〉を断ち切るためには、まずは〈行動〉してみるしかありません。実際に〈行動〉を起こしてみれば、あなたが想像しているほど、悪いことは起こらないということがわかってくるはずです。ただし、いきなり予測のつかない状況に飛び込むのは大変なので、リスクを減らすための準備をしたうえで、できることから始めてみましょう。たとえば、外国旅行をするなら、言葉の通じる、近場の国から始める。もし、言葉の通じない国に行くなら、安全に旅行するために必要な日常会話だけはできるようにしておく。こうすることによって、外国に行くことの危険はかなり小さくなります。そして、実際に出かけて、無事に帰ってくれば、「思っ

たより危険は少なかった」ということ、また「自分には外国を旅行して、初めての状況に対処する力がある」というふたつのことがわかります。そうすれば、自信がついてきて、もっと遠くの、まったく言葉の通じない国にも行けるようになります。〈世の中は危険に満ちているという思い込み〉を解消するには、実際に〈行動〉してみて、「世の中はそれほど危険ではない」と肌で感じるのがいちばんなのです。これについての具体的な方法は、第13章〈行動するためのトレーニング〉を参照してください。

ヒント3――遠慮せずに自分の意見を伝えましょう

この〈思い込み〉を持つ人は、いろいろな面で「危険を過大評価」するため、自分の意見を伝える場面でも黙ってしまいがちです。「こんなことを言ったら、相手は気を悪くするんじゃないだろうか?」と考え、自分の意見をきちんと伝えることができなくなってしまうのです。でも、あなた自身、ほかの人の意見を聞いて感心したり、考え方が変わったりしたこともあるのではないでしょうか？　思いきって自分の意見を伝えてみてください。相手は案外受けとめてくれるものです。これについての具体的な方法は、第14章〈自己主張をするためのトレーニング〉を参照してください。

第11章　思い込み7　人を信頼してはいけない

最後の〈思い込み〉は、「人を信頼してはいけない」というものです。この〈思い込み〉は「人を当てにしてはいけない」という形で出てくることもあります。では、どうしてこうした〈思い込み〉が自信に影響を与えるのでしょうか？　それを理解するためにも、いつものように、まずは実例からお読みください。最初は、病院に勤める三十九歳の女性モニカです。

モニカの場合――性的暴行によるトラウマ

モニカは十六歳の時、性的暴行を受けました。それ以来、男性と付き合ったことも、性的な関係を持ったこともありません。モニカはそのことでコンプレックスを感じています。

「この歳まで、男性と性的な関係を持ったことがないなんて、私は普通じゃないんです。三十九歳にもなってセックスの経験がないなんて、男の人がどう思うか……。きっと大笑いして、みんなに言いふらすに決まってます。私みたいな女と一緒にいたいとは、絶対に思わないでしょう」

要するに、男性と付き合うことに関して自信がないわけですが、それも無理はありません。性的暴行を受けて以来、モニカは人を信頼できなくなっているのです。何人かの男性がモニカに好意を寄せて近づいてきましたが、そのたびに、モニカはひどいパニックに陥ってしまいます。いいえ、男性ばかりではありません。モニカは女性も信頼できません。だから、友だちと言えるような人は誰もいません。職場の同僚との関係も、なんだかぎくしゃくしています。人を信頼できないせいで、モニカが心を開こうとしないからです。モニカは言います。

「私は決して被害妄想《パラノイア》的な性格をしているわけではないと思うのです。それなのに、同僚たちと一緒にいると、『みんな、私の不幸を望んでいるんじゃないかしら』って思うことがあるんです。『私なんか、めちゃめちゃになってしまえばいいと考えているんじゃないか』って……」

こうしてまたモニカは、人付き合いに対して、あるいはそれができない自分に対して、自信を失っていくというわけです。性的暴行をされたことに関しては、自分を責める気持ちも持っています。そして、その気持ちがまたモニカの自信を失わせています。

「あれは私が悪いんです。自業自得なんです！　当時は思春期で、ミニスカートをはいたり、派手なメイクをしたい年頃でした。だから、暴行された時、私が挑発したんじゃないかって思いました。加害者も法廷でそう言いました。あんな挑発的な格好をしていたので、その気になったと……」

こうして自分を責めて、起こった出来事に罪悪感を抱くのは、性的暴行の被害者によく見られるものです。また、親から肉体的、あるいは精神的に虐待された子どもたちも、同じように言います。暴行の原因は自分にあると……。自分がいけないから、そんなことをされたのだと……。そんなふうに考えるのは正しくありませんし、そう考えたら、自信を失ってしまうのも当然ですが、被害者はそう考えるものなのです。

　こうして、性的暴行によって心に深い傷を負ったせいで、モニカの人生はすっかり変わってしまいました。しかし、それでもモニカは結婚し、家庭を築いて、子どもを持ちたいと願っていたので、四十歳を前にセラピーを受ける決心をしました。そこで、私のクリニックに相談に来たのです。

　モニカの場合、受けた傷が深いので、おそらくこれから長く困難な治療を続けなければならないでしょう。けれども、セラピーが順調に進んで、モニカを理解し、モニカが変わっていくのをゆっくり見守ってくれるような男性といつか出会えれば、再び人を信頼できるようになり、自分にも自信が持てるようになると思います。そうなることを信じて、今はセラピーを始めたところです。

シャルロットの場合——両親から愛されなかったトラウマ

　次は四十六歳になる女性、シャルロットです。シャルロットは子どもの頃、父親から無視されていました。シャルロットが甘えにいっても、冷たく追い払われ、話しかけても口をきいてくれません。学校でどんなによい成績をとっても、褒めてくれるどころか、そのことについて触れることさえしてくれません。

　そうなったら、子どもとしては母親に頼るしかありませんが、母親もまた父親の味方でした。「お父さんに追い払われた」と訴えても、シャルロットの気持ちを慰めてくれるようなことはせず、「それはあなたがいけないせいよ」と言うのです。そんな時、シャルロットは「自分はこの世の中でひとりぼっちなんだ。誰も頼りにすることはできないんだ」と強く感じたと言います。「将来、何か悪いことがあったら、ひとりで立ち向かわなくてはならない。人を当てにしてはいけない。自分だけが頼りだと……」。そして、心の底から不安になったと言います。その気持ちは、大人になった現在も、それほど変わらないようで、シャルロットは私にこう打ち明けました。

「私はひとりぼっちです。結婚もしていません。職場でもすべてひとりでしています。誰かに助けてもらおうなんて思いません。もし町で道がわからなくなっても、人に尋ねるくらいなら、迷ったほうがましです。ええ、人を当てにしてはいけないんです。なんの助けにもならないんですから……。それどころか、うっかり信用したら、利用されて、最後には捨てられるかもしれません。だから、頼りになるのは自分だけなんです」

シャルロットは子どもの頃、両親に愛されなかったせいで、自分に自信を持つことができなくなりました。また、「人を当てにしてはいけない。頼りになるのは自分だけだ」と思ったせいで、ますます自信が持てなくなりました。

ここからは、「人を信頼してはいけない」「人を当てにしてはいけない」という〈思い込み〉を持つと、どうして自信が持てなくなるのか、そのメカニズムを見ていくことにしましょう。でも、その前に、いつものように、どうしてこの〈思い込み〉を持つようになるのかについて簡単に触れておきます。

——どうして、「人を信頼してはいけない」と思ってしまうのか？

先ほどのモニカの話をお読みになって、読者の皆さんは、すぐに〈人を信頼してはいけないという思い込み〉が、これまでのほかの〈思い込み〉とちがっていることに気づいたと思います。そうです。ほかの〈思い込み〉の原因がほとんど、子どもの頃の経験にあったのに、この〈思い込み〉はある日、心が深く傷つくような出来事があって、その出来事を境にできるようになるのです。また、〈自信〉との関連で言えば、その出来事の前までは「自信にあふれていた」人も、それを境に突然、自信を失います。

いっぽうシャルロットの場合は、子どもの頃に両親から愛されなかったため、〈人を当てにしてはいけないという思い込み〉を持つようになったのですが、これもやはり、ほかの〈思い込み〉とはちがう部分があると思います。それは親のしたことが、トラウマになるくらい、心に深い傷を残したということ。これは要するに〈程度の問題〉ですが、〈程度の問題〉はその程度がはなはだしいと〈質の問題〉に転化するのです。シャルロットの場合も、両親からまったく愛されなかったのであれば、それはもはや〈ネグレクト〉という名の虐待であったとも言えるでしょう。したがって、これは「子どもの頃の経験によって生じた」というより、「ある特別な出来事によるトラウマによって生じた」と考えたほうがよいのです。その意味では、モニカの場合もシャルロットの場合も、〈思い込み〉の根は同じです。どちらも、辛い出来事によるトラウマに原因があったのです。

ちなみに、やはり子どもの頃に起こったといっても、親の肉体的暴力、精神的暴力（言葉や態度による暴力。いわゆるモラル・ハラスメント）、性的暴力などによって、「人を信頼してはいけない」と思い込むようになった場合も、その〈思い込み〉はトラウマによって生じたと考えたほうがよいでしょう。

では、この〈思い込み〉が生じると、どうして自信を失ってしまうのか、また、この〈思い込み〉は自信を持つことにどういう影響を与えているのかについてお話ししたいと思います。

自信が持てなくなるメカニズム

まずモニカのように、ある日突然、暴行を受けた場合のことを考えてみましょう。モニカはそれまで決して自信のないタイプではなかったのですが、この出来事のあと、自分に自信が持てなくなりました。こうした事件の被害者は、自信を失ってしまうことが多いのです。それはいったい、どうしてでしょうか？

〈自己評価〉に対する悪影響

精神科医のクリストフ・アンドレとフランソワ・ルロールは、フランスでベストセラーになった『自己評価の心理学——なぜあの人は自分に自信があるのか』（邦訳は紀伊國屋書店）のなかで、次のように書いています。

《一般に暴行の被害者の心の看護をすると、自己評価が著しく下がっていることに驚かされる。たとえば、強姦の被害者は「私は穢《けが》れた身体になってしまった」と自分を恥ずかしく思う気持ちを捨て去ることができないし、暴行の被害者は「私はもっとうまく身を守れたのではないだろうか?」と屈辱感をぬぐい去ることができない》

確かに、自分のことを恥ずかしいと思えば、〈自己評価〉は下がります。また、「暴行を受けた」というのは、「相手の暴力に屈した」ということですから、屈辱感や無力感を感じるのもしかたのないことでしょう。これも〈自己評価〉が下がる原因になります。それから、モニカのように、「私がミニスカートをはいていたのがいけなかったんだ」と自分を責めれば、やはり〈自己評価〉は低くなります。こうして、〈自信の三本の柱〉のひとつである〈自己評価〉が下がれば、当然のように自信を喪失します。そうなのです。こういったトラウマになるような出来事は、まず〈自己評価〉に悪影響を与えるのです。

これは子どもの頃に虐待を受けた場合も同じです。肉体的な暴行でも、モラル・ハラスメントでも、性的な暴行でも、子どもは虐待を受けた場合、「そんなことをされるのは、自分がいけないんだ」とか、「自分は価値のない人間だから、そんなことをされるんだ」と考えます。つまり、それによって、子どもの〈自己評価〉は壊滅的な打撃を受けるのです。その結果、子どもは自信が芽生え、自信が育つ前に、自信が持てなくなるのです。

〈行動〉と〈自己主張〉に対する悪影響

そのいっぽうで、大人にしろ、子どもにしろ、こうしたトラウマになるような出来事を経験した人は、人が怖くなります。また、辛い時に誰にも助けてもらえなかった経験から、「人を当てにすることはできない」と考えるようになります。そこで、「人を信頼してはいけない」「人を当てにしてはいけない」という〈思い込み〉が生じるようになるのです。

ところが、いったんこの〈思い込み〉ができると、思い切って〈行動〉することができません。人がひとりでできることは限られているので、何かをしようと思ったら、必ず誰かの助けが必要です。それなのに、「人を当てにする」ことができなければ、その助けが得られなくなるので、〈行動〉する時のハードルが高くなるのです。また、「人を信頼する」ことができなければ、〈自己主張〉をすることもできません。自分が言ったことを相手が認めたり、受け入れてくれたりするとは思えないからです。ひどい場合には、自分の要求が無視されたり、ひどい言葉が返ってくることさえ、考えてしまうかもしれません。また、前項で見たように、〈自己評価〉が低くなっていると、「どうせ自分なんか」と思ってしまうので、その理由からも、〈行動〉や〈自己主張〉をすることが難しくなります。

こうして〈自信の三本柱〉のうち、〈行動〉や〈自己主張〉にも悪影響が出て、自信が持てなくなるのです。そして、〈行動〉や〈自己主張〉ができなくなることで、さらにまた人との信頼関係がつくれなくなって、「人を信頼してはいけない」「人を当てにしてはいけない」という〈思い込み〉が強化されていきます。

――人に対する信頼と自信の関係

第2章の最初で、「そもそも〈自信〉とはいったいなんでしょう?」と書いた時に、その答えのひとつに、「ほかの人に対して、自分を信じる」というのがありました。それはつまり、「ほかの人は自分を愛してくれるだろう」「ほかの人は自分を認めてくれるだろう」「ほかの人は自分を助けてくれるだろう」、そして、最悪でも「ほかの人は自分にひどいことをしないだろう」と思うことができるということです（別の言い方をすれば、それが「人を信頼する」ということです）。そして、このように、自分はほかの人から愛され、認められ、助けてもらえると思うと、自分にはそれだけの価値があると思えるようになります。その結果、自信が持てるようになるわけです。〈自信〉と〈人に対する信頼〉は、こんなふうにして結びついているのです。

ところが、この〈思い込み〉を持っている人は、その〈思い込み〉ができる最初のところで、人からひどいことをされています。これでは、「ほかの人は自分を愛してくれる。認めてくれる。助けてくれる」と思って〈自信〉を持つどころか、「ほかの人は自分にひどいことをしない」という最小限の安心感さえ抱くことができません。その結果、「こんなにひどいことをされるのは、私に価値がないせいだ」と考えて、〈自信〉をぼろぼろにされてしまうのです。そのメカニズムについては前項でも説明しましたので、ここでは最初の〈思い込み〉が強化されていく〈悪いサイクル〉について考えてみることにしましょう。

〈思い込み〉が強化される〈悪いサイクル〉

この〈思い込み〉を持つ人は、まず何かの出来事によって、心に深く傷を負い、人に対する恐怖心や絶望感を抱きます。それはもちろん、恐ろしい目にあった時に、誰にも助けてもらえなかったからです。その結果、「人を信頼してはいけない」とか、「人を当てにしてはいけない」という〈思い込み〉を持つようになるのですが、この〈思い込み〉ができると、人に対して自然と距離を置くようになります。自分から人に近づこうとしないだけではなく、向こうから近づいてきた時にも、相手を拒絶するような態度を示して、なかなか打ちとけません（その裏には、おそらく「私の苦しみは人にはわかってもらえない」という気持ちもあると思います。これはある意味では当然でしょう）。

そうすると、相手も気まずくなりますから、よほどのことがないかぎり、近づいてこなくなります。その結果、この〈思い込み〉を持つ人は、まわりから孤立してしまうことになります。つまり、まわりにいる人と信頼関係をつくることができなくなるのです。また、この〈思い込み〉を持つ人は、過去に負ったトラウマによって、もともとの〈自己評価〉が低いので、ますます人を信頼することができなくなるのです。これが〈思い込み〉が強化される最初のステップです。

その次のステップは、「人との信頼関係ができないと、どうなるか？」ということです。このステップでは、前項で述べた〈行動〉と〈自己主張〉が関係してきます。すなわち、〈行動〉や〈自己主張〉をするには、「相手が助けてくれる」とか、「相手が受け入れてくれる」といった〈人に対する信頼〉が必要なのですが、相手との間にその〈信頼関係〉ができていないので、〈行動〉や〈自己主張〉ができないのです。あるいは、ひとりで〈行動〉して失敗したり、やっとの思いで〈自己主張〉をしても受け入れられなかったりするせいで、ますます〈人との信頼関係〉がつくれなくなっていきます。そうすると、さらに〈行動〉や〈自己主張〉ができなくなったり、それに失敗する——というわけで、〈悪いサイクル〉ができあがります。**図11―1**の左下はその〈悪いサイクル〉を示したものです。

　そして、こんなふうにして、「人と信頼関係をつくる」ことができなくなると、今度はまた「人と距離をおく」ようになります。その結果、ますます「まわりから孤立する」ようになって、「人を信頼してはいけない」とか「人を当てにしてはいけない」という気持ちが強くなっていきます。こうして、ここにもまた〈悪

図11―1〈人を信頼してはいけないという思い込み〉がもたらす悪いサイクル

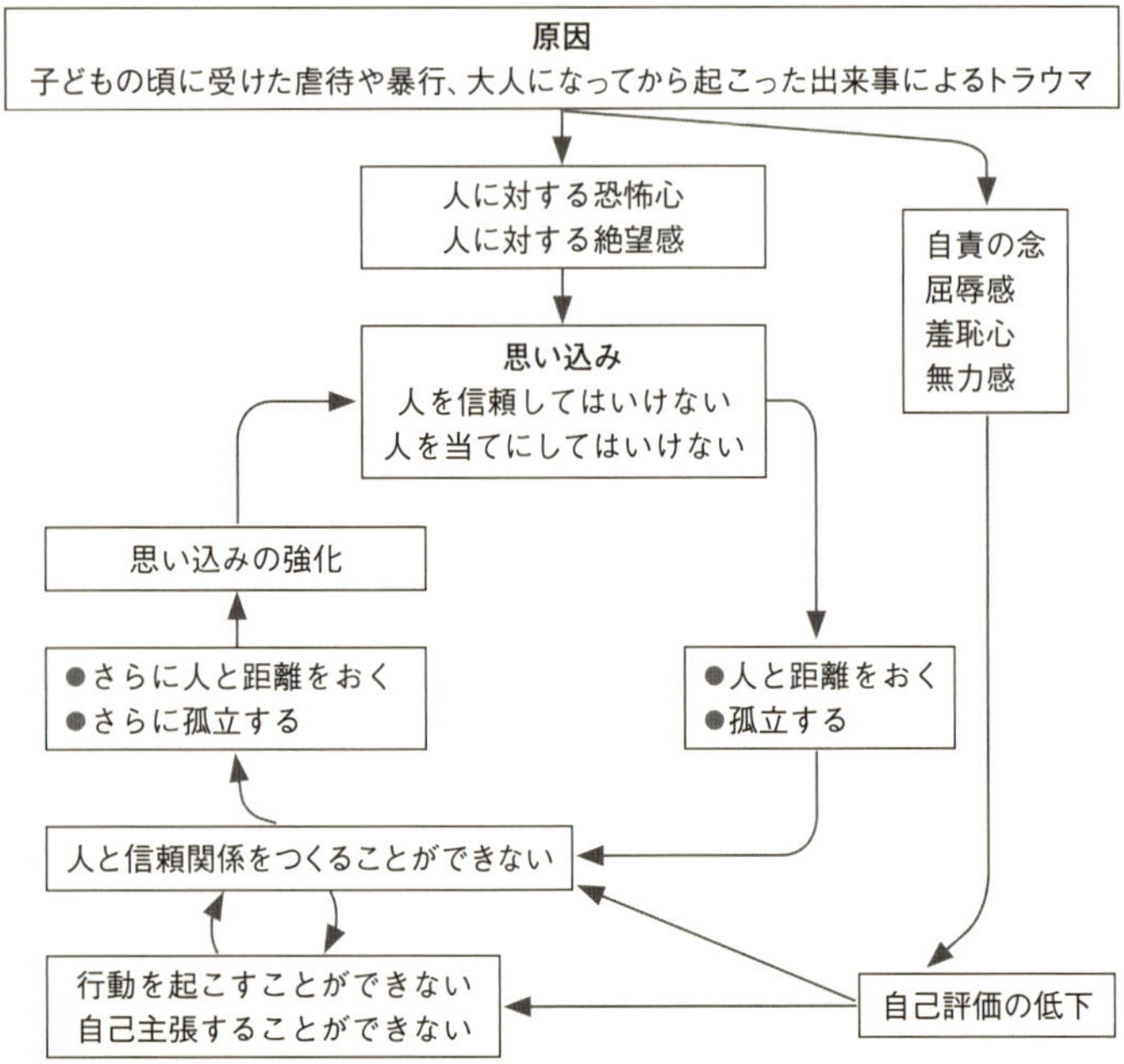
原因
子どもの頃に受けた虐待や暴行、大人になってから起こった出来事によるトラウマ
人に対する恐怖心
人に対する絶望感
自責の念
屈辱感
羞恥心
無力感
思い込み
人を信頼してはいけない
人を当てにしてはいけない
思い込みの強化
●さらに人と距離をおく
●さらに孤立する
●人と距離をおく
●孤立する
人と信頼関係をつくることができない
行動を起こすことができない
自己主張することができない
自己評価の低下

いサイクル〉ができて、この〈思い込み〉を持つ人はそこから抜けだせなくなってしまうのです。

もし、あなたがこの〈思い込み〉を持っているなら、それはとても危険なことです。あなたはまわりの人と関わりを持つことができません。もちろん、新しい友だちなどつくれません。それどころか、夫や恋人を信頼することもできなくなってしまいます。**図11-1**の全体は、最初の原因から始まって、この〈思い込み〉が〈悪いサイクル〉にはまる過程を示したものです。

トラウマになる経験は誰にでも起こりうる

さて、これまでは子どもの頃に虐待を受けた人や、大人になってから性的暴行を受けるなど、トラウマになるような出来事を経験した人を中心にして、お話をしてきました。したがって、読者のなかには「自分はそういった特別な出来事は経験していないので、この〈思い込み〉とは関係ない」と思う方がいらっしゃるかもしれません。けれども、決してそうとは言いきれないのです。

というのも、これまで述べてきたように、この〈思い込み〉は子どもの頃にできたものではありません。「子どもの頃か、大人になってからか」には関係なく、トラウマになるようなことを経験したかどうかが問題なのです。だとしたら、これからそんなことが起こったとしたらどうでしょう？　今はそうではなくても、これからこの〈思い込み〉を持つようになる恐れは十分にあるのです。

心に深く傷を負うような出来事が起こる可能性はたくさんあります。「結婚したら夫のＤＶ（ドメスティック・ヴァイオレンス〉にあった」「妻が不倫をして出ていった」「親友だと思っていた人に裏切られた」「長年尽くしてきて、成績もあげているのに、突然解雇された」等々。こういった出来事を経験すると、それまでは自信たっぷりだった人でも、急に自信を失い、人が信じられなくなります。そして、この〈思い込み〉を持つようになって、ますます人が信じられなくなり、自信を失っていくことになるのです。

　最後にそういったケースの実例として、私のクリニックを訪れた女性の話を聞いてください。その女性は五十七歳で、長年勤めた会社を解雇された直後でした。

「私は三十五年間、社長秘書として働いてきました。小さな会社でしたが、私は社長の右腕だったんです。スケジュールを管理し、仕事内容もすべて把握していました。私は解雇されるその日まで、社長から絶対の信頼を置かれていると思ってたんです。それなのに、突然、『明日から、もう来なくていい』と言われて……。私は裏切られたように感じました。それからは仕事をしていません。どんな会社の経営者もみんな同じに思えて、信頼できないんです。それに、自信もありません。あれだけやってダメなら、もういくらがんばってもダメなような気がするんです」

　おそらく、この女性がもう一度自信を回復するには、その社長が特別にひどい人間だったと考えて、再び「人を信頼する」ことができるようになる必要があるでしょう。でも、今回の出来事は、その女性のなかでトラウマになっているだけに、それはなかなか難しいことだとは思います。でも、あきらめることはありません。きちんとしたトレーニングさえすれば、この〈思い込み〉を解消することは可能なのです。では、いったいどうしたらよいのでしょう？

——〈人を信頼してはいけないという思い込み〉を解消する方法

詳しくは、第3部で述べることにして、ここではいくつかのヒントをご紹介します。

ヒント1——自分に対するネガティブな感情と戦いましょう

この〈思い込み〉の原因はトラウマになるような出来事ですが、最初に書いたように、そういった出来事を経験した人は、自分を責めたり、恥ずかしく思ったり、あるいは自分には価値がないという思いを抱くことになります。でも、これはおかしいですね。悪かったのは相手で、あなたのほうではありません。あなたは被害者なのです。あなたは何も自分を責める必要はありません。また、あなたが何をされたかは、あなたの価値とは関係ありません。事件の辛い思い出から、つい自分に対してネガティブな感情を抱いてしまうのはわかりますが、まずはそのネガティブな感情と戦ってください。そうやって、〈自己評価〉の低下を止めることで、人との関係もつくりやすくなってきます。これについては、第12章〈自己評価を高めるためのトレーニング〉を参照してください。

ヒント2——人との信頼関係を築くために行動してみましょう

人からひどい目にあったあとで、再び、「人を信頼する」ことができるようになるには時間がかかります。けれども、人を信頼できなければ、あなたの人生は決して豊かなものにはなりません。なんとかして、「人を信頼できる」ようになる必要があります。そこで最初は、利害関係のないところで知り合いや友人をつくるようにしましょう。先ほどのシャルロットは、まずスポーツクラブに通って、知り合いをつくることから始めました。そうして、その知り合いのなかから信頼できそうな人に思い切ってアプローチをして、付き合いを深めていったのです。

こうして、友人ができたら、何か頼みごとをしてみましょう。人というのは、友だちが何かをしようとしていたら、できるだけ助けになってあげようと思うものです。ですから、あなたが何かを始めたら、その友人もできることはしようとしてくれるはずです。それを信じて、行動しましょう。それが友人を信頼するということです。そして、友人が実際にあなたを助けてくれたら、あなたはもっと人を信頼することができるようになるでしょう。こうして、〈悪いサイクル〉は〈よいサイクル〉に変わるのです。これについては、第13章〈行動するためのトレーニング〉を参照してください。

ヒント3──友だちを当てにしましょう

〈人を当てにしてはいけないという思い込み〉を持っている人に、「友だちを当てにしましょう」というのは矛盾しているようですが、ヒント2でもわかるように、〈悪いサイクル〉は反対向きにすると、〈よいサイクル〉になります。したがって、知り合いや友人のうち、信頼のおけそうな人に何かを頼んでみてください。たとえば、テニス教室の仲間だったら、ちょっとフォームを見てほしいとか……。最初は簡単なことからお願いしてみるといいでしょう。そうして、その友人があなたの頼みを聞いてくれたら、あなたは「人を信頼し、当てにする」ことができるようになります。そして、何かをする時にも、友人のほうから助けてくれるのを待つのではなく、助けてほしいと頼むことができるようになります。これについては、第14章〈自己主張をするためのトレーニング〉を参照してください。

それから、もしあなたが現在、ＤＶなどの虐待を受けているなら、一刻も早く、その状態から脱することが必要です。専門の相談窓口を探して、すぐに電話をしてください。そういった窓口には、あなたの助けになりたいと思っている人たちがいます。その人たちを信頼して、当てにしてみてください。

第3部

自信を持てるようにするための三つの鍵

これまで述べてきたように、〈自信〉は〈自己評価〉〈行動〉〈自己主張〉の三つの要素からなっています。この三つは互いに関連して、どれかがよくなると、残りのふたつもよくなるという関係にあります。また、それぞれの柱は〈自信〉と連動して〈よいサイクル〉をつくっていきます。たとえば、〈自己評価〉が高くなれば〈自信〉がつき、それによってさらに〈自己評価〉が高まる仕組みになっているのです。

したがって、自分に自信が持てるようにするのは、決して難しいことではありません。日々のトレーニングを通じて、〈自己評価〉〈行動〉〈自己主張〉のそれぞれを改善してやればよいのです。そこで、この第3部では〈自己評価〉〈行動〉〈自己主張〉をよい方向に持っていく三つの鍵を紹介します。

第12章　第1の鍵　〈自己評価〉を高めるためのトレーニング

第2章でお話しした〈自信のシャンパン・タワー〉は覚えていらっしゃいますね？　〈自信〉は〈自己評価〉〈行動〉〈自己主張〉の三つの要素からなり、この三つは互いに関連して、どれかがよくなると、残りのふたつもよくなってくるというものです。たとえば、〈自己評価〉が高くなれば、自分の能力を信じられますので、〈行動〉ができるようになり、自分はもっと大切にされていいという気持ちから〈自己主張〉もできるようになります。そうすると、また〈自己評価〉も高くなってきます。このようにして、全体としてもだんだん自信がついてきます。

また、第1章で見たように、〈自信〉と〈自己評価〉、〈自信〉と〈行動〉、〈自信〉と〈自己主張〉はつねに連動していて、たとえば、〈自己評価〉が高まると、〈自信〉がつき、それによって、また〈自己評価〉が高まるというメカニズムができています。つまり、〈自己評価〉が高まることで、〈自信が持てるようになる、よいサイクル〉に入るわけです。これは〈行動〉や〈自己主張〉についても言えて、〈行動〉や〈自己主張〉ができるようになると、〈自信〉がつき、それによって、〈行動〉や〈自己主張〉がさらにできるようになります。

したがって、自分に自信を持てるようにするためには、〈自信〉を支える三つの要素である〈自己評価〉〈行動〉〈自己主張〉を改善してやればいいことになります。それにはいったい何をすればよいのでしょう？

この第3部では、〈自信を持てるようにするための三つの鍵〉として、この三つをよい方向に持っていくためのトレーニングを紹介します。

最初に三つの鍵をあげます。

第1の鍵——〈自己評価を高めるためのトレーニング〉。もっと自分を好きになり、自分のことを肯定的に見られるようにするトレーニングです。

第2の鍵——〈行動するためのトレーニング〉。あなたの迷いや気おくれを取りのぞいて、いろいろなことに挑戦できるようにするトレーニングです。

第3の鍵——〈自己主張をするためのトレーニング〉。自分の気持ちや考えを相手にうまく伝え、人と上手に付き合えるようにするトレーニングです。

ということで、本章では、「第1の鍵　〈自己評価〉を高めるためのトレーニング」についてお話しします。

――〈自己評価〉とは何か？

トレーニングを始める前に、まず〈自己評価〉とは何か、簡単に説明しておきましょう。〈自己評価〉は三つの柱で成り立っています。その三つとは、

――自分がかけがえのない人間だと思うこと

――自分にはそれなりの能力があり、あるいは努力しだいで能力を身につけることができると思うこと

――人から愛され、認められ、必要とされていると思うこと

この三つについて、「自分はまさにそう思っている」と判断するなら、あなたは〈自己評価〉が高いということになります。逆に「どうしてもそんなふうには思えない」ならば、それは〈自己評価〉が低いということです。もし、あなたがそうなら、あなたは自分にあまり自信が持てない人だと思います。もしかしたら、あなたはいつも自分を否定しているのではないでしょうか？　「自分は価値のない人間だ」「自分には能力がない」「自分は人から認められていない。愛されていない」と……。

でも、本当にあなたには価値がないのでしょうか？　能力が低いのでしょうか？　人から認められず、愛されていないのでしょうか？　それはただ、あなたが勝手にそう思い込んで、その結果として自分を否定しているだけなのではないでしょうか？　もしそうだとしたら、〈自己評価〉を高めるためにあなたがしなければならないことは、その〈思い込み〉をなくすことです。そのためには、あなたが普段、

いろいろな出来事に対してどんなふうに反応しているか、それを知る必要があります。そうです、まずは「自分を知る」こと。それが〈自己評価〉を高めるために最初に必要なことになります。

——トレーニング1　自分を知る

これは日常生活のさまざまな局面で、あなたがある状況に置かれた時に、どんなことを考えて、どんな反応を示すか、記録をとって、自分について知ろうというものです。やり方は簡単。第7章の〈思い込み3　私はダメな人間だ〉で出てきた〈自動思考〉の表をつくってみるだけです。そうです。セバスチャンが行なったトレーニングです。

ここでは、まずこの表を使って、〈自己評価〉の低い二十五歳の男性ティボーと二十二歳の女性クレマンスについて考えてみましょう。

ティボーの場合——何をやっても自信がない

ティボーは大手旅行代理店でセールスコンサルタントをしています。けれども、仕事だけではなく、何をやっても自信がありません。それはいつも自分を否定的に見て、〈自己評価〉を下げているからです。たとえば、仕事では、自分には能力がないと思っているので、「飛行機のチケットの確認はしたのか?」とか、「名前の登録をまちがったのではないか?」とか、ミスをした可能性ばかりを考えて、心配しています。友だちの結婚式に出席するための服を選ぶ時も、ちょっとおしゃれな服を見ると、自分には似合わない、人から笑われると思ってしまいます。友だちとスキーに行く時も、自分は下手だからみんなから馬鹿にされると考えます。つまり、それがどんな状況でも、ある状況に置かれると、まず自分を否定する考えが自動的に浮かんでくるのです。第7章で述べたように、この考えは〈自動思考〉と言いますが、これがつねにネガティブな形で出てくるのであれば、〈自己評価〉が下がるのは当然のことです。

　ということで、まずはこうした表をつくって、自分の〈自動思考〉がどんなものであるのか、確かめてみましょう。**表12－1**は、ティボーの〈自動思考〉

表12－1　認知再構成法――ティボーの3つのコラム

状 況	感 情	自 動 思 考
状況1 土曜日11時 2時間後に、私が担当したグループが、ネパールへ出発する	●心配 ●不安 5/10	●航空券の確認はしただろうか？ ●あの女性の名前を旧姓で登録してしまったのではないだろうか？　そうだったら、彼女、出国できないぞ！
状況2 日曜日15時 妹のソフィーが、生まれたばかりの赤ん坊を私に抱かせた	●不安 ●極度の緊張 8/10	●赤ん坊をどう扱っていいかわからない ●落としたらどうしよう？
状況3 火曜日20時30分 親友の結婚式のために、服を選んだ	●心配 ●気恥ずかしい 3/10	●こんな派手な服着られやしない ●これじゃピエロだ ●女の子に見向きもされないにちがいない
状況4 2週間後には、友だちとスキーに行かなければならない	●心配 ●恥ずかしい 4/10	●みんな、ぼくよりうまいだろう ●みんなにからかわれるだろう ●かっこ悪い姿をさらすことになる

〈状況〉は、いつ、どこで、何が起こったのか、誰と一緒にいたのか、具体的に書く。
〈感情〉は、その時の気持ちを書いて、その程度を10段階で評価する。
〈自動思考〉は、その時に頭に浮かんだ考えを思い出して、正確に書く。

を整理して、まとめたものです。

クレマンスの場合
——褒められても喜べない

次は二十二歳の女子学生、クレマンスです。クレマンスの場合も、カフェで友だちといるところに男子学生のグループが入ってくると、自動的に「馬鹿にされる」とか、「自分はみっともないと思われているにちがいない」といったネガティブな考えが浮かんできます。また、〈自己評価〉が低いので、好きな人に褒められても素直に喜ぶことができず、どぎまぎしてしまって、「きっと、馬鹿みたいに見えるだろう」と思ってしまうの

表12－2　認知再構成法——クレマンスの３つのコラム

状況	感情	自動思考
状況１ 友だちのクロエとカフェにいたら、男の子たちのグループが入ってきた 男の子たちは大声で笑ったり、口笛を吹いたり、ウェイトレスをからかったりしていた	●パニック ●恥ずかしい 7/10	●きっと、私のほうに近づいてきて、話しかけるだろう ●どう答えればいいかわからない ●馬鹿にされる ●みっともないと思われているにちがいない！
状況２ 火曜日15時 大学で休み時間に、友だちとふたりで話していたら、私の好きなフレデリックが私の言葉を聞いて、「まったく同意見だな。君はすごくいいこと言うね」と言った その言葉に顔が赤くなってしまった	●困惑 ●恥ずかしい ●パニック 7/10	●顔が赤くなったことに、彼も気づいているにちがいない ●きっと、馬鹿みたいに見えるだろう ●好きな人に褒められると、どうしたらいいのかわからない
状況３ 土曜日午後 化粧品の展示会に、友だちと五人で行った時のこと、あるブースで、「どなたかひとり、無料でメイクしましょう。あなたがいいわ」と言われた	●困惑 ●恥ずかしい 6/10	●化粧が下手だと思われたにちがいない ●もっとおしゃれしてくればよかった！ ●友だちのほうがきれいなのに！ ●みんなに見られて、恥ずかしい思いをする

です。**表12－2**は、クレマンスの〈自動思考〉を整理して、まとめたものです。

さて、このふたりの例を見て、表にある〈状況〉と〈自動思考〉を見比べてみてください。そうすると、ティボーもクレマンスも、別に緊張する場面でもないのに、「どうしよう？」と思って、不安になっているのがわかります。そういった状況を迎えた時に、自動的に自分を否定する思考——〈自己評価〉を下げる考えが浮かんでくるからです。では、あなたはどうでしょう？　もしかしたら、あなたも人生のさまざまな局面で、ある状況を迎えた時、自動的に自分を否定する思考が浮かんでくるのではないでしょうか？　もしそうなら、あなたの〈自己評価〉はまちがっています。あなたが自分のことを正しく評価しようとする以前に、第2部で述べたような〈思い込み〉が自動的にあなたの〈自己評価〉を下げているのです。それを知るためにも、まず〈自動思考の表〉をつくって、自分が自動的にネガティブな考えをしていないか、確かめてください。

——トレーニング2　自分を否定する言葉が正しいかどうかチェックする

このように、もし〈自己評価〉を高めたいと思うのであれば、「自分を自動的に否定するのをやめる」というのが、かなり大切になるのですが、そのいっぽうで、〈自動思考〉というのは、文字どおり自動的に浮かんでくるものなので、浮かんでくること自体を防ぐことはなかなかできません（特に最初のうちはそうです）。そこで、二番目のトレーニングとして、とりあえず〈自動思考〉は浮かんでくるままにして、「その言葉が客観的に見て正しいかを確かめてみる」という作業をしてみましょう。

以下、私のクリニックに相談にみえたクロエとオドレイというふたりの女性の例を通して、そのトレーニングのやり方をご紹介しましょう。クリニックでは私が質問役をして、相談者の方と一緒にやっていますが、あなたはひとりでこのトレーニングをすることになります。大切なのは〈自分を否定する言葉〉が客観的に見て正しいかどうかなので、その点に注意してください。

クロエの場合――自分は「普通の女性」ではない

ある時、クロエはレストランで「みっともない思い」をしたと私に話しました。そこで、私はこう尋ねました。

私　自分を「みっともない」と感じたんですね？　どうしてですか？

クロエ　それは、私がひとりでレストランに入ったからです。それで、みんなが私を見ていました！

私　つまり、あなたは「ひとりでレストランに入った」せいで、「みんなから見られた」。だから、「みっともない」と感じたんですね？　では、訊きますが、「ひとりでレストランに入る」ことはみっともないことでしょうか？　もしあなたがレストランに女性がひとりで入ってくるのを見たら、その人のことを「みっともない」と思いますか？　その人のことを特別な目で見たりしますか？

クロエ　いいえ。誰だって、ひとりでレストランに行く権利はありますから……。別にみっともないとは思いません。もしその人のことを見たとしても、たまたまそちらに目がいっただけで、意識して特別な目で見たりしません！

私　では、その女性をあなたに置き換えた時、あなたはほかの人から見て、本当に「みっともなかった」のでしょうか？　それともあなた自身が自分を「みっともない」と感じただけだったのでしょうか？

クロエ　自分がみっともないと感じただけだったと思います。

どうでしょう？　このやりとりを読めば、クロエが自分のことを「みっともない」と思ったのは、客観的に見れば正しくなかったのがわかりますね。「ひとりでレストランに入って、たまたま、まわりの人の視線を集める」のは、「みっともない」ことではないのですから……。そういう状況に、「みっともない」という言葉をあてはめるのはまちがっていたことになります。

また、面談をしているうちに、クロエはこんなことも言いました。

「私は、女性として失格です。つまり、普通の女性ではないんです！　普通の女性からすると、はるかに劣っていて……」

これを見ても、クロエの〈自己評価〉が低いことはわかりますが、ここでも、クロエは言葉の使い方をまちがっています。「普通の女性」というのは、いったいどういう女性のことでしょう？　私はクロエに「普通の女性」の定義を尋ねました。すると、クロエは四つばかり定義をあげました。普通の女性とは、

――プライベートで充実した生活を送っている
――細かいところまで目配りがきき、仕事をうまくこなしている
――女らしくて、セクシーで、まわりの人や恋人、夫から大切にされている
――自分に自信があり、自分が思うように行動できる

そういう女性だと言うのです。

そこで、私はまたクロエに尋ねました。以下はそのやりとりです。

私　あなたのまわりで、この条件に当てはまる女性はいますか？

クロエ　何人もいます。サラは女らしいし、目配りもきくし、自信にあふれています……。ただ、セクシーではありませんが……。シルヴィーは、あまり自分に自信を持っているようには見えないけど、女らしいし、セクシーです。ソフィー？　ええ、ソフィーは多くの点でこの条件に当てはまっています。でも、女らしくはないわ。オルタンス！　そう、彼女はすべての条件に当てはまっているわ！

私　ということは、あなたが「普通の女性」だと思っているお友だちのなかで、さっきのすべての条件にあてはまっているのは、オルタンスだけですね。では、クロエ、あなた自身はどうですか？

クロエ　女らしい……時もあります。それに、少しはセクシーだとも思います。でも、十分じゃありません。まわりの人から大切にされているとも思いません。いえ、もっと大切にされたいと思いますけど、そのためにどうすればいいかわからないのです。目配りがきくかどうかはわかりません

が、みんなから注意深いとは言われています。自信は……あると感じることもありますが、長続きしないんです。ちょっとしたことで、すぐに自信がなくなってしまって……。でも、そうですね。こうしてみると、サラやシルヴィーとあまり変わりませんね。だから、もしふたりが「普通の女性」なら、私も「普通の女性」です。

いかがですか？　こうして話していくにつれて、クロエは「自分は普通の女性ではない」という言葉はまちがっていたことに、自分でも気づきました。つまり、クロエの〈自己評価〉は、自分をまちがった言葉で否定していたせいで生まれたのです。

次はオドレイの例を見てみましょう。

オドレイの場合――私はエゴイストだ

オドレイは「私はエゴイストだ」と言って、自分を責めていました。そのため、〈自己評価〉も高くありません。そこで、私はオドレイにも〈自分を否定する言葉が正しいかどうかをチェックするトレーニング〉をしてもらいました。

私　あなたにとって、エゴイストとはどういうことですか？　まず、「エゴイスト」の定義をしてください。

オドレイ　えーと、そうですね。

——自分の利益しか考えない

——自分の利益のためなら、他人はどうなってもいいと思っている

ということでしょうか。

私　あなたは、この条件に当てはまりますか？

オドレイ　いいえ、ふたつとも当てはまりません。よく考えてみると、私はエゴイストというより、「自己中心的」なのかもしれません。

私　では、「自己中心的」というのは、どういうことですか？　定義してみてください。

オドレイ　わかりました。「自己中心的」というのは、

——いつでも、自分が楽しいかどうかだけを考える

——自分のことばかり考える傾向にある

——自分と他人を比較して、他人のほうが得をしていないかどうか気にする

ということだと思います。

私　では、あなたはこの条件にあてはまっていますか？

オドレイ　そうですね。時には自分のことばかり考えることもありますが、自分が楽しいかどうかだけ考えるということはありません。自分より他人が得をしていないか、いつも比べているわけではありません。そんなことは絶対にありません。

私　自分のことばかり考える時というのは、どんな時ですか？

オドレイ　自分が辛い状況にある時です。でも、普段はそんなことはありません。特に、誰か安心

できる人と一緒にいる場合は……。

私　では、あなたは言葉の定義からしたら、「エゴイスト」でも、「自己中心的」でもありませんね。あなたはそう思い込んでいるだけだったのです。では、どうして、そう思い込んでしまったのでしょう？　考えられる理由をあげてみてください。

オドレイ　ああ、それは子どもの頃に、親からしょっちゅう言われていたせいだと思います。「おまえはエゴイストだ！　自分の得になることしか考えない！」とか、「おまえは自己中心的だから、自分のことしか考えない！」とか……。そのせいで、そんなふうに思い込んでしまったのです。

そうなんです。オドレイはまちがった言葉を使って自分を責めていたために、〈自己評価〉が低くなり、自信が持てずにいたのです。自分を否定する言葉が出てきたら、ただちにその言葉を使って自分を責めるのではなく、まずはその言葉をきちんと定義して、その定義に自分があてはまっているかどうかチェックしましょう。これを繰り返していくと、自分がどれほどまちがった言葉で自分を責めているか、わかります。それが〈自己評価〉を高めるための絶好のトレーニングになります。

――トレーニング3　現実をゆがめて解釈しないようにする

次は「言葉の意味」は正しく使われていたとしても、その言葉が現実とはちがっているケースです。

まずは十九歳の学生、カティアの話を聞いてください。

カティアの場合――私は暗い性格だ

ある日、カティアは私のクリニックに飛びこんでくると、いきなり泣きだしました。

「私は自分が暗い性格だって知っています。このあいだ、友だちが私のことを性格が暗いって言っているのを聞いてしまったのです！」

けれども、そのあと、よくよく話を聞いてみると、カティアはその友だちが誰について、「性格が暗い」と言っていたのか、確かめたわけではなかったのです。つまり、カティアはもともと自分が暗い性格だと思ってコンプレックスを感じていたので、「性格が暗い」という言葉を聞いただけで、自分のことだと思い込んでしまったのです。人はコンプレックスを感じていることがあると、自分のコンプレックスと矛盾しないように、まわりからの情報をゆがめて受け取ってしまう傾向にあります。つまり、私たちは自分の〈ネガティブな思い込み〉に合わせて現実を変形しているのです。このことはピアジェ【8】など、多くの心理学者によって確認されています。このように現実をゆがめて解釈して、自分を否定する材料をつくるのも、〈自己評価〉を下げる原因になります。

では、もうひとつ例を紹介しましょう。大手企業に勤めるサビーヌの話です。

サビーヌの場合――上司からダメな人間だと思われている

サビーヌは先日、「上司からダメな人間だと思われている」と言って、落ち込んだ様子で診察室にやってきました。けれども、私が「上司は本当にあなたがダメな人間だと言ったのですか？」と尋ねると、その点は否定しました。しかし、「君は最近、仕事に身が入っていないようだね」と言われたので、「ダメな人間だと思われているに決まっている」と言うのです。そこで、私はこう言いました。

「なるほど。つまり、あなたは上司の『最近、君は仕事に身が入っていないようだね』という言葉を聞いて、上司があなたのことを『ダメな人間だ』と思っていると解釈したわけですね。つまり、『最近、君は仕事に身が入っていないようだね』と言われたことは事実だとしても、上司があなたのことを『ダメな人間だ』と思っていると考えるのは、あなたの〈思い込み〉にすぎない可能性がある。あなたは、上司の真意を確かめましたか？」

すると、サビーヌは首を横に振って、上司にそう言われたことがショックで、ただ、「すみません」と謝って逃げてきてしまったと答えました。私はこのままでは仕事にも悪影響を及ぼすので、勇気を出して、上司に真意を質《ただ》してみるようにアドバイスしました。仕事に影響が出るかもしれないと言われて、サビーヌは私のアドバイスに従い、翌日上司に尋ねてみました。以下はその時のやりとりです。

サビーヌ　あの……。昨日、課長は「君は最近、仕事に身が入っていないようだね」とおっしゃいましたが、何か大きなミスでもあったのでしょうか？　昨日はそう言われたショックと申し訳なさで、お尋ねすることもできなかったのですが、仕事でミスをしていたなら、カバーしなければいけないと思って……。

上司　いや、私のほうももっと具体的に言えばよかったんだが……。君のほうから言ってくれたので、ちょうどよかった。実は取引先のマルタンさんから決済のことで君に話したいことがあるのに、君から連絡が来ないというんだ。確か君のほうから電話するという話になっていたということなのだが……。

サビーヌ　ああ、そうでした。このところ忙しくて、マルタンさんに電話するタイミングがうまくとれなかったものですから……。今日は必ず電話をします。ほかには何か？

上司　いや、それだけだ。君が取引先に連絡を忘れるなんて珍しいからね。それで、仕事に身が入っていないのかと感じただけだ。今日、電話をしてくれれば問題ない。

どうでしょう？　このやりとりを読めばわかるとおり、上司はサビーヌのした小さなミスを「君は最近、仕事に身が入っていないようだね」という言葉で、軽く注意しただけだったのです。それなのに、サビーヌはその言葉を「君はダメな人間だ」というふうに解釈してしまった。これはもともとサビーヌが「自分はダメな人間だ」という〈自己評価〉を持っていて、その〈自己評価〉に合わせて、現実に発せられた言葉を解釈してしまったせいです。これではいつまでたっても〈自己評価〉が低いままなのは当たり前です。自分に対する低い評価に合わせて、現実を解釈しているのですから……。

もし、あなたが自分に自信がないと言うなら、あなたは人の言葉を自分のコンプレックスや自分に対する低い評価に合わせて、ゆがめて解釈している可能性があります（コンプレックスというのは、自分に対するネガティブな評価がどんな時も気になってしまうくらい強くなったものです）。ですから、自分が現実をゆがめて解釈していないか、つねにチェックしてください。そうすれば、それが〈低い自己評価〉から抜けだすきっかけになります。

――トレーニング4　〈自己評価〉の根拠を見きわめる

さて、サビーヌは上司の言葉を「自分はダメな人間だ」という〈低い自己評価〉に合わせて解釈して、上司から「ダメな人間だ」と思われていると考えてしまいましたが、そもそも、「自分はダメな人間だ」というサビーヌの〈自己評価〉には根拠があるのでしょうか？　そうです。サビーヌとのやりとりのなかでも言いましたが、「自分がダメな人間だ」というサビーヌの〈自己評価〉は、単なる〈思い込み〉なのではないでしょうか？

そこで、この〈トレーニング4〉では、あなたが自分に対して持っている〈低い自己評価〉が本当に現実に即したものなのか――つまり、その〈自己評価〉には根拠があるものかどうか、確かめる方法を紹介しましょう。これはひとりでもできるトレーニングです。紙と鉛筆を用意して、あなたの〈自己評価〉が現実に照らして正当かどうか書きだしてみましょう。

ここでは、サビーヌを例にしてやってみます。サビーヌは「自分はダメな人間だ」という自己評価を抱いていますが、サビーヌが取引先のマルタンさんに連絡を忘れたという話で考えてみると、

● 現実に合致する点（ダメな人間だ）

——マルタンさんに電話しなかった

——上司に注意された時、すぐに対処しなかった

——上司が信頼して仕事を任せてくれたのに、それに答えられず上司の信頼を失ってしまった

●現実に合致しない点（ダメな人間ではない）

——上司にこのような注意をされたのは初めてだ

——上司に質したところ、「君は最近、仕事に身が入っていないようだね」と口にしたのは、マルタンさんに電話をしなかったことを注意しようと思っただけで、サビーヌが「ダメな人間だ」と言おうとしたわけではなかった

——同僚のドミニクやマルティーヌは仕事がよくできるほうだが、それでも取引先に電話をし忘れることはあると言っている

　これは実際、サビーヌにやってもらったことですが、このように書きだしてみた結果、サビーヌは「自分が思っているほど、ダメな人間ではない」と、思えるようになりました。すなわち、サビーヌの〈自己評価〉はよい方向に変わったのです。

——トレーニング5　自分を自分の親友だと思う

もう少し、サビーヌの場合を例にとって、話を続けましょう。サビーヌはたいした根拠もなしに、「自分はダメな人間だ」という〈低い自己評価〉を持ち、また現実をそれに合わせてゆがめて解釈することで、その〈低い自己評価〉をそのまま持ちつづけました。でも、それだけではありません。サビーヌは自分がミスをするたびに、「もう何やっているのよ！　私って本当にダメな人間ね。何をしてもミスばかり。ほかの人だったら、絶対にこんなことはしないわ。これじゃ、まわりからダメな人間だって思われるのも当たり前。きっとみんなから嫌われているわ。私はどうしようもない人間なのよ」と自分を非難して、ただでさえ〈低い自己評価〉をもっと低くしていたのです。

〈自己評価〉というのは、この章の最初にお話ししたとおり、次の三つの柱で支えられています。

——自分がかけがえのない人間だと思うこと

——自分にはそれなりの能力があり、あるいは努力しだいで能力を身につけることができると思うこと

——人から愛され、認められ、必要とされていると思うこと

それなのに、〈自己評価〉の低い人は、自分に対して、「おまえはつまらない人間だ」「おまえはダメな人間だ」「おまえは誰からも必要とされていない」と、たえず自分を非難します。これはつまり、〈自己評価〉の三つの柱を根こそぎ倒そうとしているようなものです。これでは〈自己評価〉が高くなるこ

とはありません。

では、どうしたらいいのでしょう？　ここでは〈自分を自分の親友だと思う〉というトレーニングを紹介します。これには、〈自分を自分の親友だと思って、自分を非難するのをやめる〉というのと、〈自分を自分の親友だと思って、自分を励ます〉のふたつのステップがありますが、どちらのステップもやることは変わりません。要は「親友に対してすることを自分にもする」ということです。あるいは、「親友だったらしてくれることを自分にする」と言ってもかまいません。それではサビーヌの場合を例にとって、ひとつひとつ見ていきましょう。

自分を非難しない――親友が失敗した時にあなたは非難しますか？

サビーヌは上司の言葉が「君はダメな人間だ」と言っているわけではないとわかったあとでも、しばらく元気をなくしていました。「取引先に電話をするのを忘れて、上司に注意された」という事実については変わらないからです。そこで、今度はそれを材料にして自分を非難し、〈自己評価〉を下げていました。そこで、私はサビーヌにこう質問しました。

私　同僚のなかに仲のよい人はいますか？

サビーヌ　ええ、エマニュエルという人が……。親友といってもいいくらいです。

私　では、もしそのエマニュエルが仕事でミスをして、自分はダメな人間だと言ったら、あなたはどうしますか？　「そんな失敗をするなんて、あなたって本当にダメな人間ね」って非難しますか？

サビーヌ　もちろん、そんなことはしません。だって、親友ですよ。そんなひどいことを言えるわけないじゃないですか？

私　じゃあ、訊きますが、あなたは今度のことをエマニュエルに話しましたか？

サビーヌ　はい。

私　エマニュエルはあなたを非難しましたか？　「あなたはダメな人間だ」って……。

サビーヌ　そんなことはありません。

私　そうですよね。親友が失敗してもあなたは非難しない。親友もあなたの失敗を非難しない。それなのに、どうしてあなたは自分の失敗を非難するのです？

それを聞くと、サビーヌは黙り込んでしまいました。親友に対する態度と自分に対する態度のちがいをうまく説明できなかったからです。

自分を励ます——親友が失敗した時にあなたは励ましませんか？

そこで、私はこう続けました。

私　それでは、今度のことであなたの話を聞いて、エマニュエルはどうしましたか？

サビーヌ　励ましてくれました。「取引先に連絡を忘れることくらい誰にでもある」と言って……。それから、「あなたはそういったミスをしないほうよ」とも……。

私　では、反対にエマニュエルが今度のような仕事の失敗をしたら、あなたはなんと言いますか？「私はダメな人間だ」と言ったら……。

サビーヌ　そうですね。きっと、こう言います。「エマニュエル、仕事上のミスなんて、誰でもすることよ。そんなことくらいで、あなたがダメだってことにはならないわ。お子さんも立派に育ててるし、旦那さんともうまくいってるんでしょ？　みんな、あなたのことが好きなのよ！　もっと自信を持ちなさいったら！」とでも……。

そう言っているうちに、サビーヌは笑いだしてしまいました。親友に対してはこれほど優しい言葉がかけられるのに、自分に対しては厳しすぎることに、自分でも気づいたからです。

人は誰でも、親友に対しては優しく接することができます。だったら、自分のことを親友だと思いましょう。あなたはあなたの親友なのです。そして、その親友に、「あなたはかけがえのない人だ。ちゃんといろいろなことができるし、あなたを好きで、必要としてくれる人もいる」と言ってあげたら、それはすなわち〈自己評価〉を高めることになります。親友＝自分を励ますことによって、〈自己評価〉を支える三つの柱を強化しているのですから……。

——トレーニング6　なんでもかんでも自分が悪いと思わないようにする

さて、サビーヌの例を見てもわかるとおり、〈自己評価〉の低い人は、親友には優しくなれるくせに、自分には厳しくあたります。これは〈自己評価〉の低い人が〈罪悪感〉を抱きやすいからです。そうなのです！〈自己評価〉の低い人は何か悪いことが起こった時に、それをすべて自分のせいにしてしまう傾向にあるのです。

表12−3は何かが起こった時に、それを自分のおかげ（せい）と考えるか、状況のおかげ（せい）と考えるかを表にして示したものです（これは専門的には帰属理論【9】と言います）。一般に〈自己評価〉の高い人は、物事に成功した時は、「自分のおかげだ」と考え、失敗した時には「状況のせい」と考えます（もちろん、自分が悪い部分も認めるでしょうが、すべてを自分のせいにはしません）。逆に〈自己評価〉の低い人は、成功した時は「状況のおかげ」だと考え、失敗した時には「自分のせい」だと考えます。

たとえば、試験に合格した時、〈自己評価〉の高い人は、自分の能力のおかげだとか、自分はよく勉強したからだと考え、不合格になった場合は、問題が難しすぎたとか、たまたま勉強してないところが出て、運が悪かったと考えます。逆に〈自己評価〉の低い人は、合格したら、たまたまやさしい問題が出たとか、単に運がよかっただけだと考え、不合格になった場合は、自分には能力がないからだとか、勉強しなかったからだと考えます。

表12−3　自己評価の高さと起こった出来事に対する捉え方

	自己評価の高い人	自己評価の低い人
悪い出来事の場合	まわりの人や状況のせいだ	私のせいだ
よい出来事の場合	私のおかげだ	まわりの人や状況のおかげだ

したがって、〈自己評価〉を高めるためには、物事に成功したら「自分のおかげだ」と考え、失敗したら「状況のせい」だと考えるようにすることが大切です。もちろん、成功を全部自分の手柄にしたり、失敗を全部状況のせい、特にほかの人のせいにするのはよくありませんが、少なくとも、成功した時には、「自分にもちゃんと能力があったんだ」と認め、失敗した時には、「すべてを自分のせいだ」と思わないようにしましょう。

――トレーニング7　ネガティブな考えをポジティブな考えに変える

ここまで書いたところでおわかりのとおり、〈自己評価〉の低い人は、自分に対してネガティブなイメージを抱いています。また、何かあると、自分に対してネガティブな方向で物を考え、ネガティブな判断を下します。それは決して意識して行なっているものではなく、自動的に行なわれるものです。

ある出来事に直面した時、あなたは自動的にネガティブな考えを抱いているのではありませんか？　だとしたら、それがあなたの〈自己評価〉を下げる大きな原因になっています。したがって、この自動的にあなたの心に浮かんでくるネガティブな考えをポジティブな考えに変えれば、〈自己評価〉は高くなるはずです。では、そのためにはどうすればよいでしょう？

そこで思い出していただきたいのは、第7章、そして本章の初めでとりあげた〈自動思考〉のお話です。そうです。ある出来事に直面した時に、自分の頭にどんな考えが浮かんでくるか知るために、その時の考えと気持ちを記した表をつくってみるのです。〈自己評価〉の低い人にとっては、それは当然のことながら、ネガティブな考えであり、ネガティブな気持ちだと思います。

さて、実際にやってみれば、この表によって「自分がある状況で、どれほどネガティブな考えを抱きやすいか、どれほどネガティブな気持ちになりやすいかがわかる」と思いますが、それを知るだけでは、あまり意味がありません。この自動的に浮かんでくるネガティブな考えや気持ちをポジティブなものに修正してやったらどうでしょう？　そうすれば、〈自己評価〉が高まるのではないでしょうか？

前にもお話ししたように、これは専門的には〈認知再構成法〉とか〈コラム法〉というのですが、やり方は簡単。第7章や本章の〈トレーニング1　自分を知る〉でつくった〈自動思考〉の表に、〈適応的思考＝その状況にふさわしい思考〉と、そう考えた時に感じる気持ちを書きくわえるのです。そうすると、あとから出てきた考えは、最初のものに比べて、ずっとポジティブなものになっていることがわかると思います。また、気持ちのほうもネガティブな度合が低くなっていることがわかるでしょう。

それでは、実際に〈認知再構成法〉を行なった例を、いくつかご紹介しましょう。最初はフランソワの例です。

フランソワの場合

フランソワはある時、同僚とともに部長と面談して、業務全般について話し合うことになりました。すると、たちまち、「うまく話せるだろうか？」とか、「問題を指摘されたらどうしよう？」とか、「同僚も自分と同じようにしどろもどろになるかもしれない」とか、ネカティブな考えが浮かんできて、パニックに陥りました。心臓がドキドキしてきて、胸が苦しくなりました。そこで、まず〈自動思考〉の表を書き、少し気持ちを落ち着けて、部長と面談したらどうなるかについて、あらためて考えてみました。すると、事態はそれほど心配するほどのことではないというのがわかって、不安もやわらぎました。このように、〈自動思考〉をそのまま受け入れずにあらためて考えなおしてみることで、物事に対する見方はずいぶん変わるものです。**表12－4**は、フランソワが行なった〈認知再構成法〉を整理して、まとめたものです。

ナディーヌの場合

次は恋人との関係に悩んでいるナディーヌの例を見てみましょう。ナディーヌは、恋人と一緒に彼の両親の家に行った帰り、彼が車のなかでほとんどしゃべらなかったので、極度の不安に陥りました。「彼の両親の家にいる間、自分が何か、彼の気に障るようなことをしたのではないか」とか、「自分はもう愛されてい

表 12－4　認知再構成法――フランソワの５つのコラム

状 況	感 情	自動思考	適応的思考	感情の再評価
3月2日(月)同僚ともに部長と面談、業務全般に関する話し合いをする	●恐怖 ●パニック ●不安 ●心配 7/10	●うまく話せないにちがいない ●この不安を追い払わなくては…… ●自信がない ●同僚も、自分と同じように、しどろもどろになるだろう	●この面談は、私が望んだことだ ●これまでも、この種の面談にうまく対処してきた ●仕事上のトラブルなら解決する自信がある ●困った時には、同僚が助けてくれるだろう	●恐怖 ●パニック ●不安 ●心配 4/10

〈状況〉は、いつ、どこで、何が起こったのか、誰と一緒にいたのか、具体的に書く。
〈感情〉は、その時の気持ちを書いて、その程度を 10 段階で評価する。
〈自動思考〉は、その時に頭に浮かんだ考えを思い出して、正確に書く。
〈適応的思考〉は、その状況にふさわしい、よりポジティブな考えを書く。
〈感情の再評価〉は、〈適応的思考〉にもとづいて、その時の気持ちを再評価する。

ないのではないか」とか、悪い考えがどんどん浮かんできたのです。けれども、家に戻ってから〈認知再構成法〉を行なった結果、「彼はただ運転に疲れていただけかもしれない」とか、「今日で週末が終わり、明日からまた仕事なので憂鬱《ゆううつ》になっていただけかもしれない」という別の考えが浮かんできて、不安は小さくなりました。**表12－5**はナディーヌの行なった〈認知再構成法〉を整理して、まとめたものです。

サビーヌの場合

実はこの〈認知再構成法〉は、前に出てきたサビーヌにもしてもらいました。**表12－6**は、サビーヌが上司から「君は最近、仕事に身が入っていないようだね」と言われて、それが取引先に電話をし忘れたためだとわかったあとで、サビーヌと私が一緒につくったものです。このように、出来事を〈自動思考〉とはちがった形で考えなおすことで、サビーヌ

表12－5　認知再構成法――ナディーヌの5つのコラム

状況	感情	自動思考	適応的思考	感情の再評価
恋人と彼の両親の家に行った帰り、彼が疲れた様子で、車のなかでほとんどしゃべらなかった	●不安 ●心配 8/10	●私が何か、彼の気に障ることをしたのかもしれない ●彼の両親の家にいる間、私が退屈していたと思って、それで不機嫌なのだろうか？ ●彼はもう私を愛していないのかもしれない ●彼は私と別れるつもりなんだ	●彼は長時間運転していたし、ほかにも疲れる原因がたくさんあったのだろう ●彼がいつも私のことだけを考えているとはかぎらない。黙っているのは、私とは何も関係ないのだろう ●週末が終わってしまうので気が滅入っていたのかも知れない私だってそうだ ●たとえ、黙っているのが私のせいだとしても、別れるところまではいくはずがない	●不安 ●心配 4/10

の苦痛はおおいに軽減しました。実際の状況は何も変わっていないのにです！　変わったのは上司に注意されたという実際の状況ではなく、それをどう解釈するかです。それが、サビーヌの苦悩をやわらげ、不安を軽くしたのです。こんな〈薬〉はほかにありません。しかも、この〈薬〉にはまったく副作用がないのです。

なお、このトレーニングは、何度も繰り返していくうちに、さらに効力を発揮していきます。

——トレーニング8　ポジティブな考えを受け入れる

この〈認知再構成法〉を使うと、ネガティブな考えをポジティブな考えに変えることができるようになるのですが、なかにはこのポジティブな考えに「どうしても慣れることができない」という方もいらっしゃると思います。無理もありません。そういった方は、おそらく〈自己評価〉の低い方で、長い間、ネガティブな〈自動思考〉をしてきて、それが身についている

表12－6　認知再構成法——サビーヌの５つのコラム

状況	感情	自動思考	適応的思考	感情の再評価
3月6日（火） 14時 上司に「このところ、仕事に身が入っていないようだね」と言われた	●悲しい ●落胆 ●不安 6/10	●きっと、たくさんのミスをしたにちがいない ●私はダメな人間だ ●上司に無能だと思われている	●私は普段、みんなから信頼されている ●誰だってミスをすることがあるわ ●ミスしたからといって、その人がダメな人間というわけじゃない ●上司に、正確には何のことを注意したのか、聞くべきよ ミリアナならそうしてるわ	●悲しい ●落胆 ●不安 4/10

と思いますので……。では、この場合はどうしましょう？　残念ながら、ネガティブな〈自動思考〉が一瞬にして変わり、ポジティブな〈自動思考〉を受け入れられるようになる〈魔法の方法〉はありません。〈認知再構成法〉を繰り返すことによって、〈適応的思考〉として出てきたポジティブな考えを少しずつ受け入れられるようにしていくほかないのです。ただ、それを助ける方法ならあります。それは、〈自動思考〉や〈適応的思考〉を記す時に、「その考えがどれくらい正当だと思うか？」をパーセンテージで表すということです。実際に、アンリの例で見てみましょう。

アンリの場合――妻が意見を聞いてくれない

アンリは妻と一緒にバスタブを買いにお店に行ったのですが、妻がアンリの意見を聞かずに、アンリがあまり気に入っていないバスタブを予約してしまいました。けれども、アンリは〈自己評価〉が低いので、自分の好みに自信が持てず、また妻が自分の言うことを聞いてくれるとも思えなかったので、そのままにして帰ってきてしまいました。けれども、家に帰ってからも、なんとなく釈然とせず、悲しい気持ちになったので、〈認知再構成法〉をしてみました。

そこで、まずは〈自動思考〉と、その時の気持ちを書き、それから、その〈自動思考〉がどのくらい正当かをパーセントで示しました（この場合、「正当」というのは、考え方が正当かどうかではなく、その考えを自分がどのくらい自然に受け入れられるか、ということです）。それによると、

〈自動思考1〉

私には家具を選ぶセンスがない。だから、自信のある妻がバスタブを選ぶのは当たり前だ（でも、自分の気に入らないバスタブが来るのは悲しい8／10）。そう考えるのは正当――80パーセント。

〈自動思考2〉

一度、予約したものはキャンセルできない。そんなことを自分から言う勇気はないし、キャンセルを申し出たら、みっともないと思われる（あきらめるしかない7／10）。そう考えるのは正当――75パーセント。

それから次に、もう一度、考えてみて、〈適応的思考〉と、それにもとづいて再評価した気持ちを書き、それからその〈適応的思考〉がどのくらい正当かをパーセントで表しました。

〈適応的思考1〉

私にはセンスはないかもしれないが、私もバスタブを使うのだし、夫婦なんだから、お互いに納得のいくものを選ぶのが当たり前ではないか。明日、妻にそう言ってみよう（妻に自分の意見を言うことができたらほっとする6／10。でも、言えないと思うので、悲しみは7／10）。そう考えるのは正当――30パーセント。

〈適応的思考2〉

お店にとってキャンセルはよくあることだ。妻との話し合いがうまくいったら、お店に電話してみよう（あきらめるしかない3／10）。そう考えるのは正当——70パーセント。

表12―7は、アンリの行なった〈認知再構成法〉を整理してまとめたものですが、この時点では、アンリは〈自動思考1〉と比べてポジティブな〈適応的思考1〉がそれほど正当だとは思っていません。つまり、考えとしては浮かんできたけれど、その考えをまだ受け入れてはいないのです。〈自動思考〉というのは、それまでの人生で培《つちか》ってきたものが自然に出てくるものなので、そちらのほうが受け入れやすく、あとから考えた〈適応的思考〉が受け入れにくいのは、ある意味では当然のことだと言えます。

表12－7　認知再構成法——アンリの5つのコラム

状況	感情	自動思考	適応的思考	感情の再評価
バスタブを注文する時、妻が私の意見を訊かず、私の気に入っていないものを予約してしまった	●悲しい 8/10	自動思考1 ●私には家具を選ぶセンスがないので、妻が決めるのはしかたがない （そう考えるのは正当　80%）	適応的思考1 ●ふたりの好みに合ったバスタブを選ぶことが大切なので、明日、妻にそう言ってみよう （そう考えるのは正当　30%）	●妻に自分の意見を言えたら安心 6/10 ●言えないだろうから、やっぱり悲しい 7/10
	●あきらめ 7/10	自動思考2 ●一度、予約したものをキャンセルすることはできない ●キャンセルなんて、みっともない （そう考えるのは正当　75%）	適応的思考2 ●キャンセルなんてよくあることだ ●妻との話し合いがうまくいったら、店に電話をしよう （そう考えるのは正当　70%）	●あきらめ 3/10

けれども、このトレーニングを続けていけば、次第にポジティブな考え方を受け入れられるようになり、最後にはポジティブな考えが〈自動思考〉になることだって考えられます。ですから、ぜひこのトレーニングをやってみていただきたいのですが、ひとつだけ注意していただきたいのは、いくらポジティブに考えたほうがいいからと言って、現実的に明らかに無理がある考えを〈適応的思考〉にしないということです。たとえば、「私の意見を聞かずにバスタブを予約したのは妻が悪いので、妻はまず私に謝ったうえで、私が気に入ったバスタブを文句を言わずに購入すべきだ」というのは、アンリの性格を考えた場合、いくらポジティブでも現実的だとは思えません。つまり、ちっとも適応的ではありません。〈適応的思考〉をするというのは、ポジティブになることが目的ではなく、状況をより客観的にとらえることが目的なのです。

——トレーニング9　自分を否定する思考パターンを知る

〈トレーニング7〉と〈トレーニング8〉では、それぞれ〈ネガティブな考えをポジティブな考えに変える〉、〈ポジティブな考えを受け入れる〉方法を紹介しましたが、もっと根本にさかのぼって、ネガティブな考えが浮かんでこないようにする方法はないものでしょうか？　つまり、〈自動思考〉で、「自分を否定する」考えが浮かんでこないようにする方法です。

実は〈自己評価〉の低い人は、いくつかの思考パターンを通じて、自動的にネガティブな考えが浮かんでくることが知られています。したがって、もしその思考パターンを知り、それに陥らないようにすれば、ネガティブな考えが浮かんでくるのを防げることになります。ということで、まずはその思考パターンを見ていきましょう。パターンは六つあります（このうちのいくつかは、第7章でも紹介しています）。

1．悪いことが起こったら、それを一般化する

たとえば、仕事でたまたま一回、ミスをしたとします。すると、普段はそれほどミスをしているわけではないのに、「また、ミスをしてしまった」「いつも私はミスばかり」と考えるパターンです。つまり、一回のミスを一般化して、いつでもミスをしているように思ってしまうということ。この一般化は放っておくとどんどん進み、「私はミスの多い人間だ」「私には能力がない」という形で定着していきます。

2．オール・オア・ナッシングの考え方をする

これは「百点か、零点か」ということで、百点でなければ意味がないという思考パターン。このパターンに陥ると、「まずまずの成功」というのはありません。「完璧な成功」か、さもなければ「失敗」です。そして、「完璧な成功」というのはほとんどないのですから、たいていのことは「失敗」に分類され、「自分は失敗ばかりしている」という「自分を否定する」考え方が浮かんでくることになります。

3．自分勝手な推論をする

サビーヌの例を思い出してください。サビーヌは上司から、「君は最近、仕事に身が入っていないようだね」と言われただけで、「上司は私のことをダメな人間だと思っている」という結論を引きだしてしまいました。このようにひとつの出来事から、きちんとした裏付けもとらずに勝手に推論して、「自分を否定する」考えを導きだしてしまう思考パターンが身についていたら、ネガティブな考えしか浮かんでこないのも当たり前です。

4．自分の悪い面を過大評価し、よい面を過小評価する

〈トレーニング6　なんでもかんでも自分が悪いと思わないようにする〉で説明したように、〈自己評価〉の低い人は、何かに失敗したら「自分のせい」、成功したら「状況のおかげ」と考える傾向にあります。また、何かミスをすると、それが小さなミスでも大きなものととらえがちです。反対に自分の能力を小さく見積もる傾向にあります。こういった思考パターンが身につけば、自分の悪いところばかりが目につくようになってしまいます。

5．人の言葉を自分のコンプレックスと結びつけて考える

これについては、友人に「性格が暗い」と噂話をされていると思い込んだカティアの例を思い出してください。〈自己評価〉が低いと、ほかの人も自分に対して低い評価をしているはずだと思いますから、

誰かが非難めいた言葉を口にすると、自分のことを言われているのではないかと考えがちです。これは③の〈自分勝手な推論をする〉と合わさって、「私はダメな人間だ。人からもそう思われている」というネガティブな思考を生みだします。また、ある事態を想定して、「そうなったら、自分はダメな人間だと噂されるだろう」と考えるのも、この思考パターンのせい。要するに、人の言うことをなんでも自分の悪い面に引きつけて考えてしまうのです。

6．ひとつの事柄から全体についての結論を導く

これは①の〈一般化する〉や、④の〈悪い面を過大評価し、よい面を過小評価する〉とも関わっています。たとえば、ほかの科目はできるのに、数学ができないだけで、「私は勉強ができない」と考えるパターン。親しい友だちとだったら楽しく話せるのに、知らない人と気軽におしゃべりができないので、「私は性格が暗い」と思うのも、このパターンです。

こう考えてくると、〈自己評価〉の低い人にとって、ネガティブな考えがいかに浮かんできやすいか、わかりますね。したがって、〈自己評価〉を高めるには、こういった思考パターンをとらないようにすればいいわけですが、それにはこれまで使ってきた〈認知再構成法〉の表の〈自動思考〉の隣にひとつ欄《コラム》をつくり、どんな思考パターンでその考えが浮かんできたのか、書きくわえるとよいと思います。

大学で生物学を研究しているルイのケースを例にとって、実際にやってみましょう。

ルイの場合――私はなんて醜いんだ！

ルイは朝、出かける前に、鏡で自分のお腹がかなり出ていることに気づきました。そこで、すぐに「私は醜い」という〈自動思考〉が浮かんできたのですが、これには①の〈悪いことが起こったら、それを一般化する〉、④の〈悪い面を過大評価する〉、⑥の〈ひとつの事柄から全体についての結論を導く〉という思考パターンが関わっています。また、その日は生物学のなかの自分があまり得意ではない分野について、数人の同僚と話をしなければならなかったのですが、それを思うと、「今日はきっと完璧な受け答えをすることができないだろう。これでは生物学者として失格だ。いや、それどころか、みんなの前で知識がないのをさらけだして、恥ずかしい思い

表12－8　認知再構成法――ルイの４つのコラム

状況	自動思考	自分を否定する思考パターン	適応的思考
状況１ 今朝、出かける用意をしている時、鏡で自分のお腹を見た	●私はなんて醜いんだ！	●悪いことが起こったら、それを一般化する ●悪い面を過大評価する ●ひとつの事柄から全体についての結論を導く	●確かに、多少腹は出ているが、すべてが醜いわけじゃない ●友だちは、年のわりに格好いいと言ってくれる ●全体に堂々としているし、私の笑顔や眼差しがいいと言ってくれる人もいる
状況２ 生物学の私があまり得意ではない分野について、数人の同僚と話をしなければならない	●今日はきっと完璧な受け答えをすることができないだろう。これでは生物学者として失格だ ●みんなの前で知識がないのをさらけだして、恥ずかしい思いをするにちがいない ●みんなは私のことを馬鹿にするだろう	●オール・オア・ナッシングの考え方 ●自分勝手な推論 ●何でも自分にひきつけて考える	●どんな学者にも、知らないことはある。現に、同僚のアルチュールだって、前回の会合で的外れな発言をした ●知識がない分野があっても当然だ ●私が世界の中心ではないのだ。みんな私の噂をしている暇はない

をするにちがいない。みんなは私のことを馬鹿にするだろう」という〈自動思考〉が浮かんできました。これには②の〈オール・オア・ナッシングの考え方をする〉、③の〈自分勝手な推論をする〉、⑤の〈人の言葉を自分のコンプレックスと結びつけて考える〉が関係しています。表12－8は、〈認知再構成法〉の〈自動思考〉の隣の欄に、この思考パターンを書きくわえ、その思考パターンを補正する形で、〈適応的思考〉を導きだしたものです。

――トレーニング10　〈自己評価の悪いサイクル〉から抜けだす

さて、この章の最初でお話ししたように、〈自信〉と〈自己評価〉は連動していて、〈自己評価〉が高まると、〈自信〉がつき、それによって、また〈自己評価〉が高まるというメカニズムができています。したがって、〈自己評価〉を高めるには、〈自信〉をつけるとよいのですが、〈自信〉のない人、そして〈自己評価〉の低い人は、〈自信〉がつくようなことがなかなかできません。それはひとつには、〈自信〉がつくようなことに挑戦して、それに失敗した場合、〈自己評価〉が低くなるのを恐れるからです。この気持ちはよくわかります。せっかく挑戦しても、失敗してしまったら、「やっぱり自分はダメな人間だ」と思って、落ち込むからです。人から笑われると思うと、それも恐怖です。それにひきかえ、何もしなければ失敗することはないし、うまくいくかどうか不安に思うこともありません。つまり、何もしないことはそれなりのメリットもあるのです。

けれども、何もしなければ〈自己評価〉は下がらないかというと、決してそんなことはありません。何もしない生活は自分が心から望んだものではないので、それを続けているうちに、だんだん〈自己評価〉が下がってきます。たとえば、第5章に出てきたセリアのことを思い出してください。セリアは〈自己評価〉の低い人でした。そのため、思いきって何かに挑戦することができず、成功体験が得られないので、〈自己評価〉が上がることはありませんでした。そこで、また新しいことに挑戦できなくなり、この形で〈悪いサイクル〉にはまってしまいました。そして、それはセリアがセラピーを受けるまで続きました。したがって、〈自己評価〉を高めるには、何かをしなければならないのです。

この時に大切なことは、誰が考えても無理だということには挑戦しないこと。また、失敗したら傷が大きすぎるようなことにも挑戦しないほうがいいでしょう。大切なのは、ちょっとがんばれば自分にできそうなことから始めて、成功体験をし、それによって〈自己評価〉を高めて、また自分にできそうなことをする。そしてまた成功体験をして〈自己評価〉を高めるという形で、〈よいサイクル〉をつくっていくことなのです。〈自信〉と〈自己評価〉は連動して、〈よいサイクル〉や〈悪いサイクル〉をつくりますから、いつもそのことを意識して、〈悪いサイクル〉を〈よいサイクル〉に変えていくようにしてください。

——トレーニング11　〈行動〉や〈自己主張〉をする

もうひとつ、前にも書いたことですが、〈自信〉は〈自己評価〉〈行動〉〈自己主張〉の三つの要素からなり、この三つは互いに関連して、どれかがよくなると、残りのふたつもよくなってきます。したがって、前の〈トレーニング10〉とも関連しますが、〈自己評価〉を高めるには、〈行動〉や〈自己主張〉ができるようになればいいということになります。

では、どうやったら、〈行動〉や〈自己主張〉ができるようになるかということですが、これは次の第13章と第14章で詳しくお話ししますので、ここではそのための準備のトレーニングを紹介します。やり方は簡単。これまで使ってきた〈認知再構成法〉の表の最後に、〈とるべき行動〉、あるいは〈するべき自己主張〉という欄を設けて、何をすべきか書き込むだけです。ポーリーヌという女性を例にとって、一緒に考えてみましょう。

ポーリーヌの場合——夫婦円満のためには私が我慢すべきだ

ポーリーヌは結婚して数年。結婚生活に大きな不満はないのですが、〈自己評価〉が低いため、日常の些細なことでも、自分の主張を夫に伝えられないことがあります。たとえば、給湯器の温度。ポーリーヌはもっと高い温度に設定してもらいたくて、夫にそれとなく何度か伝えているのに、夫はその時は上げても、すぐにもったいないと言って、また低い温度に設定してしまいます。そんなことが何回か続いたあとで、ポーリーヌは夫のやり方に怒りと悲しみがわいてくるのを感じました。そこで、〈認知再構成法〉の表をつくってみたのですが、〈自動思考〉としては、「給湯器の温度を上げてほしいと言ったら、夫は怒りだすだろう。夫婦生活をうまく続けていくためには、自分が我慢しなければいけない」というものでした。けれども、〈適応的思考〉を書きだしているうちに、「温度を上げてほしいと言っても、夫が怒りだすとはかぎらない」とか、「たとえ、夫が怒りだしたとしても、一緒に暮らしているのだから、私の要望も知ってもらっていい」というふうに思いなおしました。そこで、〈認知再構成法〉の表の最後に〈するべき自己主張〉という欄をつくって、「給湯器の設定温度を上げてくれるよう夫に冷静に頼んでみる」という言葉を書きくわえました。**表12－9**はそれをまとめたものです。

ここで大切なのは、この表に〈するべき自己主張〉という欄をつくって、どうするか考えるまで、ポーリーヌは、「そんなことはできない」と思っていたということです。その理由は、ポーリーヌが「夫婦生活をうまく続けていくためには、自分が我慢しなければならない」という形で自分を縛っていたからです。

一般に〈自己評価〉の低い人は、こういった〈思い込み〉に縛られて、〈行動〉や〈自己主張〉を制限している

表12－9　認知再構成法――ポーリーヌの6つのコラム

状況	感情	自動思考	適応的思考	感情の再評価	するべき自己主張
夫がまた給湯温度を下げたので、怒って抗議したら、「君はいつもこうだ。何か気にくわないことがあると、すぐにヒステリーを起こす」と言われた	●怒り 5/10	●夫の言うとおりだ。私はすぐにヒステリーを起こす ●温度を上げてほしいと言ったら、夫は怒りだすだろう ●夫婦生活を続けるには、ここは私が我慢すべきだ （そう思うのは正当　80%）	●夫は給湯温度の問題から離れ、話を私の態度のことにしている ●温度を上げてほしいと言っても、夫が怒りだすとはかぎらない ●夫婦なんだから、私が要望してもいい （そう思うのは正当　80%）	●怒り 2/10	給湯温度を上げてくれるよう、夫に冷静に頼もう

ことが多いものです。もしあなたの〈自己評価〉が低いなら、一日のうちで自分がどれだけ「〜しなければならない」、あるいは「〜すべきだ」と思ったか、数えてみてください。きっとかなりの数になると思います。〈自己評価〉を高くするには、〈行動〉や〈自己主張〉をして、うまくいったという体験を重ねる必要があります。そのためにも、まずは入口のところで〈行動〉や〈自己主張〉を制限している〈思い込みによる縛り〉をなくしましょう。どうしても「〜しなければならない」とか、「〜すべきだ」ということは、めったにないものです。

ということで、いよいよ〈行動〉や〈自己主張〉をするための準備は整いました。次章では〈自信を持てるようにするための三つの鍵〉の第2の鍵として、〈行動するためのトレーニング〉をご紹介します。

第13章　第2の鍵　〈行動〉するためのトレーニング

前章では、〈自己評価〉を高くするための方法についてお話ししましたが、この章では〈行動〉するための実践的な方法をご紹介したいと思います。これまでにもご説明してきたように、〈自信〉を持つためには、〈行動〉することがとても大切です。〈行動〉することによって、〈自己評価〉がさらに高くなり、〈自己主張〉もできるようになっていくというよいサイクルが生まれるからです。

まずは〈行動〉してみよう

初めに、〈自信〉を持つのに〈行動〉がどれほど大切かをわかっていただくために、私のクリニックに相談にいらしたバルバラという女性の話をしましょう。

バルバラは最初、不安でいっぱいの様子で、私のクリニックにやってきました。大学を卒業して翌週から就職することになっていたものの、社会人としてやっていく自信がなかったからです。「来週から働きはじめるのに、仕事のことを何も知らないんです。私なんかにはきっとできません。いっそのこと、働くのはやめにしようかと思うのですが……」バルバラはそう言いました。それを聞いて、私は、「ともかく、やってみたら」と勧め、「それでうまくいかなかったら、また一緒に考えましょう」と言って、バルバラを送りだしました。

さて、それから数週間後のことです。再びクリニックにやってきたバルバラは、すっかり落ち着いていて、顔つきも晴れやかになっていました。「職場の人たちはいつも丁寧に説明してくれます。もう不安はありません。仕事にも一緒に働いている人たちにも慣れました。あんなに不安になる必要はなかったんですね」バルバラは今度はそう言いました。

これはいったいどういうことでしょうか？　バルバラの不安がなくなった原因はなんでしょうか？　そうです。もちろん、実際に〈行動〉したことです。実際に〈行動〉してみて、それなりに結果が出たおかげで、バルバラはほんの少し〈自信〉が持てるようになったのです。

では反対に、あの時バルバラが働くのをやめにしていたら、どうでしょう？　今のような〈自信〉は持てず、最初に感じていた不安だけが残ります。そしてその不安は、この次に何か〈行動〉をしようとした時にも顔をのぞかせますので、バルバラはいつまでたっても「自分に自信が持てない」状態でいることになります。

もちろん、〈行動〉を起こしたら、〈失敗〉する恐れもあります。けれども、〈成功〉する可能性もそれ以上にあって、「まあ、このくらいできたら、いいんじゃない」というのまで〈成功〉に含めれば、ほとんどの場合が〈成功〉になって、そのたびに〈自信〉がつくのです。〈行動〉しなければ、不安なままで、決して〈自信〉はつきません。けれども、〈行動〉さえすれば、〈自信〉がつく可能性が大きくなるのです。また、仮に〈失敗〉したとしても、その〈失敗〉によるダメージはうまくコントロールすることもできますし、〈失敗〉を生かして、次の〈成功〉に結びつけることもできます。そう考えたら、〈行動〉することと、しないことのどちらがいいかは明らかですね。

バルバラは、最初に思い切って〈行動〉の一歩を踏みだした結果、小さな〈自信〉をつけ、それを繰り返すことによって、さらに大きな〈自信〉をつけていきました。何も、初めから大きなことに挑戦する必要はありません。最初はほんの小さなことでいいのです。ともかく、まずは〈行動〉してみること。そうして、そこで〈成功〉や〈失敗〉を繰り返していけば、必ず〈自信〉はついてきます（あとからまた説明しますが、〈行動〉に〈失敗〉はつきものなので、「何があっても失敗してはいけない」と考える必要はありません。〈失敗〉は避けられないものと考えたうえで、あとはうまく〈失敗〉と付き合っていけばよいのです）。

ということで、いよいよここからは、〈行動するためのトレーニング〉をご紹介しましょう。

――トレーニング1　自分の強みを知る

前章でお話ししたように、〈自信〉のない人は〈自己評価〉が低いため、物事をネガティブにしか見ることができず、ポジティブな面が見えなくなりがちです。そのため、自分に数々の優れた面があることもなかなか自覚できないものです。しかし、〈行動〉するためには、まず自分にどういう優れた能力があり、どんな長所があるのかをきちんと自覚することが大切です。

ここで、私のクリニックに相談にみえたジョヴァンニという男性の話を聞いてください。ジョヴァンニは自分に〈自信〉が持てないことに悩んでいました。話を聞くと、自分についてネガティブなことばかり言います。「これまでに人から評価されたことは何かありませんか?」と尋ねてみても、「特にありません」という答えが返ってくるばかりです。

けれども、話を聞いているうちに、ジョヴァンニにはいくつも優れた点があることがわかりました。片親が外国人で、ジョヴァンニ自身も外国で教育を受けたことがあるため、完璧なバイリンガルです。こうした環境のおかげで、周囲への適応能力も高まったと思われます。また、演劇や文学の世界にも詳しくて知識が豊富ですし、ユーモアのセンスも感じられます。それでも本人は「そんなの誰だってそうですよ」と言って、自分はつまらない人間だという態度をくずしません。

おそらく、これはジョヴァンニにかぎった話ではないでしょう。あなたもご自分の能力に気づいていないのではありませんか? でも、あなたにもたくさんの素晴らしい能力や長所があるはずです。あとは、それを自覚して〈行動〉につなげ、〈自信〉を高めていくだけです。たとえば、よい品物をたくさんストックしてあるお店を想像してください。いくらよい品物があっても、それが在庫として放っておかれていたら、何の役にも立ちません。そうならないために〈行動〉するのです。そのために、まずはあなたにどんな素晴らしい在庫があるかを点検してみましょう。ステップは次の三つです。

ステップ1――〈長所〉を自覚する

ステップ2――〈得意な分野〉を自覚する

ステップ3―〈うまくいっていること〉を自覚する

では、ステップ1から始めましょう。

ステップ1―〈長所〉を自覚する

〈自信〉がないと自分の短所にばかり目がいきやすくなり、長所を見つけるのが難しくなりがちです。まずは自分の長所を知りましょう。

最初に、**表13－1**をご覧ください。左側には一般に短所と思われることを、右側にはその対極にある長所を記してあります。それぞれについて、自分に当てはまると思うものを囲み、短所と長所がそれぞれいくつあるかを数えてください。もし、短所の数と長所の数が同じなら、あなたはよい状

表13－1　短所と長所の一覧表

短所	長所
消極的	積極的
不器用	器用
自己中心的	思いやりがある
不正直	正直
意地悪	優しい
やることがいい加減	やることが丁寧
時間にルーズ	時間に正確
あきらめが早い	根気づよい
行儀が悪い	礼儀正しい
神経質	おおらか
心配性	物事に動じない
悲観的	楽天的
優柔不断	決断力がある

態にあると言えるでしょう（長所のほうが多いなら、それはそれで素晴らしいことです！）。でも、もしあなたが自分に〈自信〉が持てないのなら、おそらく短所のほうが多くなっているのではないでしょうか？

さて、大切なのはここからです。実は、もうお気づきかもしれませんが、この表には中間の選択肢というものがありません。いわば、百点か零点かの〈オール・オア・ナッシング〉です。長所の数が少なくなってしまったのは、そのせいだと考えられます。というのも、〈自信〉のない人は「どちらかというと優れている」という程度では、それを長所と認めない傾向があるからです。つまり、自分の長所を過小評価するきらいがあるのです。しかし、たいていの項目はそれほど白黒がはっきり分かれるものではなく、「その中間くらい」とか「ややそう思う」と感じられるのではないでしょうか？　そこで、ご自分の長所をもっとはっきり自覚していただくために、次に同じ項目を使って、ちがった角度からトレーニングをしてみましょう。

今度は、**図13－1**のように、左側の短所と右側の長所との間に項目ごとに横線を引きます。それから、それぞれの項目の直

図13－1　　ステップ1〈長所〉を自覚する

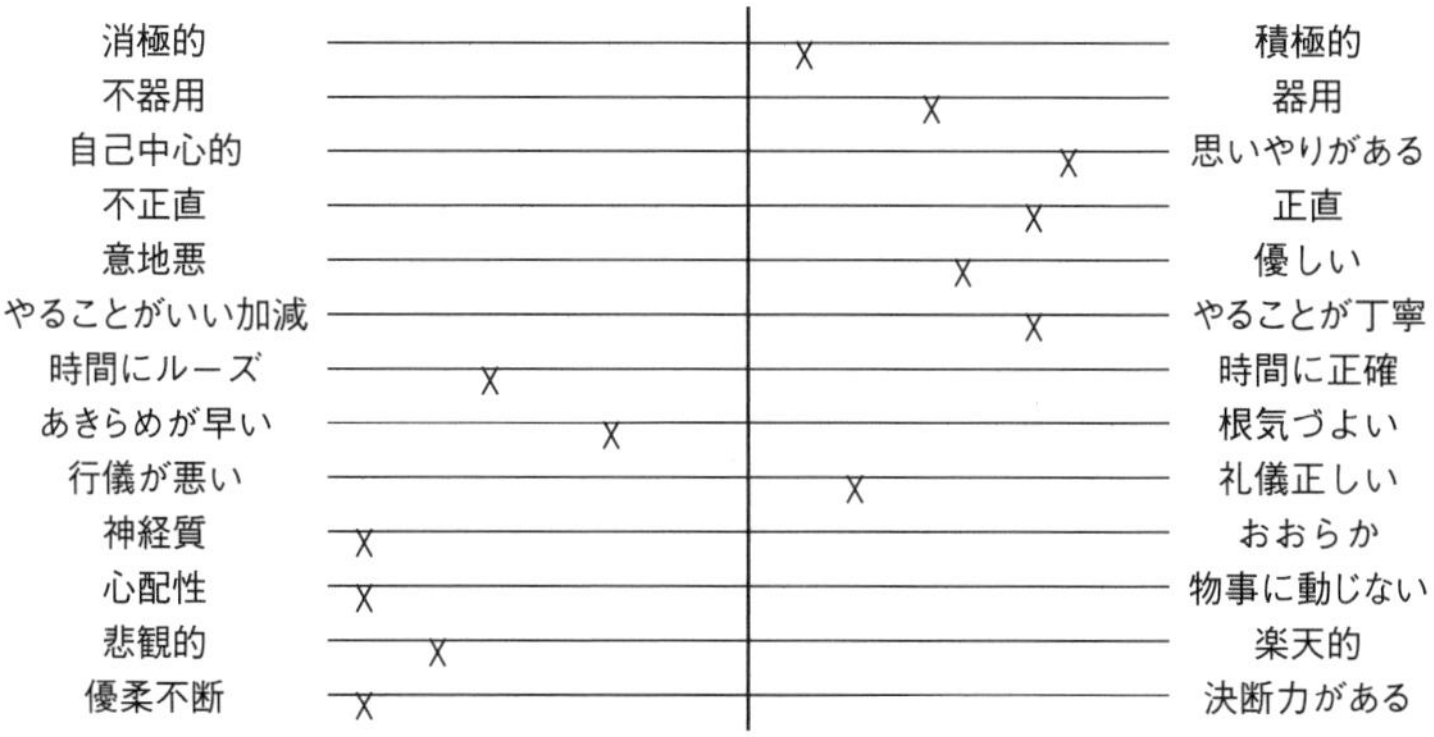

線上の、自分にもっとも近いと思う位置に印《しるし》をつけてください。もし、自分は別に消極的ではないと思えば線の中央やや右あたりに、自分はどちらかというと器用だと思えばある程度右側に、自分はとても思いやりがあると思えばかなり右側、ほとんど右端にそれぞれ印をつける、という要領です。

さて、それぞれの項目に印をつけたら、横線の真ん中で縦に一本、線を引いてください。この線がちょうど「中間」にあたります。それができたら、あらためてこの線の右側に印のついている項目を囲んでみましょう。そう、それがあなたの長所なのです。前のトレーニングと比べて、長所の数が増えたのではありませんか？　ちなみに、長所と短所の項目はもちろんご自分に合わせて変えてくださって結構です。なんといっても、このトレーニングの目的はあなた自身が自分の長所を知ることなのですから！

ステップ2―〈得意な分野〉を自覚する

次に同じようにして、〈得意な分野〉についても考えてみましょう。**図13－2**のように、最初に項目をリストアップして、それから各項目ごとに横線を引き、左側を「苦手」、右側を「得意」とします。項目は、

図 13－2　**ステップ２　〈得意な分野〉を自覚する（例）**

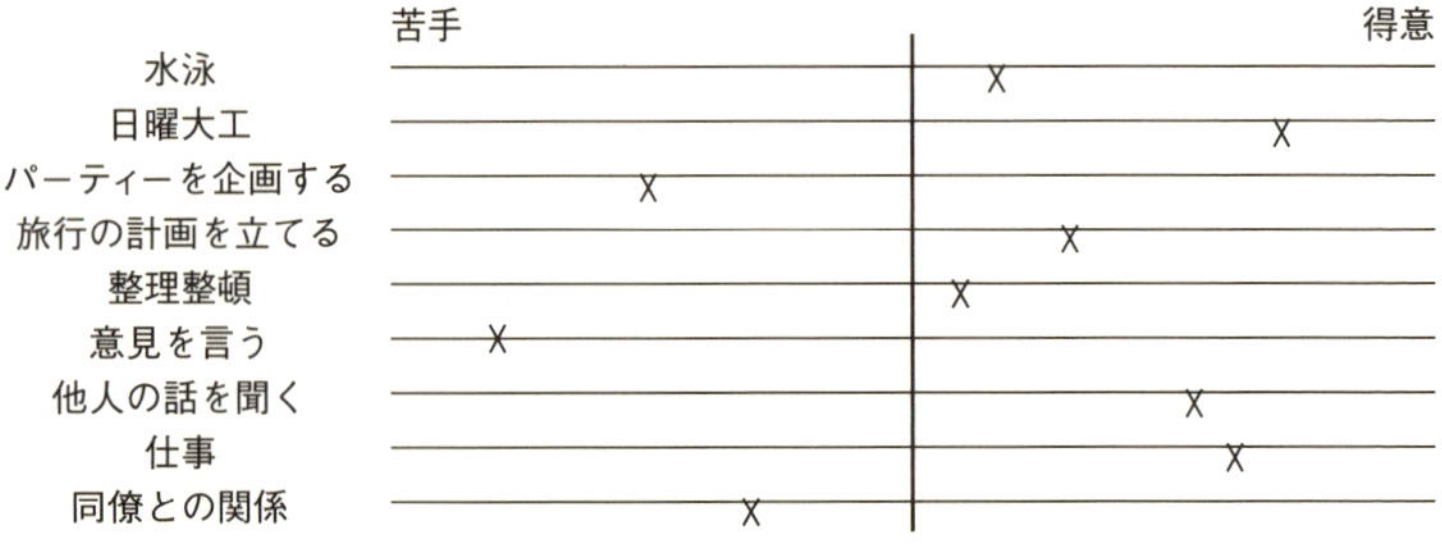

たとえば「水泳」「日曜大工」「他人の話を聞く」というようなものです。ただし、図は一例ですので、ご自分にあった項目を並べてください。そして、〈長所〉のところと同じ要領で、それぞれの項目についてどれくらい得意か苦手か、印をつけていきます。そのあとはやはり真ん中に線を引きます。線より右にあるものがあなたの得意分野になるのです。ここでもやはり思っていたよりも苦手なものは少ないのではないでしょうか？

ステップ3―〈うまくいっていること〉を自覚する

最後に、〈うまくいっていること〉についてもしっかり自覚しておきましょう。最初に、前のふたつと同じように、学業や仕事、夫婦関係や友人関係などいくつかの要素を項目として並べ、横線を引いて、左側を「失敗」、右側を「成功」とします。**図13－3**はその一例です（項目はご自分に合ったものにしてください）。これまでのふたつと同じく、真ん中の線より右が〈うまくいっていること〉になります。

〈うまくいっていること〉を自覚するのはとても大切です。というのも、〈自信〉のない人は往々にして〈うまくいっていないこと〉だけを問題にして、〈うまくいっていること〉のほうは意識しない傾向があるからです。たとえ〈うまくいっていること〉があったとしても、それは「当たり前」

図13－3　ステップ3〈うまくいっていること〉を自覚する(例)

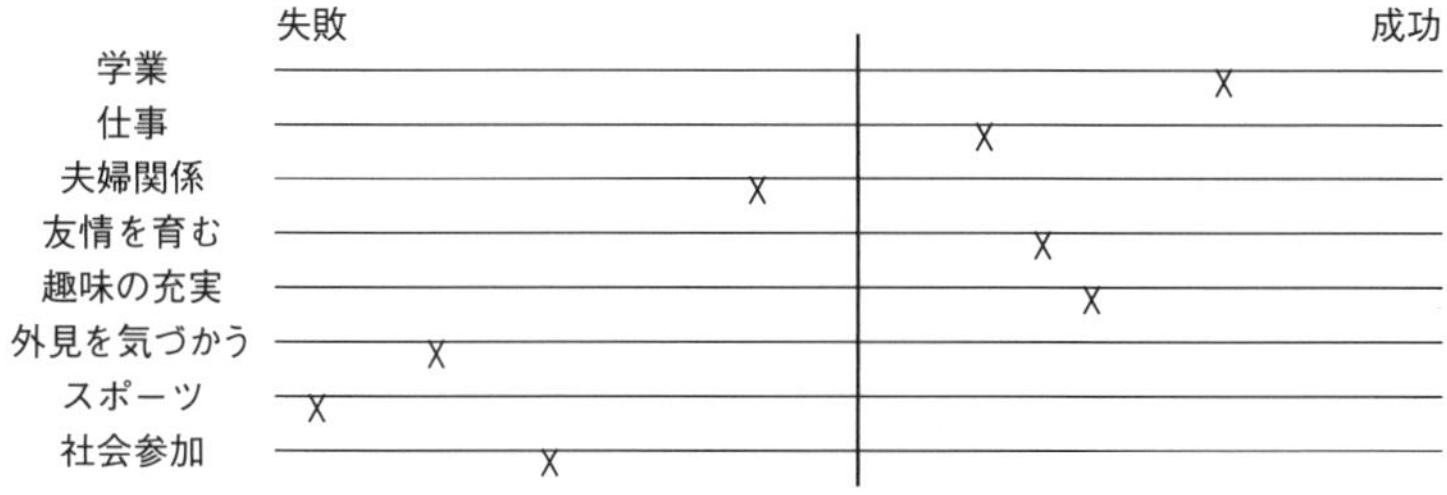

なので気にとめないのです（過去の出来事については、「うまくいった」「うまくいかなかった」として判断してください）。

それから、もうひとつ覚えておいていただきたいことがあります。それは、「うまくいっている」「うまくいっていない」というのも〈オール・オア・ナッシング〉ではないということです。つまり**図13―3**をご覧いただくとどの項目も失敗と成功の間に位置しているように、物事というのは一〇〇パーセント成功、あるいは一〇〇パーセント失敗ということはほとんどないのです。あなたもご自分の経験に照らしてみると、「ある部分では成功した」とか、「どちらかというと失敗した」ということが多いのではないでしょうか？

これについて、さらに実感していただくために、**表13―2**のような表をつくることをお勧めします。項目には、たとえば「昨日作成した資料」とか「モニクとの外出」というように、具体的な行為をリストアップします。それから、それぞれについて、「最悪」「とても悪い」「悪い」「どちらかというと悪い」「普通」「どちらかというとよい」「よい」「とてもよい」「最高」のうち、当てはまると思う位置に印をつけてください。〈自信〉のない人は、

表13－2　〈うまくいったこと〉をより具体的に評価する（例）

	最悪	とても悪い	悪い	どちらかというと悪い	普通	どちらかというとよい	よい	とてもよい	最高
昨日作成した資料				×					
昨日の母との電話		×							
おとといの夕食						×			
今週の運動					×				
モニクとの外出									×

うまくいかないことがあるとすぐに「最悪だ」と思い、「だから自分はダメなんだ」と断定してしまいがちです。けれども、この表に印をつけてみると、「最悪」に当てはまることはそうそうないことがおわかりになると思います。

どんな人にでも、得意な分野や素晴らしいところがあるものです。もしかしたらそれは、面白い話ができる会話の能力かもしれませんし、温かい人柄や笑顔など人間的な魅力かもしれません。さらには、料理や釣り、クロスワードパズルが得意といったことなのかもしれません。まわりに耳を澄ませてください。きっとこんな声が聞こえてくるはずです。「歴史のことならピエールだ。あの人に答えられないことはないよ！」「アルチュールの日曜大工の腕前はプロ並みだよ」「ルイとフライフィッシングに行ってごらん。すごく楽しいから！」「車の調子が悪いんだって？　それならジャン＝ピエールに見てもらうといいよ。とっても詳しいんだ」「居間の模様替えをするなら、マルティーヌに相談してみて。すごくセンスがいいから」

さあ、あなたの長所を探しましょう。

——トレーニング2　まわりの人にあなたのよいところを聞いてみる

次に、一歩踏みこんで、まわりの人が自分のことをどう評価しているかを尋ねてみましょう。もちろん、答えてもらうのは、あなたのことを評価してくれている人、あなたが信頼できる人、そして質問に答えることに同意してくれた人にかぎります（もし頼んだ人が気まずく感じている様子でしたら、無理強いしないようにしましょう）。

方法は簡単です。先ほどの〈長所〉や〈得意な分野〉の図を見せて、当てはまると思うところに印をつけてもらいます。そして、書いてある項目以外にも、あなたの〈長所〉や〈得意な分野〉があると思った時には、それも書き加えてもらうのです。

このトレーニングをすることで、あなたの〈長所〉や〈得意な分野〉がいっそうはっきりするでしょう。また、自分では気がつかなかった〈長所〉や〈得意な分野〉を知ることができるかもしれません。さらに、ほかの人が思う〈あなたという人物像〉は、聞く相手によってちがってくるということもおわかりになるかもしれません。それはつまり、他人の評価というのは、評価する人によってちがってくるということです。したがって、特定の人の悪い評価だけを基準に「自分は取り柄のない人間だ」と決めつける必要はまったくないのです。

ちなみに、「自分は取り柄のない人間だ」「ダメな人間だ」という思い込みが強いと、なかなか〈行動〉に踏み切れないものです。もし、その思い込みのせいで〈行動〉できないなら、第7章や前章で紹介した〈認知再構成法〉がとても役に立ちます。ここでは、ジュリーという女性が行なったものを紹介しておきましょう。**表13-3**の〈5つのコラム〉をご覧ください。

ジュリーは、友人から集まりに招待されましたが、「自分なんかが参加していいのだろうか？」と迷っていました。自分自身にネガティブなイメージを強く持っていたので、自分には招待される価値がないと思い込んでいたのです。そこで、私はジュリーに「どうして友だちが招待してくれたと思いますか？」と尋ねました（ちなみに、ポジティブな答えを見つけるには、このように「どうして～は～してくれたのか？」という形の質問がいいでしょう。ご自身で問いかける時も、「どうして、あの人はずっと友だちでいてくれるのか？」とか「どうして、皆は私をリーダーに選んでくれたのか？」というような形で質問するようにしてください）。さて、ジュリーは私の質問に答えているうちに、「友だちが招待してくれたということは自分に会いたいからだ。つまり、友だちは自分のよいところを認めてくれているのだ」と考えられるようになりました。そうして、集まりに参加することを決めました。つまり、〈行動〉に踏み切ることができたのです。

〈自信〉がないと、つい自分の心がささやくネガティブな声ばかり聞いてしまいます。でも、耳を澄ませばほかの人はあなたを褒めたり、評価したりしてくれているのです。そういったポジティブな声にぜひ気づいてください。それも〈行動〉の力になります。

表13－3　認知再構成法――ジュリーの5つのコラム

状況	感情	自動思考	適応的思考	感情の再評価
友だちがグループの集まりに招待してくれた	●不安 ●心配 6/10	●気のきいた会話などできない ●私は一緒にいて楽しいタイプではない	●友だちが招待してくれたのは、自分に会いたいからだ。つまり、「一緒にいて楽しい」と思ってくれているのだ ●友だちは自分のよいところを認めてくれている	●不安 ●心配 3/10

〈状況〉は、いつ、どこで、何が起こったのか、誰と一緒にいたのか、具体的に書く。
〈感情〉は、その時の気持ちを書いて、その程度を10段階で評価する。
〈自動思考〉は、その時に頭に浮かんだ考えを思い出して、正確に書く。
〈適応的思考〉は、その状況にふさわしい、よりポジティブな考えを書く。
〈感情の再評価〉は、〈適応的思考〉にもとづいて、その時の気持ちを再評価する。

——トレーニング3　うまくできたことをメモする

これまでお話ししてきたように、〈自信〉が持てないでいると、自分のことを悪く見がちになります。その状態は、**図13－4**のような〈はかり〉をイメージしていただくとわかりやすいかもしれません。はかりの＋《プラス》の皿には、日常生活のなかでうまくいったことや、よかったと思えたことなど、ポジティブにとらえたすべての事柄が、－《マイナス》の皿には、反対にうまくいかなかったこと、ダメだと思ったことなど、ネガティブにとらえたすべての事柄が載っていると思ってください。

図を見れば一目瞭然ですが、〈自信〉のない状態というのは、要するに〈はかり〉のマイナスの皿のほうが重い状態なのです。〈自信〉を取りもどすためには、この〈はかり〉を釣りあいのとれた状態に戻さねばなりません。それには、プラスの皿に載せる材料を増やすこと、つまり日常生活でうまくいったことやよかったことを意識することか

図13－4　自信のはかり

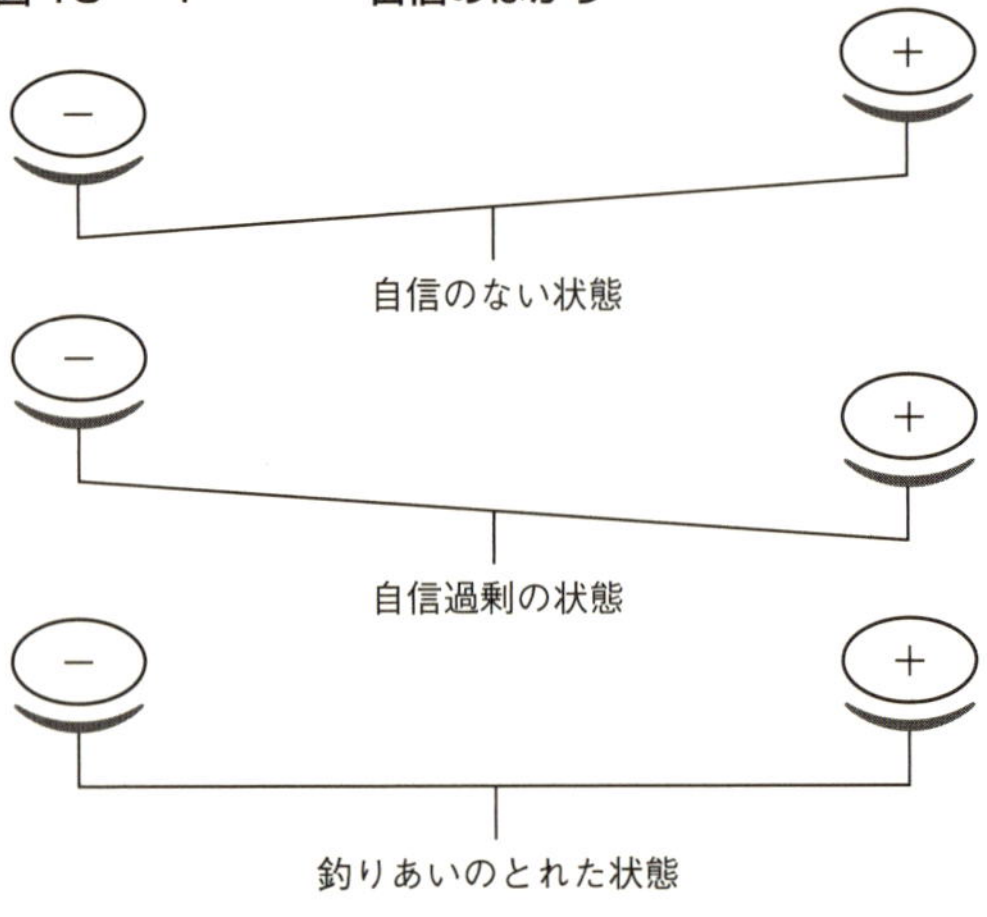

ら始めましょう。そのためには、ポジティブな事柄をメモしていくことをお勧めします。毎日、あなたがうまくできたことやよかったと思ったこと、ほかの人からの褒め言葉などポジティブな事柄を、一週間メモしてください。そしてそのメモを毎晩、週末には一週間分を読みかえしてみてください。

読みかえしていくうちに、気持ちが楽になっていくだろうと思います。また、自分が誇らしくなってくるでしょう。もしかしたら、ちょっとうぬぼれているようで気恥ずかしくなるかもしれません。しかし、そこには実際にあったことしか書かれていないのです。自分のよいところを堂々と認めようではありませんか。

以上、1から3の三つのトレーニングによって、あなたが持っている素晴らしい能力がはっきり自覚できたと思います。あなたは〈自信〉を持つための材料をすでにたくさんお持ちなのです。これは〈行動〉するための大きな原動力になります。次項からは、いよいよ実際に〈行動〉に移すトレーニングに入りましょう。

トレーニング4　決断する

「そろそろテレビを買いかえたほうがいいだろうか？」「引っ越ししたほうがいいだろうか？」など、日常生活では決断しなければならない場面が無数にあります。決断することは〈行動〉するためには欠かすことのできない、いわば土台です。しかし、第9章の思い込み5「いつも正しい決断を下さなければならない」でも書いたように、〈自信〉がないとなかなかその決断ができません。そこで、〈行動〉の第一歩としてまずは〈決断する〉ためのトレーニングをご紹介したいと思います。ここで第9章のソニアに再び登場してもらいましょう。

ソニアの場合――些細なことも決断できない

ソニアは花瓶やパソコンを選ぶなど、日常の些細なことでもなかなか決断できませんでした。もし、あなたにも「いつも正しい決断を下さなければならない」という思い込みがあるなら、「私はとても優柔不断で、何ひとつ決められないんです」というソニアの言葉は、他人事とは思えないのではないでしょうか。

ソニアのように決断することがとにかく苦手という人には、トレーニングとして、次の五つのステップを踏むことをお勧めします。

ステップ1―決断しなければならないことをリストアップする
ステップ2―それぞれの項目を点数化して、決断する項目をひとつ決める
ステップ3―決めた項目について選択肢をあげてみる
ステップ4―それぞれの選択肢についてメリットとデメリットをあげ、点数化する
ステップ5―メリットの合計からデメリットの合計を引き算し、総合点がいちばん高い選択肢を実行する

では、それぞれのステップについて、具体的に見ていきましょう。

ステップ1──決断しなければならないことをリストアップする

まず、あなたが今、下さなければならない決断をすべてリストアップします。プライベートに関するものも仕事上のものも、全部書きだしてみてください。

ステップ2──それぞれの項目を点数化して、決断する項目をひとつ決める

次に、リストアップした項目のそれぞれに点数をつけていきます。**表13－4**のように、「その決断を下すのがどれくらい難しいか」についてと、「失敗した時の深刻さ（やり直しがきくかどうか、自分やまわりにどれくらい影響するかなど）」について、0点から100点の間で点数化してください。それぞれに点数をつけたら、ふたつを足して合計点を出します。そして、リストアップした項目のなかでいちばん合計点の低い〈決断すべきこと〉について、決断を下すことにします（そのほかのものも、いずれ決断を

表13－4　決断すべきことを点数化する（ソニアの例）

	決断の難しさ 0～100点	失敗時の深刻さ 0～100点	合計
タイマー予約機能のついたコーヒーメーカーを買うか、タイマー予約機能のないコーヒーメーカーを買うか	60	5	65
夏休みを過ごす2つの候補地のうち、どちらに行くか	70	15	85
雇用契約の変更に応じるか	80	50	130
もっと広いマンションを買うか	90	70	160

下さなければならないと思いますが、これはトレーニングなので、いちばんやりやすいものを選びます)。

ソニアの場合は「タイマー予約機能のついたコーヒーメーカーを買うか、それともタイマー予約機能なしのものでいいか」が四つの項目のなかでいちばん点数が低かったので、これについて決断することにしました。

ステップ3—決めた項目について選択肢をあげてみる

何について決断するかを決めたら、次に、どういう選択肢があるかを考えてみましょう。たとえば、ソニアの「コーヒーメーカーを買う」という決断の場合は、次の三つの選択肢が考えられました。

——選択肢1　タイマー予約機能のついたコーヒーメーカーを買う

——選択肢2　タイマー予約機能のないコーヒーメーカーを買う

——選択肢3　コーヒーメーカーを買わない

ステップ4—それぞれの選択肢についてメリットとデメリットをあげ、点数化する

選択肢を考えたら、今度は**表13-5**のようにそれぞれの選択肢について思いつくだけメリットとデメリットをあげ、その大きさを一〇〇点満点で点数化します。

ステップ5―メリットの合計からデメリットの合計を引き算し、総合点がいちばん高い選択肢を実行する

メリットとデメリットそれぞれの点数を合計し、メリットの合計からデメリットの合計を引いてください。そうして出た総合点のうち、いちばん点数の高い選択肢がいちばんメリットの大きいものということになりますので、それを実行します。ソニアの場合は選択肢1「タイマー機能のついたコーヒーメーカーを買う」が170－60＝110となり、もっとも総合点が高くなりましたので、タイマー機能のついたコーヒーメーカーを買うことにしました。

以上のように五つのステップに分けて決断していくというのは、決断することがとにかく苦手という人にはとても効果的な方法です。さらに、これらのステップに加えてもうひとつ、実際に決断を行動に移したあとでもう一度、その決断がどれくらい難しかったか、失敗したらどれくらい

表13－5　メリットとデメリットの点数化（ソニアの例）

選択肢	メリット	合計	デメリット	合計	総合点
①タイマー機能つきのコーヒーメーカーを買う	●朝、コーヒーを入れる手間がはぶける（90） ●目が覚めたらコーヒーの香りがする（80）	170	●値段が高い(60)	60	110
②タイマー機能のないコーヒーメーカーを買う	●値段が安い(60)	60	●朝、忙しい時にコーヒーを入れる手間がかかる(80)	80	－20
③コーヒーメーカーを買わない	●悩まなくてすむ(30)	30	●おいしいコーヒーが飲めない(90)	90	－60

深刻かを点数にして合計してみることもお勧めします（ステップ2と同じ要領です）。〈行動〉する前に比べて、実際に〈行動〉したあとのほうが点数が下がっているのがおわかりいただけると思います。

ちなみに、何か特定のことについて決断しなくてはならない時は、ステップ3から始めてください。これについては、ラシェルという女性の例を紹介したいと思います。

ラシェルの場合

ラシェルは三十二歳の女性で、夫と子供とともにリヨンで暮らしています。〈自信〉がなくて日頃から決断ができないことに悩んでいたため、私のカウンセリングを受けにきていました。ところがある日、夫が翌月の十二月にグルノーブルに転勤することになったため、ラシェルは十二月に夫とともにグルノーブルに引っ越すか、それとも子どもの学年末にあたる来年七月までリヨンに残るかを決断しなければならなくなりました。ラシェルの話を聞いていると、来年七月まで残って、あとから引っ越したほうがいいと思っているようでした。しかし、夫のいないリヨンに残るのは不安でたまらないし、六カ月間もひとりで子どもの面倒をみる〈自信〉がないので、なかなか決断できないと言います。そこで私は、ラシェルが決断できるようにするために、前述のステップ3から5の手順を踏むように勧めました。ラシェルの場合、選択肢は次のふたつです。

――選択肢1　十二月に夫とともにグルノーブルに行く

――選択肢2　来年の七月にあとからグルノーブルに行く

次に、ふたつの選択肢についてメリットとデメリットをあげてもらい、それぞれに点数をつけてもら

表13－6　メリットとデメリットの点数化（ラシェルの例）

選択肢	メリット	合計	デメリット	合計	総合点
①12月に夫とともにグルノーブルに行く	●家族一緒に暮らせる（60） ●何かあっても夫がいる（60） ●私が働く必要がなくなるので、子どもの世話に専念できる（40）	160	●学年の途中で転校しなければならない（90） ●至急マンションを売って、急いで引っ越さなければならない（60） ●急いで転居先を探さなければならない（60） ●カウンセリングに通えなくなる（80） ●もし夫が新しい職場になじめなければ、引っ越しても無駄になる（90） ●限られた期間に、たくさんの煩雑な手続きをしなければならない（20）	400	－240
②来年7月にあとからグルノーブルに行く	●子どもたちが、学年末まで今の学校に通える（90） ●十分時間をかけて引っ越しの準備ができる（80） ●カウンセリングを続けられる（80） ●マンションをもとの状態にリフォームしてからあけわたせる（20） ●私と子どもが引っ越す前に、夫が新しい環境でやっていけるか、見極めることができる（90）	360	●仕事をしながら子どもの世話をひとりでやっていけるか心配だ（60） ●子どもたちが補習授業で学校からの帰りが夜になる日など、手持無沙汰に感じるだろう（80） ●自動車がなくなるので、移動手段が減る（20） ●平日はひとりで子どもの世話をしなければならない（20）	180	180

いました。結果は、**表13－6**のように、「十二月に引っ越す」ほうの総合点はマイナス240点、「来年七月に引っ越す」ほうはプラス180点となり、来年の七月に引っ越すほうがメリットがかなり大きいことがわかりました。こうして、ラシェルは来年七月に子どもと一緒にあとからグルノーブルに行くことに決めたのです。

――トレーニング5　目標は身近なところに設定する

第8章の思い込み4「何事も完璧にやらなければならない」のところでもお話ししましたが、あまりにも高いところに目標を設定してしまうと、せっかく〈行動〉しても、なかなかそれを達成することができないので、〈自己評価〉が下がり〈自信〉を持つことが難しくなります。ですから、「目標を達成したという成功体験をして〈自信〉をつける」ためにも、〈行動〉する時は短期間で実現できそうな身近な目標を設定することが必要です。

たとえば、二十歳の女子学生、アレクシアは完璧主義のせいで、これまで一度も試験の結果に満足したことがありませんでした。つまらない点数を取るくらいなら試験用紙を白紙で提出したほうがいいとさえ言うのです。

「中途半端な点数を取るくらいなら、零点のほうがまだましです。自分の目標にしている点数が取れなければ意味がないんです」

そんなアレクシアですから、テスト以外のことにも非常に高い目標を掲《かか》げていました。以下がその目標です。

――博士号をとる
――有名な大学教授になる
――同僚から一目置かれる存在になる
――結婚したら理想的な夫婦になり、子どもを四人産む
――さまざまな文化を知るため、未開の土地も含めて世界じゅうを旅行する

いかがでしょう？　壮大な目標が並んでいますね。もちろん、大きな目標を掲げることは成長のためには必要です。その目標に向かってコツコツ進んでいけるなら、それで何も問題ありません。ただし、アレクシアの場合は、この目標設定に問題がありました。というのは、途中で少しでも思いどおりにいかないことがあると、すぐに「自分はダメだ」と思って投げだしてしまうからです。つまり、〈行動〉を途中でやめてしまうのです。これではどんな目標を掲げても、必ず失敗に終わります。なにしろ、途中でやめてしまうのですから……。その結果、すでに「博士号をとって」「有名な大学教授」になるのは、半分あきらめています。これまでの試験の結果が自分の思ったとおりではないので、これ以上がんばってもしかたがないと思われたからです。

もしこのやり方を続けるなら、アレクシアはほかの目標についても、途中であきらめてしまうでしょう。これは目標があまりに大きすぎて、なかなか結果が出せないせいで――つまり、成功体験が得られないせいで、途中で少しでも思いどおりにいかないことがあると、すぐに気持ちがくじけてしまうから

です。

そこで、私はもっと早く結果を出して――つまり、成功体験をして〈自信〉をつけてもらうために、アレクシアには手の届く目標、実現しやすくて具体的な目標をあげてもらいました。あらたに設定した目標は次のとおりです。

――ヒマラヤに行く時に備え、今年の夏、ロック・クライミングをする

――ジープを運転するため、運転免許を取る

――幅広い教養を身につけるため、前から興味のあった海外の書籍をインターネットで取り寄せて読む

――将来の夫になるかもしれない彼に、来週、プレゼントをする

――博士号をとって、大学教授になるため、今年の試験でなるべくよい成績をとる

いかがですか？　今度は少しがんばれば実現できそうですね。こんなふうに、〈行動〉する時は、身近で現実的な目標を設定することが大切です。その成功体験によって達成感が得られ、〈自信〉につながるのです。そして、それに成功すれば、さらに大きな目標の実現に向かって〈行動〉できるでしょう。

――トレーニング6　失敗とうまく付き合う

次は〈失敗〉に関するトレーニングです。最初に言ったように、〈自信〉をつけるためには〈行動〉

が必要ですが、〈行動〉には〈失敗〉がつきものです。そこで、〈行動〉をするのであれば、「失敗とうまく付き合う」トレーニングが必要になるのです。

　ということで、「失敗とうまく付き合う」ために、まずは「失敗に対する恐れを小さくする」トレーニングをご紹介しましょう。というのも、〈自信〉のない人が〈行動〉できない大きな要因は、「失敗を恐れること」だからです。しかし、**図13－5**にあるように、失敗を恐れて〈行動〉しないでいると、失敗に慣れていないため、ますます失敗を恐れ、ますます〈行動〉できなくなる、という悪いサイクルに陥ります。それでは〈行動〉による成功体験も得られないため〈自信〉もつきません。

思考トレーニング
——失敗しても大丈夫だと考える

　そこで、〈行動〉しやすくするために、まずは「失敗に対するネガティブな考え」、つまり「失敗に対する自動思考」を「もっと客観的でポジティブな考え」、つまり「適応的思考」に変えていきましょう。たとえば、「失敗するのは、自分がダメな人間だからだ」

図13－5　失敗の恐怖が〈行動〉にもたらす悪循環

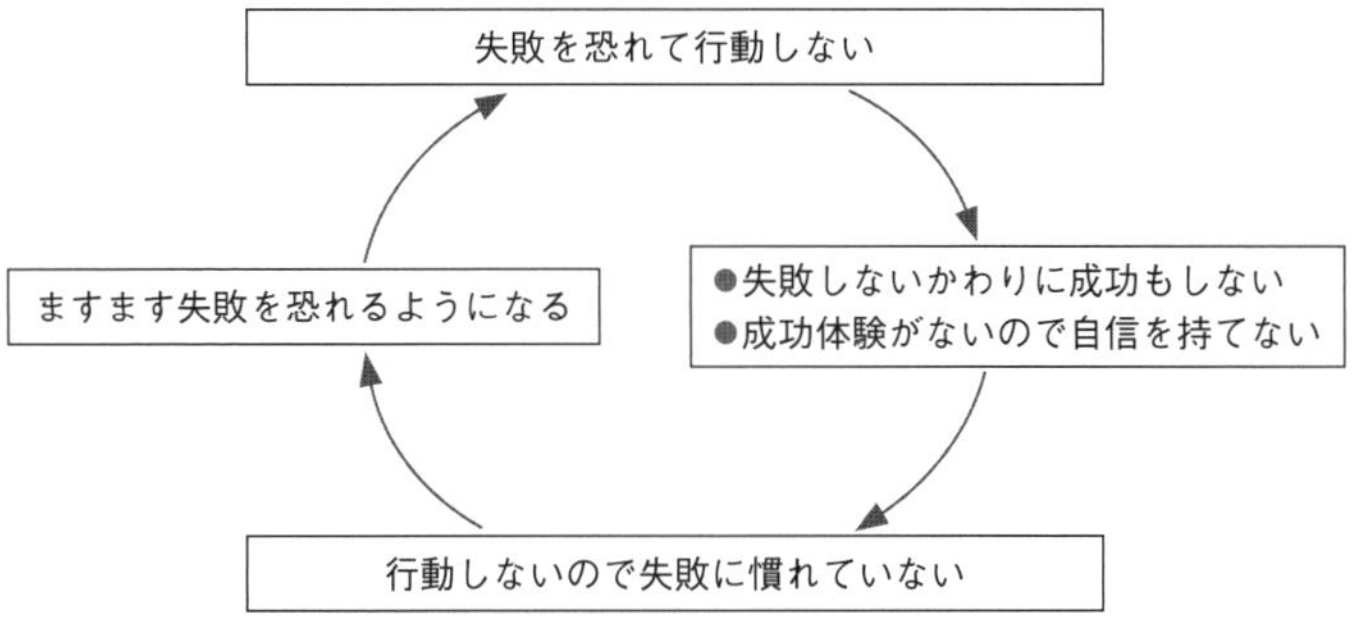
失敗を恐れて行動しない
●失敗しないかわりに成功もしない
●成功体験がないので自信を持てない
行動しないので失敗に慣れていない
ますます失敗を恐れるようになる

と思い込んでいるなら、「どんなに優秀な人でも失敗することはある」というふうに、あるいは、「仕事で一度でも失敗するとダメな社員だと思われるだろう」と思い込んでいるなら、「大切なのはミスを最小限にとどめることで、それができたことを評価すべきだ」というふうに考えてみるのです。

また、もしあなたに「失敗したら取り返しがつかない」という思い込みがあるなら、ちょっと考えてみてください。たとえ何かミスをしたとしても、そのあとでフォローすれば、たいていのことはなんとかなるのではありませんか？ つまり、「たいていの失敗は挽回可能」なのです。そうすると、「失敗したら取り返しがつかない」という思い込みは「たいていの失敗は挽回可能だ」という適応的思考に変えることができますね。

さらに、「失敗は成功のもと」という言葉もあるように、失敗から学べることもたくさんあります。私たちは失敗をすると、その原因を分析したり、二度と同じ失敗を繰り返さないためにやり方を変えようとするなど、物事を前向きに進めようとします。つまり、失敗は成功の糧《かて》になるのです。誰だって最初から失敗したいとは思いません。それでも、失敗覚悟でとにかく〈行動〉してみることで、

表13－7　失敗に対する自動思考を適応的思考に変える

自動思考	適応的思考
失敗したら許してもらえないだろう	私を評価してくれている人なら、完璧にできなくても許してくれるだろう
失敗するのは自分がダメな人間だからだ	どんなに優秀な人でも失敗することはある
仕事で一度でも失敗するとダメな社員だと思われるだろう	大切なのはミスを最小限にとどめることで、それができたことを評価すべきだ
失敗したら取り返しがつかない	たいていの失敗は挽回可能だ
失敗にはマイナス面しかない	失敗には次への糧になるというプラスの面もある

将来の成功につながり、それが〈自信〉を深めることにもつながるのです。

とはいえ、失敗に慣れていない人がいきなり大きな失敗をすると、心理的なダメージが大きすぎるでしょう。まずは失敗に慣れるという意味で、失敗した時のリスクが小さいものに挑戦してみましょう。次にあげるのは、そのためのトレーニングです。

行動トレーニング――失敗した時のリスクが小さいものに挑戦してみる

このトレーニングをするには、当然のことながら、その失敗のリスクが小さいということがわかっていなければなりません（小さいとわかっているから、安心して〈行動〉に移せるのです）。そこで実際に〈行動〉する前に、まず、それに失敗した時のリスクがどれくらいあるのかをあらかじめ見積もってみましょう。この先、何か〈行動〉した時に予想される失敗を具体的なリストにして、その深刻さを一〇〇点満点で点数化するのです。そして、そのなかでいちばん点数の低いものをまず〈行動〉に移してみるといいでしょう（いずれ、点数の高いものにも挑戦しなければならなくなると思いますが、これはトレーニングなので、まず点数の低いものからやってみるのです）。

このトレーニングについては、ダヴィッドという男性の例をご紹介しましょう。ダヴィッドは失敗を恐れるあまり、なかなか〈行動〉に踏み切れないことに悩んでいました。そこで、私はダヴィッドに〈行動〉したらどういう失敗をしそうかを具体的にあげてもらい、その深刻さに点数をつけてもらいました。それが**表13−8**になります。この表をご覧いただくとわかるように、ダヴィッドの場合、恋人のリュセットへのプロポーズに失敗して断られた時、その深刻さは100と最大です。それに比べて、新しくパソコンを購入したあとで使い勝手が悪いとわかった時、失敗の深刻さは50と半分になっています。さらに、コーヒーについて知らないせいでまずい豆を買った場合、予想される深刻さは10とかなり低くなっています。これはつまり、予想される失敗のなかでいちばん小さい失敗は「コーヒーについて知らないせいでまずい豆を買う」ということなので、ダヴィッドが〈行動〉のトレーニングをするなら、コーヒー豆を買うことから始めるのがよいということです。そうすれば、失敗しても打撃が少なくてすむからです。

「小さな失敗を経験する」というのは、いわば予防接種のようなものです。予防接種では身体に少量のウィルスを接種して免疫をつくり、いざ感染した時に備えますが、失敗についてもこれと同じことが言えます。日々小さな失敗を経験しておくことで、失敗に対する免疫がつくられるのです。そうやって失敗への免疫ができれば、いつか大きな失敗をした時も、その失敗を受けとめ、あるいは乗りこえて、将来に生かすことができるようになるでしょう。そうなったら、〈失敗〉をさほど恐れることなく、安心して〈行動〉できるようになります。

表13－8　ダヴィッドが予想した失敗とその深刻さ

予想される失敗	失敗した時の深刻さ
コーヒーについて知らないせいで、まずい豆を買う	10
新しく職場に来た同僚の名前をまちがえる	20
新しく買うパソコンの使い勝手が悪い	50
発言中にしどろもどろになる	80
マンション購入に失敗する	90
リュセットにプロポーズを断られる	100

行動トレーニング——わざと失敗する

このほかに、ダヴィッドには、「実際にわざと失敗してみる」というトレーニングもしてもらいました。というのは、ダヴィッドには「失敗すると取り返しのつかないことになる」という思い込みがあったので、失敗すると本当に取り返しのつかない結果になるかどうかを試してみたのです。

たとえば、パソコンのサービスカウンターにパソコンのことが何ひとつわからないふりをして電話をかけてみました。電話をする前、ダヴィッドはあまりに無知だとオペレーターに馬鹿にされるんじゃないだろうかと心配していましたが、実際には馬鹿にされるどころか親切に説明してもらえました。また、テニスのダブルスの試合で、ミスショットを連発したらパートナーが腹を立てるかどうか確かめるために、わざとミスを続けるということもしてみました。けれども、パートナーは腹を立てるどころか、「大丈夫。気持ちを切り替えよう」と励ましてくれました。そのほか、家族の集まりでわざとトンチンカンなことばかり言って、ダメなやつだと思われるかどうかも確かめてみました。しかし、皆は「冗談ばかり言っている」と笑うだけで、決して「ダメなやつだ」と非難したりしませんでした。

どうでしょう？　ダヴィッドにならって、あなたもわざと〈失敗だと思うようなこと〉をやってみると、「世の中には思っていたほど、取り返しのつかない失敗などない」ことがおわかりになると思います。むしろ「失敗しようと思っても、なかなか失敗にはならない」のが普通なのです。

これに関してもうひとつ。ここまで、私は単に「失敗と成功」というふうにお話ししてきましたが、前にも書いたように、世の中には〈完全な失敗〉や〈完全な成功〉はありません。ほとんどの事柄は、その中間にあると考えられます。ですから、たとえ「失敗だ」と思ったとしても、それが失敗と成功の間のどのあたりに位置するか、客観的に判断してください。それには**図13―3**や**表13―2**が参考になると思います。

――トレーニング7　イメージトレーニングをする

どうでしょうか？　ここまで読んでいただければ、あなたにもだいぶ〈行動〉する気持ちができてきたと思います。ただ、それでも、まだあなたは〈行動〉をためらっているかもしれません。そんな時は、イメージトレーニングをしてみましょう。〈行動〉したらどんなことが起きるか、どんな会話が交わされるかをあらかじめイメージしておくのです。それによって、自分が何をどう言うべきかなどを、前もって練習することができます。

エレーヌの場合――昇給を交渉する

最初に私のクリニックにいらしていたエレーヌという女性の例を紹介しましょう。エレーヌは上司に昇給の交渉をしたいと思っていましたが、実際に交渉する前に、次のようなイメージトレーニングを行ないました。

私　まず、上司とはどこでどんなタイミングで話したらよさそうですか？

エレーヌ　上司の部屋にひとりで話しにいくのがいいと思います。上司があまり忙しくなさそうな時に……。そうですね、金曜日の午後一番なんかがいいかもしれません。その時間はわりと暇なので、よく一緒にコーヒーを飲むんです。

私　では、どんなふうに話を切りだしますか？

エレーヌ　話はその週のまとめ、それもよかったことから話すのがいいと思います。それから、私の今年の就業時間がどれくらいかということと、前回の昇給からずいぶん時間がたっているということを話します。その上で、給料を上げてほしいとストレートに頼むんです

こう答えたあと、エレーヌは微笑んで言いました。

「なんだか、これだけでもう、うまくいくような気がしてきました」

ジョナサンの場合――不良品を交換してもらう

次に、ジョナサンという男性の例も紹介しましょう。ジョナサンは、購入したCDが不良品だったので、お店に行って交換してもらわなければと思っていました。しかし、内気な性格のため、いまだに交換に行くことができずにいました。そこで、私と一緒にイメージトレーニングをしてみました。

私　いつお店に行ったらよさそうですか？

ジョナサン　たぶん、土曜日の午後には行かないほうがいいと思います。お客さんがたくさんいるから……。だとしたら、金曜日もまずいな。手間どったら、ほかのお客さんに迷惑がかかるかもしれないし……。そうだ、月曜日の午後はそんなに混んでいないから、月曜日の午後に行くのがよさそうです。

私　お店に入ったら、どんなふうに交換を頼みますか？

ジョナサン　ごく自然な感じで、「この前買ったＣＤが不良品だったので、交換してもらえますか？」と頼んでみようと思います。

このあとジョナサンは実際にお店に行って、無事ＣＤを交換することができました。

実際、〈行動〉する前にこうしたイメージトレーニングをしておくと、大変心強いものです。自分がどのように振舞えばよいか、また、どんな失敗をする可能性があるかを前もって体験することができるからです。また、イメージトレーニングでしたら、うまくいかないところを繰り返し練習することもできます。

しかし、言うまでもないことですが、イメージトレーニングだけで満足していてはいけません。イメージトレーニングはあくまで〈行動〉の準備であり、大切なのは実際に〈行動〉することです。まだなんの〈行動〉も起こしていないうちにすべてを準備することはできません。〈行動〉すると、あらたな状況が生まれてきますから、それに合わせて、あらたにイメージトレーニングをするのです。そうして、イメージトレーニングができたところで、もう一度〈行動〉を起こしてください。〈行動〉してはイメージトレーニングをして、あらたな事態に対処していく——それを繰り返すことで、より〈行動〉が起こしやすくなるのです。

ただし、実際に〈行動〉した時には、自分のイメージどおりに事が運ぶとはかぎりませんので、相手の反応まで細かくイメージするのはやめましょう。だいたい、どんな展開になりそうか、だいたい相手がどんなことを言ってきそうか、いくつかのパターンを想定するにとどめて、何よりも、「自分が行動を起こす」イメージを大切にしてください。

トレーニング8　〈行動〉を先延ばしにしない

さて、こうしてだいぶ〈行動〉する気になったとしても、いざとなると、つい〈行動〉を先延ばしにしてしまうこともあるかもしれません。そこで、次はそんな人のためのトレーニングをご紹介しましょう。このトレーニングは、次のステップを踏んで行なってください。ステップは四つです。

ステップ1—〈行動〉すべきことをリストアップして、やれるものはやっていく
ステップ2—やれなかった〈行動〉のメリットとデメリットを書き出す
ステップ3—時間を区切って少しずつ前に進む
ステップ4—〈行動〉の前と後で、その〈行動〉の大変さと満足度を比べてみる

では、具体的にご説明しましょう。

ステップ1——〈行動〉すべきことをリストアップして、やれるものはやっていく

まず、しなければならないことをすべてリストアップしてみます。そして、簡単にできそうなことからやっていきます。

ステップ2——やれなかった〈行動〉のメリットとデメリットを書きだす

ステップ1でリストアップしたことを簡単なものから順番に〈行動〉に移していくと、残ってくるのは〈行動〉するのが難しく、取りかかるのに気力を要するものということになると思います。たとえば、残ったもののなかに、〈ガレージを片づける〉という項目があったとします。これは「散らかりすぎているから大変だ」とか、「重い物があるので、疲れるだろう」といった理由で、最後のほうまで残ってしまったのです。そうすると、「まあ、そんなに急がなくてもいいか」と、つい言い訳をして後回しにしたくなるでしょう。

そんな時には、その〈行動〉のメリットとデメリットを書きだしてみてください。たとえば、〈ガレージの片づけ〉ならば、メリットは「目当ての物を取り出す時に時間がかからなくなる」「見た目もすっきりして気分がよくなる」「きれいになると満足感が得られる」という具合です。反対に、デメリットは「時間がかかる」「疲れる」などでしょう。そうやって書きだしてみて、メリットのほうが大きい

なら、ガレージの片づけは先延ばしにしないで、早めにやろうという気持ちになります。

ステップ3──時間を区切って少しずつ前に進む

たとえば、登山を想像してみてください。あなたはもう疲れてへとへとなのに、山小屋に着くにはまだ二時間も登りつづけなければなりません。そんな時は、遠くの山小屋のことは考えず、「とりあえずあの木のところまでがんばろう」というように小さな目標をつくって少しずつ前に進んでいけば、やがて山小屋にたどりつけるでしょう。つまり、ゴールが遠すぎると挫折しやすいので、小さな目標をつくって少しずつ達成するのが〈行動〉のコツということです（これは、トレーニング5〈目標は身近なところに設定する〉でもお話ししましたね）。

また、〈作業の達成度〉ではなく、〈作業時間〉を基準にして、「時間を細かく区切って〈行動〉する」というのも効果的な方法です。たとえば、〈ガレージの片づけ〉でしたら、まず十五分間ガレージを片づけてみるという具合です。やるべきことを十五分間ずつに区切って行ない、十五分たったら、もう十五分続けるかどうか考えるのです。たとえそこでやめたとしても、少しは手をつけただけ気分が楽になります。また次回、今日の続きをする時は、そんなに気力を必要としないはずです。この〈十五分ルール〉でしたら、多忙な人でも実践しやすいでしょう。

このほか、一カ月後の入学試験に備えて試験勉強をするような場合も、「小さな目標を設定する」のがいいでしょう。まずその日にしなければならない勉強の範囲を決め、その日の勉強時間を四つに分けて、それぞれの時間内で達成する予定を立てます。そして、区切りの時間ごとに予定通り達成できるよう勉強していくのです。

ステップ4――〈行動〉の前と後で、その〈行動〉の大変さと満足度を比べてみる

実際に〈行動〉してみると、その〈行動〉は予想していたほど大変ではないことがほとんどです。最後にそれを実感してみましょう。まず〈行動〉する前にその〈行動〉について予想される大変さと満足度を一〇〇点満点で点数化しておいてください。そして、実際に〈行動〉に移したあとで、どれくらい大変だったか、どれくらい満足しているか再び点数化するのです。そうすると、実際に〈行動〉した時のほうが大変さは小さく、満足度は大きいことが数字としてわかるでしょう。たとえば、**表13－9**の「十五分間ガレージを片づける」の場合、〈行動〉前に予想した大変さは70でしたが、実際にやってみると40に下がっています。逆に、満足度のほうは〈行動〉前の予想は5でしたが、実際は50と大幅に増えています。

もし、今あなたが自分に〈自信〉が持てなくて、気分が落ち込んでいるとしたら、とても〈行動〉を起こそうという気にはならないかもしれません。その気持ちはよくわかります。でも、思い出してください。実際に〈行動〉してみなければ、達成感は得られません。〈行動〉することで〈自信〉はわいてくるのです。また、〈行動〉できた時は自分自身を褒めてあげることも忘れないでください。一度にすべて

表13－9　大変さと満足度の予想と実際を比べる

行動	予想される大変さ	予想される満足度	実際の大変さ	実際の満足度
15分間ガレージを片づける	70	5	40	50

をきちんとできなかったからといって悲観する必要はまったくありません。〈行動〉を起こしたという事実が何より大切なのです。それを誇りに思ってください。

トレーニング9　不安に少しずつ慣れていく

さて、これまで、どうしたら〈行動〉を起こしやすくできるか考えてきましたが、反対にどうして〈行動〉が起こしにくいかと考えると、その理由のひとつに〈不安〉があります。実際、不安は「行動しよう」という気持ちをそぐと同時に、〈行動〉そのものにも影響を与え、〈失敗〉を誘発します。したがって、なんに対しても積極的に〈行動〉を起こしていこうと思ったら、まず不安を克服しなければなりません。そのためには、不安から逃避しないで、不安と向きあい、不安に慣れていく必要があります。

そこで、ここからは「人前で話す」ことを例にとって、不安に慣れていく方法をご紹介しましょう。これもまた、ほかのトレーニングと同じで、いきなり大きな不安を感じる状況に挑戦するのではなく、最初は不安が小さい状況でやってみて、それに慣れたら次のステップに移るという形でやっていきましょう。

この時、あらかじめ知っておいていただきたいのは、「人は不安に慣れる」ということです。これは科学的に証明されていて、「不安の強さというのは、不安を感じるような状況に直面するとまず上昇しますが、その後下がることがわかっている」のです（図13－6参照）。人は不安な状況に直面すると、しばらくの間は不安を感じていますが、その後は少しずつ落ち着いてくる――つまり、不安に慣れるわけです。この原理を知っていれば、不安を感じる状況にも立ち向かいやすいですね。こうして、まず小さな不安に慣れたら、だんだん大きな不安を感じる状況にも挑戦していって、その不安に慣れればいいわけです。

ちなみに、「小さな不安から始めて、少しずつ大きな不安にも慣れるようにする」このトレーニングは〈曝露《ばくろ》療法〉と呼ばれ、第3章でご紹介した〈社交不安障害〉などさまざまな恐怖症の治療にも用いられる心理療法です（もしその状況に強い不安を感じている場合は、ひとりで行なうと危険ですので、必ず専門家に相談してください）。

では、このトレーニングによって、人前で話す不安を克服したアレクサンドルの例をご紹介しましょう。

アレクサンドルの場合――人前で話すのが不安

アレクサンドルは人前で話すのが大の苦手で、ふたり以上を前に話をするとしどろもどろになってしまいます。しかし、社内では月に一度三部門が集まる会議があり、ほかの部の部長からの質問にも答えなくてはなりません。アレクサンドルはこ

図13－6　不安の強さの推移

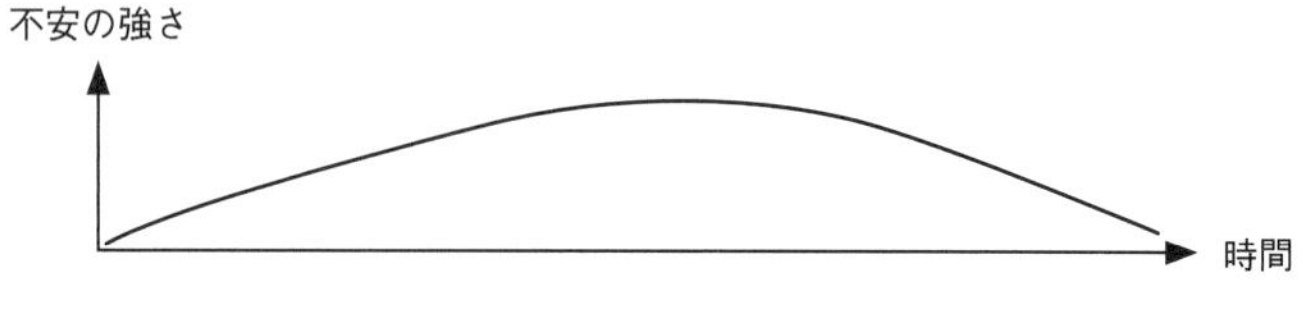

の月例会議での質疑応答を乗りきるために、このトレーニングを始めました。

まず、不安の最大値を100パーセントとしてアレクサンドルに月例会議で感じる不安の強さを答えてもらったところ、不安の強さは80パーセントでした。次に、月例会議よりは不安の少ない状況をあげてもらうと、「気心の知れた同僚ふたりの前で意見を言う」場合が、不安の強さ30パーセント、「週一度の直属の上司を交えた五人のグループ会議で発言する」場合が、不安の強さ50パーセントでした。この三つを不安の小さいほうから並べると、次のようになります。

——気心の知れた同僚ふたりの前で意見を言う（不安の強さは30パーセント）

——週一度の直属の上司を交えた五人のグループ会議で発言する（不安の強さは50パーセント）

——三部門が集まる月例会議での質疑応答（不安の強さは80パーセント）

そこで、最初に不安の強さが30パーセントの「同僚ふたりの前で意見を言う」ことを想定したロールプレイを行なうことにし、練習をしてこの状況に慣れるようにしていきました。やり方は、途中で緊張が高くなりすぎないように休憩をとり、リラックスしてから、再びロールプレイを繰り返すという形です。こうして、その状況に十分慣れて不安を感じなくなってから、アレクサンドルは実際に同僚を相手に意見を言ってみました（この時には、緊張を解くため、ゆっくりと腹式呼吸をすることを心がけてもらいました）。それまでにトレーニングを繰り返していたせいで、アレクサンドルは特に不安を感じなかったと言います。

こうして最初の段階を乗りこえたので、次に同じようにして、不安の強さが50パーセントの「直属の上司を含む五人のグループ会議で発言する」ことを想定したロールプレイをしてみました。アレクサンドルはまず私を相手に練習し、その後、友だちに付き合ってもらって、不安を感じなくなるまで練習を繰り返しました。そのおかげで五人の会議でもリラックスして発言できるようになりました。

最後に、アレクサンドルはいちばん不安を感じていた「三部門が集まる月例会議での質疑応答」についても同じように練習しました。そして、練習を繰り返し、不安に慣れていった結果、三人の部長を前にしてもしっかり答えることができるようになったのです。

このアレクサンドルの例でもおわかりのとおり、トレーニングを行なう時に大切なのは、いきなり大きな不安を感じるような状況に身を投じるのではなく、不安の小さなものから始めて段階的に少しずつ不安に慣らしていくということです。そうすることで、不安に立ち向かっていく術《すべ》を学ぶことができるのです。

——トレーニング10　少し立ちどまって感覚をリフレッシュさせる

さて、ここまでは〈行動〉するためのヒントをお話ししてきましたが、最後にちょっと角度を変えて、あれこれ〈行動〉しなければと思うあまり、ストレスを感じた時のためのトレーニングをご紹介します。

私のクリニックに通うシルヴィーという女性は、あれもしなければこれもしなければと毎日気ぜわしい生活を送り、「人生を楽しむ暇がないんです」と訴えていました。常に用事をこなさなければという気持ちに追われて、たくさんのストレスを抱えていたのです。そこで、私は「少し立ちどまって、自分の感覚をリフレッシュさせること」を提案しました。具体的には次のようなものです。

一日二回、ほんの短時間でいいので、周囲から感じとれるものに感覚を集中させ、自分に尋ねてみます。まわりに見えるものは何か？　聞こえるものは何か？　どんな匂いがするのか？　歩いている時なら、地面から伝わってくる感触はどんなふうか？　そして、その感覚を身体全体で味わいます。そうしていると、気ぜわしさのあまり気づかなかったことが感じられるでしょう。遠くから聞こえる子どもの楽しそうな声、小鳥のさえずり、木々の香り……。そうして、自分にとって心地よいことは何か再確認するのです。

シルヴィーは、この「立ちどまって感覚をリフレッシュさせる」トレーニングを一日二回行なうことで、自分が心地よいと感じるものをきちんと感じ取れるようになり、ストレスはかなり軽減されたと言います。


いかがですか？　ここまでの第1の鍵と第2の鍵のトレーニングによって、あなたにはもうすでに変化が起きているのではないでしょうか。次の第3の鍵では、他人とうまく付き合い、〈自己主張〉できるようにするためのトレーニングをご紹介します。きっと、あなたの〈自信〉をますます強固にしてくれるでしょう。

第14章　第3の鍵〈自己主張〉をするためのトレーニング

第1の鍵、第2の鍵でご紹介したトレーニングを通じて、〈自己評価〉を高める方法、〈行動〉できるようになる方法については、十分ご理解いただけたと思います。そこでこの章では、〈自信を支える三つの要素〉の最後として、〈自己主張〉ができるようになるための実践的なトレーニング方法をご紹介しましょう【10】。

——〈自己主張〉の必要性

あなたは人に対して言いたいことが言えているでしょうか？　自分の望むことや不満に思っていることをきちんと相手に伝えられるでしょうか？　人からできないこと、したくないことを頼まれた時に、はっきり「ノー」と言えるでしょうか？　あるいは批判に対して、落ち着いて反論することができますか？　また、自分のことを知ってもらうために自分をアピールすることができますか？

もし、こうしたことができないのであれば、あなたには〈自己主張〉をする力が欠けていると言えます。その結果、あなたはあまり自分に自信が持てないでいるのではないでしょうか？　というのも、〈自己主張〉ができなければ、まわりの人はあなたの気持ちや都合を尊重しないで、急な残業を押しつけたり、みんながやりたくないことをやらせようとするかもしれません。そうなったら、あなたは「自分はみんなから一段低く見られているんだ」と思って、〈自己評価〉を下げることになります。また、何か〈行動〉を起こそうと思った時に、誰かに助けや協力を求めることができないのであれば、〈行動〉のハードルも高くなります。こうして、〈自己主張〉ができないと、〈自己評価〉や〈行動〉に悪影響が出て、全体的に〈自信を失う、悪いサイクル〉に入っていくのです。

けれども、それとは反対に、この〈悪いサイクル〉をどこかで〈よいサイクル〉に変えたら、だんだん自分に自信がついてきます。ですから、そのために、今よりも〈自己主張〉ができるようにトレーニングしようというのが、この章の目的なのです。では、いったいどのようなトレーニングをすればいいのでしょうか？

第1章の〈自信のメカニズム〉でも説明したように、〈自己主張〉には、次の五つがあります。

1. 自分の希望や要求を伝える
2. 自分が不快だと伝える
3. 相手の要求に対して「ノー」と言う
4. 批判に対して反論する

5．自分をアピールする

そうすると〈自己主張〉ができない人は、このうちのいくつか、あるいはすべてが苦手なのですから、ひとつひとつ、それぞれのことができるようにトレーニングしてやればよいということになります。なお、この章で紹介するトレーニングは、どれも次の四つのステップを踏む形になっています。

ステップ1――それをしなかった時に起こるよくない状況を想像する
ステップ2――それをするのを邪魔するネガティブな考えを追い払う
ステップ3――リストをつくって、できそうなものから並べてみる
ステップ4――リストの中のできそうなものから、実際にやってみる

では、この四つのステップを踏みながら、五つの〈自己主張〉について、トレーニングの方法を紹介していきましょう。

――トレーニング1　自分の希望や要求を伝える

最初は、〈自分の希望や要求を伝えるトレーニング〉です。ただ、ひと口に〈希望〉や〈要求〉と言っても、その内容はさまざまです。たとえば、友人に子どもの面倒を一時間みてもらうというのもそうですし、留守の間に宅急便が届く予定になっているので、隣の人に受け取ってもらうというのもそうでしょう。また、仕事で辛いことがあった時に、夫に話を聞いてもらうというのもそうかもしれません。こういったものは、「助けや協力を求める」ための〈希望〉や〈要求〉です。

それから、たとえば上司に有給休暇を願いでるとか、社長に昇給を要求するとか、お店に電話して予約した品物をキャンセルするとか、こういったものは、「自分の権利や利益を守る」ための〈希望〉や〈要求〉です。

もっと範囲を広げれば、相手の気持ちを確かめるというのも、「希望や要求を伝える」ことのうちに入るでしょう。たとえば、私のクリニックに相談にいらしたモニクという女性は、毎週水曜日に一緒にジョギングしようと友だちを誘ったのですが、友だちが「いいよ」と言ってくれたあとで、それが本心からなのか、心配になってしまいました。というのも、その友だちにはちょっとした貸しがあって、それで本当は嫌なのに「いいよ」と言ったのではないかと気になってしまったのです。そこで、「ねえ、この間、一緒にジョギングしようって誘ったんだけど、あなたが本当にそうしたいのか、心配になっちゃって……。本当は気が進まないのに、無理してＯＫしてくれたんじゃない？」と、友だちの気持ちを確かめたのですが、〈自己主張〉ができないと、こういうこともできないものです。

あとは「夜中に音楽をかけるのはやめてくれ」と上の階の人に言うとか、突然残業をしてくれと言われた時に、「今日はできません」と答えるとか、そういったものも、「自分の希望や要求を伝える」ことのなかに含まれますが、これは2の「自分が不快だと伝える」、3の「相手の要求に対して『ノー』と言う」に入れたほうがふさわしいので、ここでは考えません。このトレーニング1でとりあげるのは、「助けや協力を求める」ための〈希望〉や〈要求〉、「自分の権利や利益を守る」ための〈希望〉や〈要求〉、そして「相手の気持ちを確かめる」ため、思っていることを教えてほしいという〈希望〉や〈要求〉です。

では、ステップ1から始めましょう。

ステップ1――自分の希望や要求を伝えなかった時に起こるよくない状況を想像する

たとえば、前項であげたことで言えば、どうしても用があるのに、友人に子どもの面倒を一時間みてもらうことができなかったら、どうなるでしょう？　どうしても出かけなければならないのに、隣の人に宅急便を受け取ってもらえなかったら？　これはとても困りますね。また、上司に有給休暇を願いでることができなかったり、お店に電話して予約した品物をキャンセルできなかったら？　これもやっぱり、困った状況になります。あるいは、友だちが本当にジョギングをしたいのか、気持ちを確かめることができなかったら、「誘いをかけて悪かったかもしれない」と罪悪感に悩まされることになります。

あなたは本当にこういった状況に陥りたいですか？　もちろん、そうではありませんね。ただ、「自分の希望や要求を伝える」勇気が出ない――そういうことなのだと思います。その気持ちはとてもよくわかりますし、そういった状況でつい「私ががんばればいい」「私が我慢すればいい」という気持ちに傾いてしまうのもわかりますが、そこで簡単に妥協してしまわないで、「自分の希望や要求を伝えなかったために、自分が困った状況に陥っている」ところを想像してください。それなら、思い切って自分の希望や要求を伝えてみようか――そういう気になりませんか？　これはそのためのトレーニングなのです。

ステップ2――自分の希望や要求を伝えるのを邪魔するネガティブな考えを追い払う

さて、そうやって「自分の希望や要求を伝えよう」という方向に気持ちが動いたとしても、それだけですぐに〈自己主張〉ができるようになるとはかぎりません。〈自己主張〉のハードルは高いのです。というのも、いざ「自分の希望や要求を伝えよう」とすると、あなたの心のなかにはネガティブな考えが浮かんでくるはずだからです。それは、たとえば次のようなものです。

- ■自分の希望や要求を伝えるなんて、自分勝手な人間のすることだ
- ■そんなことをしたら、相手の迷惑になる
- ■そんな要求はとうてい認めてもらえないだろう
- ■相手の気持ちを確かめたりしたら、相手との関係がかえって気まずくなるかもしれない

こういった考えに支配されているかぎり、「自分の希望や要求を伝える」ことはできません。〈自己主張〉がきちんとできるようになるには、このネガティブな考えを追い払う必要があります。そのうえで、

それをポジティブな考えに置きかえるのです。それは次のようなものです。

□誰にでも、自分の希望や要求を伝える権利がある

□迷惑かどうかは、相手に尋ねてみればいい

□要求はいつも認められるわけではないのだから、ダメだったらあきらめればいい。それに、黙ってうじうじしているより、実際に要求してみたほうが納得できる

□気持ちを確かめてもらったら、相手だって嬉しいだろうし、こちらも安心だ

表14―1はそれをまとめたものです。左側がネガティブな考え、右側がそれに代わるポジティブな考えです。ネガティブな考えはほかにも出てくると思います。あなたも表をつくって、この作業をやってみましょう。

表14－1　自分の希望や要求を伝えるのを邪魔するネガティブな考えを追い払う

自分の希望や要求を伝えるのを邪魔するネガティブな考え方	自分の希望や要求を伝えるのを助けるポジティブな考え方
■自分の希望や要求を伝えるなんて、自分勝手な人間のすることだ	□誰にでも、自分の希望や要求を伝える権利がある
■そんなことをしたら、相手の迷惑になる	□迷惑かどうかは、相手に尋ねてみればいい
■そんな要求はとうてい認めてもらえないだろう	□要求はいつも認められるわけではないのだから、ダメだったらあきらめればいい。それに、黙ってうじうじしているより、実際に要求してみたほうが納得できる
■相手の気持ちを確かめたりしたら、相手との関係がかえって気まずくなるかもしれない	□気持ちを確かめてもらえたら、相手だって嬉しいだろうし、こちらも安心だ

ステップ3――リストをつくって、できそうなものから並べてみる

こうしてネガティブな考え方を追い払ったら、いよいよ実際に「自分の希望や要求を伝える」準備に入ります。あなたには今、誰かにこういう希望を伝えたい、こういう要求をしたいということがありますか？　もしあったら、それをできそうなものから順番にリストアップしてみてください。それができそうかどうか――つまり、その希望や要求を伝えることの難易度は、一〇〇点満点で表します。数字が高いほど難しくなるという点数のつけ方をしてください。ここでは、私のクリニックに相談にいらしたノエミという女性が実際につくったリストをご紹介しましょう。

①難易度20――仲のよい友人に、三カ月前に貸した本を返してもらいたいと伝える
②難易度40――一緒に映画に行こうという話になっていたのに、相手から連絡が来ないので、気持ちを確かめる
③難易度60――結婚している友人に、土曜日に買い物に付き合ってもらう
④難易度95――自分は喘息《ぜんそく》持ちなので、ほこりっぽい倉庫での棚卸《たなおろし》の作業はできないと、上司や同僚に理解を求める

ステップ4──リストの中のできそうなものから、実際にやってみる

リストを作成したら、実際にできそうなところから、それをやってみましょう。ただし、「自分の希望や要求を伝える」には、ちょっとしたコツが必要です。次の五つのポイントに気をつけて、相手にどんなふうに話せばよいか考えましょう。

──希望や要求を正確に伝える
──相手の事情や気持ちに配慮する
──自分の事情や気持ちを伝える
──さりげなく念押しをする
──相手とのやりとりをポジティブな形で終わらせる

そして、実際に自分の希望や要求を相手に伝える前に、相手の答えも予想しながら、そのやりとりをシミュレーションしてみましょう。セラピストに相談しているのなら、そのセラピストに相手の役をしてもらってもいいですし、仲間に頼んでロールプレイをしてもいいでしょう。リストのなかで、いちばん簡単にできそうなところから始めてください。なお、**表14－2**は、〈自分の希望や要求を伝える時のコツ〉を、具体的な伝え方も入れてまとめたものです。

ノエミの場合

では、実際に先ほどのリストをもとに、この表のポイントにしたがって、ノエミがどんなトレーニングをしたか、それを見てみましょう。ノエミもリストのうち、できそうなものからシミュレーションを始めました。

① 難易度20―仲のよい友人に三カ月前に貸した本を返してもらいたいと伝える

友人の名前はジャクリーヌ。仲がよいので、比較的ハードルは低いのですが、それでもノエミにとっては難しかったようです。

ノエミ　ねえ、ジャクリーヌ、前に

表14－2　自分の希望や要求を伝える時のコツ

ポイント	具体例
希望や要求を正確に伝える	「今日は4時に退社したいので、お願いにあがりました」
相手の事情や気持ちに配慮する	「会社の事情はよくわかります。でも、私は……」 「こんなことをお願いしたら、ご迷惑だとよくわかっているのですが……」
自分の事情や気持ちを伝える	「しつこくお願いしてしまって、申し訳ありません。私も心苦しいです。でも、私のほうもそれができないと、困ってしまうもので……」
さりげなく念押しをする	「本当にすみません。ご迷惑だとはわかっているのですが、どうしても今日は4時に退社したいのです。どうか、よろしくお願いします」
相手とのやりとりをポジティブな形で終わらせる	●要求を聞きいれてもらえた場合 「ありがとうございます。本当に助かります。この埋め合わせは必ずしますので、今日はそうさせてください」 ●要求を聞きいれてもらえなかった場合 「そうですか……。やはり、無理ですか……。じゃあ、今日はもうひとつのほうの用事をなんとか断ります。でも、話を聞いてもらえただけでもありがたかったです。お時間をとらせて、申し訳ありませんでした」

貸した本、あれ返してほしいんだけど……。

ジャクリーヌ役の人　ごめんなさい。なかなか読む時間がなくて……

ノエミ　そうよね。けっこう、忙しいものね。でも、私もちょっとあの本を読みなおしたくなって……。返してもらえると、ありがたいんだけど……。いいかな？　無理言ってごめんね。ありがとう。

ノエミは、このやりとりを〈自己主張訓練〉のクラスの仲間とやってみました。そのおかげで、トレーニングのあとでは難易度が最初の20よりも低くなりました。

②難易度40――一緒に映画に行こうという話になっていたのに、相手から連絡が来ないので、気持ちを確かめる

相手の名前はエマ。ノエミはエマが本当は自分と映画に行きたくなかったのではないかと、心配になっていました。

ノエミ　エマ、前に映画に行こうって約束になっていたけど、あれどうしたの？　本当は気が進まなかったのかな？　だったら、やめてもいいのよ。

エマ役の人　そうじゃないのよ。このところ忙しくて、予定が立たなくて。来週になったら、また連絡するわ。

ノエミ　そう。じゃあ、楽しみに待ってるわ。でも、無理はしないでね。私のほうは、あなたに無

理をさせちゃったんじゃないかって、それが心配だったの。

エマ役の人　そうじゃないの。私も行きたいんだから、その点は心配しないで。

③ 難易度60——結婚している友人に、土曜日に買い物に付き合ってもらう

ノエミは最近、ちょっと気分がふさぐような出来事があって、気分転換に友人のミッシェルと買い物をしたいと思っているのですが、ミッシェルは結婚しているので、土曜日に誘いだすのは気が引けます。

ノエミ　ミッシェル、私、最近落ち込んでいるの。ちょっと気晴らしに買い物に行きたいんだけど、付き合ってくれないかしら？　でも、もし旦那さんと出かける用事があるのなら、そっちを優先して。あなたの生活を邪魔したくないから……。

④ 難易度95——自分は喘息持ちなので、ほこりっぽい倉庫での棚卸の作業はできないと、上司や同僚に理解を求める

最後は、持病を理由に、特定の仕事を免除してほしいとお願いし、理解を求める例です。これは自分の病気を打ち明けたり、ひとりだけ特例を認めてほしいという要望なので、難易度はかなり高くなります。

ノエミ　実は、長い間言えなかったんですが、私は喘息なんです。それで、ほこりっぽいところで一時間も過ごすと、咳《せき》が止まらなくなるんです。ですから、来週の棚卸の作業は免除していただけ

ないでしょうか？　会社や皆さんに迷惑をかけるのはわかっているんですけど、いったん発作が起こると、しばらく続いてしまいますので……。申し訳ありませんが、よろしくお願いします。

ノエミはこうしたトレーニングをした結果、実際にリストにあった希望や要求を伝え、かなり自分に自信をつけることができました。ちなみに、実際に行動に移すのは、トレーニングの結果、難易度が40くらいまで下がってからにしてください。

──トレーニング2　自分が不快だと伝える

次は〈自分が不快だと伝えるトレーニング〉です。あなたは誰かに不快な思いをさせられた時に、黙って耐えていたりしないでしょうか？　もしそうなら、それは「私はあなたが気を遣わなければいけない人間ではありません。私に対しては、どうぞ好き勝手にやってください」と言っているようなものです。そのままにしておいたら、相手はどんどん調子に乗って、あなたが嫌がることをしたり、あなたをないがしろにしたりするでしょう。反対に、あなたが「それはやめてほしい」と、はっきり「自分は不快だと伝える」ことができれば、相手も気を遣って、あなたの嫌がることはしないようになるでしょう。それはあなたが「人から尊重されるべき存在であると示す」ことにほかなりません。その結果、あなたの〈自己評価〉は高まり、あなたはもっと自分に自信が持てるようになります。

ということで、さっそくトレーニングに入りましょう。このトレーニングも、四つのステップを踏んでいく形になります。

ステップ1――自分が不快だと伝えなかった時のよくない状況を想像する

夜中に隣の人が大きな音で音楽をかけたりしたら、あなたはどうしますか？　あるいは、友人があなたのプライベートを誰かれかまわず、あけすけに話したとしたら？　また、何度言っても、夫が脱いだ服をちらかしっぱなしにして、片づけてくれなかったとしたら？　もちろん、今のあなたは〈自己主張〉が苦手ですから、こういった時に、「迷惑だ」とか、「不快だ」とか、「嫌な気持ちがしている」とか、口にすることはできないと思います。でも、口にしなかったからと言って、あなたが不快なことに変わりはありません。あなたはこのまま我慢しつづけますか？

そんな時は、まず自分が不快だと伝えなかった時の状況を想像してみましょう。あなたがすでにそれを経験している場合は、その時の状況を思い出してください。そう、隣の人が音楽をかけたら、あなたはベッドのなかで耳をふさいで、隣の音楽が鳴りやむのを待っています。イライラした気持ちで……。それがこれからも繰り返されるのです。あなたのプライベートを誰かれかまわず、あけすけに話す友人についてはどうでしょう？　今度の集まりで、友人はまた初めて会う人たちに向かって、あなたが離婚したことを得意げにしゃべってしまうのではないでしょうか？　その時の自分の気持ちを想像してください。夫が服を脱ぎちらかすことだっておんなじです。あなたはそこで何も言わずに我慢した結果、不機嫌に黙り込んで、その結果、夫婦の間に嫌な空気が流れたのではなかったでしょうか？

騒音をたてる隣人や、あなたのプライベートをあけすけに話す友人に対して、あるいは不愉快な要求をしてくる家族に対して、「自分は不快だ」とはっきり言えますか？　ついつい、自分を抑え込んでストレスをためているのではありませんか？

あなたはこれからも、まだそんな嫌な気持ちを味わいたいのですか？　もし、そうでなければ、「自分が不快だ」とはっきり伝えるようにしましょう。自分が陥る不快な状況を想像したり、以前、経験したことを思い出して、「もう、そんなのはごめんだ」と思えたら、このステップ1は終了です。

ステップ2──自分が不快だと伝えるのを邪魔するネガティブな考えを追い払う

こうして、「自分が不快だと伝えよう」という気持ちになったら、次はそれを邪魔するネガティブな考えを追い払って、ポジティブなものに変える作業をしなければなりません。〈トレーニング1　自分の希望や要求を伝える〉でしたのと同じように、ネガティブな考えとポジティブな考えを並べて表にしてみましょう。ネガティブな考えとは、たとえば、次のようなものです。

■自分は価値のない人間なので、嫌なことがあっても我慢しなければならない
■言ったとしても何も変わらないだろう。言うだけ無駄だ
■こんなことを言ったら、相手と喧嘩になるかもしれない。相手との関係を壊してしまうかもしれない
■言うのはいいが、どう言っていいのかわからない。相手の前でしどろもどろになってしまうの

ではないか？

これに対して、以下はネガティブな考えに対応するポジティブな考えです。

□価値のない人間なんていない。また、嫌なことを我慢してはいけない
□言えば、何かが変わるかもしれない。あきらめてはいけない
□むしろ何も言わないほうが、相手との関係はどんどん離れていってしまうにちがいない。問題点をはっきりさせたほうがよい
□うまく言えるように練習してみよう。それに、たとえしどろもどろでも、何も言わないよりはずっといい

ステップ3――リストをつくって、できそうなものから並べてみる

その次は、あなたが日頃不快だと思っていることをリストアップする作業です。以下、私のクリニックに来られたアルベールが作成したリストですが、あなた自身もこういったリストをつくってみましょう。

①難易度20――ベルナールがよく待ち合わせに遅刻する
②難易度40――妻が友人の前で自分を非難する

③難易度60―前年の人事考課に納得がいかない
④難易度80―母親がなんにでも文句をつける

ステップ4―リストのできそうなものから、実際にやってみる

ここまでできたら、いよいよ最後のステップ。〈リストのできそうなものから、実際にやってみるトレーニング〉です。その前に、〈トレーニング1　自分の希望や要求を伝える〉でしたのと同じように、〈自分が不快だと伝える時のコツ〉をお話ししましょう。ポイントは次の四つです。**表14－3**はこのポイントを具体例とともに示したものです。

――何が不快なのか、状況を正確に簡潔に述べる
――どんなふうに不快なのか、自分の気持ちを率直に訴える
――具体的で、ポジティブな解決策を示す
――相手とのやりとりをポジティブな形で終わらせる

表14－3　　自分が不快だと伝える時のコツ

ポイント	具体例
何が不快なのか、状況を正確に簡潔に述べる	「私たち、共働きでしょう？　それなのに、どうしてあなたはいつも夕食の後片づけを手伝ってくれないの？」
どんなふうに不快なのか、自分の気持ちを率直に訴える	「私だって疲れているのに、夕食のあと、私だけがひとりで食器の片づけをしていると、悲しくなっちゃうわ。あなたは私のことなんて、ちっとも考えてくれていないんじゃないかって……」
具体的で、ポジティブな解決策を示す	「本当は毎日交代にしてほしいんだけど、それが無理だったら、せめて週2回はあなたが片づけをしてくれない？　一緒に手伝ってくれるだけでもいいんだけど……」
相手とのやりとりをポジティブな形で終わらせる	「ごめんなさいね。あなたも食後はのんびりしたいでしょうに。でも、一緒にやって片づけが早く終わったら、ふたりでゆっくりビデオでも見られるわ」

アルベールの場合

では、実際に先ほどのリストをもとに、この表のポイントにしたがって、アルベールがどんなトレーニングをしたか、それを見てみましょう。

①難易度20——ベルナールがよく待ち合わせに遅刻する

アルベールは何回かトレーニングをした結果、ある日、ベルナールにこう言いました。

アルベール　ベルナール、ぼくは、待ち合わせのたびに十五分も君を待ってるんだよ。ほとんど毎回だと、さすがにイライラしてね。この次の時には時間どおり来てくれないかなあ。そうしたら、もっと楽しく君と過ごせるからね。

②難易度40——妻が友人の前で自分を非難する

これも難易度が40とそれほど高くはなかったので、何度か練習したあと、アルベールは妻の機嫌がいい時を選んで、直接伝えてみました。

アルベール　ねえ、君はよく友だちの前で、ぼくのことをけなすね。先週土曜日、アマンディーヌとルイの家へ行った時もそうだった。ぼくはいたたまれなかった。すごく気分が落ち込んだよ。これからは、言いたいことがあるなら、ふたりだけの時に言ってくれないかな？　それから、たまには褒めてくれると嬉しいんだけど……。そうすれば、一緒に出かけるのが、もっと楽しくなるだろうから……。

ここでひとつだけアドバイス。パートナーに不満を伝える時には、一度にひとつだけにしましょう。

③難易度60――前年の人事考課に納得がいかない

アルベールは、先日上司から前年の人事考課を受けましたが、それに納得がいきません。そこで、上司の忙しくない時を見はからって、面談の約束を取りつけることにして、そのためのトレーニングをしました。これはその時のトレーニングで出た言葉です。

アルベール　先日、私に対する前年の評価をいただきましたが、ちょっと納得がいかないところがありまして……。平均よりは多少上ですが、もっと高くてもいいのではないでしょうか？　正直がっかりしました。さしつかえなかったら、この評価の根拠をお教えねがえますか？　そして、できれば再評価していただけるとありがたいのですが……。納得のいく説明をいただければ、それでかまいませんし、再評価していただけるなら、これ以上嬉しいことはありません。いずれにしろ、結果にかかわらず、さらにがんばって働けるような気がします。

④難易度80――母親がなんにでも文句をつける

アルベールは母親がなんにでも文句をつけるのが嫌でたまりません。たとえ自分に対するものではなくても文句を聞くのは不快だし、それ以外の時でも、「いつ文句を言いだすか」と思うと気が気ではなくなってしまうのです。ただ、小さい頃から親に厳しく育てられてきたので、なかなか「不快だ」と訴えることができません。

アルベール　ねえ、母さん、そんなふうに文句ばかりつけるのはやめてくれないかな。聞いているだけでイライラするから……。それに、何より悲しいよ。世の中の悪い面ばかりじゃなくて、いい面に目を向けたらどうかな？　そのほうがずっと幸せになれるよ。

この項目については難易度が高いので、アルベールは何度もトレーニングを重ねました。難易度が高いと、神経質になりすぎて、つい攻撃的になってしまう恐れがあるからです。難易度80を超える場合は、「自分が不快だ」ということを直接相手に伝える段階ではありません。行動に移すのは、練習を繰り返して、難易度を40くらいまで下げてからにしましょう。

──トレーニング3　相手の要求に対して「ノー」と言う

三つめは、〈相手の要求に対して「ノー」と言うトレーニング〉です。これはとても大切なことです。なんに対しても「ノー」と言えなければ、あなたは人の言いなりになって、いいように使われてしまいます。それでは、まるで奴隷かロボットです。つまり、あなたは人間として存在を認められることがなくなってしまうのです。反対に、自分にできないこと、やりたくないことについて、はっきりと「ノー」と言えれば、ほかの人はあなたのことを人間として尊重してくれます。そうすれば、「イエス」と言った時には、感謝の気持ちを持ってくれるでしょう。

また、相手の要求に全面的に「ノー」と言わなくても、部分的に「ノー」と言って、相手と交渉することもできます。たとえば、「この書類をなるべく早めにチェックしてほしいんだけど……。夕方までにできる?」と上司に言われた時、「今やっている仕事も急ぎなので、夕方まではできません。明日の朝まででは どうでしょう? それとも、今やっている仕事を後回しにしてもいいですか?」という具合です。それで上司がどちらを優先するか判断してくれれば、あなたは安心して仕事ができます。そうじゃなければ、夕方までに急ぎの仕事をふたつ片づけなければならなくなって、パニックに陥ってしまうかもしれません。このように、今まで「イエス」と言うだけだったのが、条件つきでも、「ノー」と言えるようになることで、複数の選択肢を手に入れることができるのです。

　ということで、さっそくトレーニングを始めましょう。これまでと同じように、トレーニングは四つのステップを踏んでいきます。

ステップ1――相手の要求に「ノー」と言えなかった時のよくない状況を想像する

　まずは、いつものようにイメージトレーニングです。相手の要求に「ノー」と言えなかったら、どうなるか想像してみましょう。たとえば、職場だったら、あなたはいつでも、人がやりたくないような嫌な仕事を押しつけられます。納期が明日までで、片づけるには夜遅くまで残業をしなければならない仕事。クライアントの担当者が意地悪で、つまらない理由を見つけてはねちねちと文句を言われるような仕事。あなたがいつも「ノー」と言えないので、職場の上司や同僚は、あなたがなんでも受け入れる人だと思っています。それもあって、こういう時はいつもあなたにお鉢がまわってくるのです。あなたは嫌々引き受けますが、決して嬉しいわけではありません。「どうして、私ばっかり」と、泣きそうな気持ちでがんばるしかありません。そんな状況を想像してみてください。

　あるいは、みんなで旅行に行く計画を立てたり、レストランに食事に行こうと決まった時、どこに行くのかとか、何を食べるのかについて、みんなはあなたの意見を訊きません。最終的に「ここでいいよね？」ということになった時、あなたが「ノー」と言わないのを知っているからです。その結果、あなたは苦手な山登りをしたり、嫌いなエスニック料理を食べることになります。そういった状況を想像してみてください。

　そして、それが嫌だと思ったら、次のステップ2に移りましょう。

ステップ2—相手の要求に「ノー」と言うのを邪魔するネガティブな考えを追い払う

このステップでは、これまでと同じように、〈相手の要求に「ノー」と言うのを邪魔するネガティブな考え〉を〈相手の要求に「ノー」と言うのを助けるポジティブな考え〉に変えていきます。ネガティブな考えとは、たとえば、次のようなものです。

■「ノー」と言ったら、仲間に入れてもらえなくなる
■「ノー」と言うには、相手の納得する理由が必要だ
■「ノー」と言ったら、相手は気を悪くするだろう
■人から何か頼まれたら、「ノー」と言ってはいけない

こういったネガティブな考えは、ほかにもたくさんあります。あなたも自分が陥りやすいネガティブな考えを書きだしてみましょう。これに対するポジティブな考えとは次のようなものです。

□みんなが私の都合や気持ちを尊重してくれているなら、「ノー」と言うことはできる。もし、そこで仲間に入れてもらえなくなるなら、私は利用されているだけなので、そのグループから抜けたほうがいい

□相手が納得するかどうかは関係ない。問題はこちらの都合だ。「ノー」と言う理由は私のほうにあるのであって、相手のほうにあるわけではない
□相手が気を悪くする恐れはあるが、反対に「イエス」と言ったら、私が相手に悪感情を抱くことになる。そうなったら、相手との関係も壊れるだろう
□子どもの頃からそう言われてきたが、それでよかったと思ったことは、めったにない。それはただの〈思い込み〉だ。この際、そんな〈思い込み〉は捨てて、思い切って「ノー」と言ってみよう

ステップ3―リストをつくって、できそうなものから並べてみる

こうして、〈相手の要求に「ノー」と言うのを邪魔するネガティブな考え〉を追い払ったら、今度は「ノー」と言えない状況を記入したリストをつくり、どのくらい「ノー」と言うのが難しいか、難易度をつけてみましょう。以下はダニエルのつくったリストです。

①難易度10―訪問販売を断わる
②難易度40―友人からの夕食の誘いを断わる
③難易度60―自分に失礼な態度をとる顧客の担当になるのを断わる
④難易度80―毎週日曜日、妻の実家に行くことを断わる

ステップ4―リストのできそうなものから、実際にやってみる

では、最後のステップ、〈リストのできそうなものから、実際にやってみるトレーニング〉に挑戦してみましょう。その前に、いつものように〈相手の要求に「ノー」と言う時のコツ〉をお話ししましょう。これには、まずその前提として、次のことを再確認する必要があります。

- 「ノー」と言うのは、誰もが持っている正当な権利である
- 「ノー」と言うのに、相手が納得する理由などなくていいし、それを見つける必要もない
- 相手との関係が重要であれば、「ノー」と言いながらも、相手との妥協点を探る努力をする

そのうえで、相手の要求に「ノー」と言うのですが、これにはポイントが五つあります。**表14-4**はこのポイントを具体例とともに示したものです。

―断わりの言葉から始める
―断わりの言葉を繰り返す
―相手の立場や心情を理解し、こちらの辛い気持ちも伝える
―それでも相手が要求してきたら、もう一度はっきりと断わる
―ともかく話し合いを終わらせる

ダニエルの場合

それでは、実際に先ほどのリストをもとに、これらのポイントにしたがって、ダニエルがどんなトレーニングをしたかを見てみましょう。

①難易度10——訪問販売を断わる

ダニエルは訪問販売が来ると、なかなか断わりきれずに、商品を買ってしまうことがあります。ただ、そのあとでいつも後悔するので、今度は絶対に買わないと決心しました。そこに、百科事典の訪問販売のセールスマンがやってきました。

ダニエル　百科事典はいりません。いや、便利かもしれないけれど、私には必要がないので……。そのほかに理由はありません。えっ？　もう一セット売らないと、上司に叱られる？　それは気の毒だと思うけど、私には関係がないので、そんな

表14－4　相手の要求に「ノー」と言う時のコツ

ポイント	具体例
断わりの言葉から始める	「今日の残業ですか？　申し訳ありませんが、それはできません」
断わりの言葉を繰り返す	「今日はどうしても外せない用事がありまして……。申し訳ありませんが、家に帰らなくてはならないんです。ですから、残業はできません」
相手の立場や心情を理解し、自分の辛い気持ちも伝える	「お困りなのは、よくわかるのですが……。私も心苦しいのです。今日じゃなければ、喜んでするのですが……」
それでも相手が要求してきたら、もう一度はっきりと断わる	「そうおっしゃられても困ります。今日はどうしても無理なのです。申し訳ありませんが、ほかの方に頼んでください。私は帰らなければならないんです」
ともかく話し合いを終わらせる	「私もまだ仕事が残っているので、申し訳ありません。これで失礼します。この次はなんとかしてお役に立てるようにいたしますので……。本当に申し訳ありませんでした」

ことを言われても、困ります。申し訳ありませんが、お引き取りください。

② 難易度40―友人からの夕食の誘いを断わる

ダニエルは友人から誘われると、自分の都合が悪くても夕食に付き合ってしまうところがあります。けれども、そんなことをしてもちっとも楽しくありません。先日も、友人のティエリーから電話があって、「ノー」と言えず、こんな受け答えをしてしまいました。なお、括弧《かっこ》のなかは、その時のダニエルの内心の言葉です。

ティエリー　久しぶりだね！　近いうちに夕飯でも一緒にどう？
ダニエル　いいよ、嬉しいな（どうしよう？　最近、疲れがたまってるんだ）
ティエリー　木曜日は？　早く終わるんだ、どう？
ダニエル　ＯＫ。大丈夫だよ！（まずいな、木曜日は会議のある日だ。急がないと間に合わないぞ。それに疲れているのに！）
ティエリー　いい店を知ってるんだ。明日、携帯に電話するよ。
ダニエル　待ってるよ（あーあ、どうしてＯＫなんて言ってしまったんだろう？）

ダニエルは心のなかでは断わりたいと思っているのですが、実際に「ノー」と言うのは大変難しいものです。そこで、私はダニエルに、心のなかで思ったことを言葉にして、このやりとりを書きなおしてもらいました。

ティエリー　久しぶりだね！　近いうちに夕飯でも一緒にどう？

ダニエル　誘ってくれて、ありがとう。嬉しいな。でも、ここのところ、ちょっと疲れていてね。

ティエリー　食事をして楽しく過ごせば、元気になるよ。木曜日はどうだい？　こっちは早く仕事が終わるんだ。

ダニエル　木曜日か。一緒に行きたいのはやまやまだけど、その日は会議があるんだ。一緒に夕食をするとしたら、かなり遅くなるだろう。それに、やっぱり疲れているんだ。

もしダニエルが、このような受け答えをしていたら、ティエリーも別の提案をしていたかもしれません。たとえば、こんなふうに……。

ティエリー　それじゃあ、しかたないな。だったら、週末はゆっくり休んで、来週はどうだい？

ダニエル　来週なら時間があるよ。水曜なんかどう？

あるいは、ダニエルのほうから、この提案をすることもできたと思います。つまり、いったん「ノー」と言ったあとで、妥協点を探るやり方です。こうすれば、ダニエルも友人との食事を心から楽しむことができるでしょう。

③難易度60―自分に失礼な態度をとる顧客の担当になるのを断わる

ダニエルはかつて担当していた顧客にひどい目にあわされたことがありました。ところが、上司がまたその顧客の担当になれと言うので、どうしても断わりたいと思いました。以下は、そのためのトレーニングの時に出てきた言い方です。

ダニエル　無理です。あの人だけは担当できません。あの人とはどうも相性が悪いみたいで、私にはすごく厳しく当たってくるんです。私を馬鹿にして、ぞんざいな口のきき方をして……。こちらは言われっぱなしで、ひたすら我慢しているしかないんです。あの人だけはご勘弁ください。いや、誰かが担当しなければならないのはわかりますが、私には無理です。話によると、女性には甘いようですから、女性を担当者としてつけたらどうでしょう？　女性だったら、いじめられたという話は聞きません。申し訳ありませんが、あの人の担当になることだけはお許しください。

④難易度80―毎週日曜日、妻の実家に行くことを断わる

これはなかなかデリケートな問題です。ダニエルは次のような形で、何度もトレーニングを重ねました。

ダニエル　ねえ、相談したいことがあるんだ。毎週日曜日にご両親の家に行くのは、どうも気が進まないんだ。向こうにいる間、何もできないし……。こんなことを言って君には悪いんだが……。

いや、決して君を悲しませたいわけじゃないんだ。日曜日に両親に会うことが、君にとって大切だってことはよくわかっている。もしぼくが行かなかったら、ご両親が気を悪くするってこともわかってる。だから、ふたりで話し合って、いい方法を考えようよ。そうだな、たとえば、一週間おきに行くっていうのはどうかな？　そうすれば、ぼくもずいぶん楽になると思うんだ。ご両親もきっとわかってくれるんじゃないかな？　そうしたら、会う時には、もっといい雰囲気になれるんじゃないかと思うんだ。どう思う？

こんなふうにデリケートな問題であればあるほど、「ノー」と言う時には、相手の気持ちや立場を考え、こちらの辛い気持ちも伝えたうえで、それでもやはり「ノー」と言わなければなりません。
また、自分にとって相手が大切な人であれば、全面的に「ノー」と言うのではなく、「イエス」と「ノー」の中間の妥協点を探る必要も出てきます。実際、「イエス」と「ノー」の間には、さまざまな形の答えが存在するのです。それをうまく見つけましょう。全面的に「ノー」と言わない分だけ、そのほうがやりやすいとも言えるのではないかと思います。

最後にもうひとつ。〈自己主張〉するのが苦手な人にとって、一度「イエス」と言ってしまったことを「ノー」と言いなおすことほど、難しいことはありません。なかには、罪悪感を覚える人もいるでしょう。でも、こういったことは日常生活のなかではよくあることなので、「ノー」と言いなおすこと自体に罪悪感を感じる必要はありません。ただ、相手との良好な関係を保つためには、相手の立場や心情を思いやり、適切な言い方をするようにしなければなりません。「申し訳ない」という気持ちを伝えることも大切です。これについては、私のクリニックにいらしたベルナデットという女性の話を聞いてください。

ベルナデットの場合——一度「イエス」と言ったものを取り消す

ベルナデットは友だちのマチルドから一緒に服を見にいってほしいと言われて、来週の土曜日の午後、買い物に付き合う約束をしていたのですが、それを知らない夫が急に知り合いの家に夫婦で行く約束をしてきてしまいました。ベルナデットはマチルドとの約束があると夫に言ったのですが、「こちらは断われない」と、結局夫に押し切られてしまいました。ベルナデットはどのようにマチルドに断わればよいでしょう？　以下が、トレーニングの時に出てきた言い方です。

ベルナデット　マチルド、土曜日のことなんだけど、一緒に行けなくなってしまったの。ごめんなさい。夫が夫婦で知り合いのところに行く約束をしてきてしまって……。本当にごめんなさい。私もあなたと出かけるのを楽しみにしていたんだけど……。いったん約束をしておきながら、今になって行けなくなっただなんて、ほんとに失礼よね。怒ってないかしら？　もし、ほかの日でもよければ、あなたの都合を最優先するけど……。ごめんなさい。今度だけは、そうさせてくれないかしら？

マチルドは初めはがっかりして、恨み言も言いたくなるかもしれませんが、こんなふうに言えば、べルナデットが自分に気を遣ってくれているのが伝わって、そのうちに理解してくれると思います。大切な関係のなかで、「イエス」と言ったものを取り消す時は、「ノー」と言う時以上に、こういった心配りが必要です。

トレーニング4　批判に対して反論する

四つめは〈批判に対して反論するトレーニング〉です。批判には、きちんとした事実にもとづいた正当な批判から、根拠もなく相手を攻撃することだけを目的とした批判まで、いろいろな種類のものがあります。また、相手との関係をよくしようという建設的な批判もあれば、悪意に満ちた中傷、もっと軽い気持ちで発せられる悪口やあてこすりもあります。

こういった批判をすべて無条件に受け入れていたら、あなたはおそらく精神的にまいってしまうでしょう。気持ちが不安定になって、自信を失い、うつ状態に陥ったり、人が信じられなくなってしまうかもしれません。しかし、だからといって、批判に対していっさい耳を傾けずにいると、独善的になって、人との関係がつくれなくなる恐れもあります。また、批判を恐れるあまり攻撃的な態度になり、ちょっとでも人から何か言われると、むきになって反論していたとしたら、これもまた人間関係を壊すもとになります。

したがって、批判に対しては反論することが必要なのですが、ただ、やみくもに反論すればいいというわけではありません。〈自己主張〉とは、要は人とのコミュニケーションなのですから、相手の批判がどんな種類のものかよく見きわめたうえで、それに応じた正しい反論の仕方をすることが大切です。

　それでは、トレーニングに入りましょう。今までと同じように、トレーニングは四つのステップを踏んでいきます。

ステップ1――批判に対して反論しなかった時のよくない状況を想像する

　最初は批判に反論しなかったら、どんな状況に陥るか、それを思い出したり、想像したりするイメージトレーニングです。今まで、人から批判されて反論しなかった時、どんな気持ちになったでしょうか？　悔しい？　悲しい？　腹立たしい？　そうですね。どれもネガティブな気持ちです。人から批判されて、嬉しいと思う人はあまりいません。ましてや、言われっぱなしになって反論しなかったら、そのネガティブな気持ちは、また別のネガティブな気持ちに形を変えて、どんどん広がっていきます。

　子どもの時、悪口を言われて、言い返せなかったら、どんな気持ちになったでしょう？　悔しくて、恥ずかしくて、泣きたくて、それで家に帰ったあと、ああ言い返せばよかった、こう言い返せばよかったと、腹立たしい気持ちでずっとそのことを考えていたのではないでしょうか？　また、その途中でふと弱気になって、そんなふうに言われるのも、自分がいけなくて、人から嫌われているんだからしかたがないと考え、ますます悲しくなってしまったかもしれません。そういった気持ちは、たぶん大人になってからも変わりません。批判されて反論をしなければ、その時と同じ気持ちになるのです。また、その批判が的を射たものであれ、的はずれなものであれ、相手に言いっぱなしにさせておくと、相手はいくらでも、またどんなふうにでも、あなたを批判してかまわないのだと思ってしまいます。そして、またそこで批判を言いっぱなしにさせれば、あなたの〈自己評価〉はどんどん低くなって、あなたはだんだん気持ちが暗くなっていきます。

だから、まずは自分がそうなった状況を想像してみてください。そうして、さまざまな批判に対して、適切な形で反論することを学びましょう。

ステップ2――批判に対して反論するのを邪魔するネガティブな考えを追い払う

というわけで、いつもと同じように、ステップ2は、〈批判に対して反論するのを邪魔するネガティブな考え〉を〈批判に対して反論するのを助けるポジティブな考え〉に変えるトレーニングです。ネガティブな考えとは、たとえば次のようなものです。

■私には能力がなくて、失敗ばかりしているので、批判されるのは当然だ
■批判に反論したら、相手と言い争いになる。険悪な雰囲気になるのを避けるためにも、自分が我慢したほうがいい
■反論しても、相手のほうが聞く耳を持たず、何度も批判してくるのだから、しかたがない
■相手は上司なので、私を批判する権利がある

こういったネガティブな考えは、ほかにもたくさんあると思います。あなたも自分が陥りそうなネガ

ティブな考えを書きだしてみましょう。これに対するポジティブな考えとは次のようなものです。

□自分がミスをしていたら、そのことを認める必要はあるが、そうでなければ、その批判はまちがいだと反論する必要がある。また、ミスをしていたとしても、一〇〇パーセント、私が悪いわけではない

□自分の意見をはっきりと表明することは、相手との対立を深めることにはならない。逆に、批判に反論することによって、互いの理解を深めることもできる

□反論せずに放っておくと、相手は調子に乗って、ますます批判を強めてくる。そうなったら、自分の精神も不安定になる恐れがある。自分を守るためにも、きちんと反論したほうがいい

□上司が批判していいのは、こちらが仕事上のミスを犯した時だけだ。それ以外の批判をする権利はない。また、事実確認もしないで批判することはできないし、私の人格を批判する権利もない

ステップ3──リストをつくって、できそうなものから並べてみる

次は「批判に対して反論する」ためのリストづくりです。といっても、批判というのはいつどんなところから来るかわからないものなので、以前、実際に批判されて、反論できなかった時の状況を書きだし、もし、今その批判に反論するとしたら、どれくらい難しいか、それぞれに難易度をつけましょう。

以下はエドモンがつくったリストです。

①難易度10―家のことをまったくしないと批判する妻に反論する
②難易度30―根も葉もない噂を流している同僚に抗議する
③難易度60―ミスの責任をすべて押しつけてくる上司に反論する
④難易度90―君はエゴイストだと非難する友人に反論する

ステップ4―リストのできそうなものから、実際にやってみる

最後は〈実際に批判に対して反論するトレーニング〉です。これは今、つくったリストをもとに、やりとりをシミュレーションしたり、ロールプレイをしたりして、練習を重ねてください。その前に、いつものように〈批判に対して反論する時のコツ〉を紹介しておきましょう。ポイントは以下のとおりです。**表14-5**はこのポイントを具体例とともに示したものです。

――批判の内容をもっとよく知るために、相手に質問する
――批判が正当であれば、自分の非を認め、相手に詫びたうえで、どうするか決める
――批判が正当でなければ、抗議する
――批判が正当であっても、言い方に問題があったら、自分の非は認めたうえで、言い方に抗議する

このうち、相手に質問をするのは、とても大切なことです。相手が何について批判しているのか、ま

たその批判が正当かどうかで、あなたの対応の仕方も変わってくるからです。相手の批判が正当であれば、率直に自分の非を詫びたうえで、善後策を話し合う必要があります。また、批判が正当でなければ、断固として抗議をする必要があるでしょう。したがって、まずは相手の批判の趣旨を確かめなければならないのですが、この時、大事なことは、「この段階では、まだ相手に反論しない」ということです。ともかく、冷静に相手の考えていることを訊きだしましょう。

　これによって、あなたは次

表 14－5　批判に対して反論する時のコツ

ポイント	具体例
批判の内容をもっとよく知るために、相手に質問する	「私の仕事に問題があるということですが、具体的にはどういうことですか？　たとえば、ミスをしたというなら、どんなミスをしたのか、教えてください。必要でしたら、すぐにやりなおしますから……」
批判が正当であれば、自分の非を認め、相手に詫びたうえで、どうするか決める	「ああ、あの書類のことですか。あれは確かに急いでやったので、ミスがあったかもしれません。申し訳ありませんでした。ほかにも仕事を抱えていて、どうにも時間がとれなかったんです。で、どうしましょう？　今は急ぎの仕事をやってしまわなければならないんですが、そのあとで見直すということでもよろしいでしょうか？　今度はきちんと時間をとって、まちがった部分を修正します」
批判が正当でなければ、抗議する	「いえ、あれは私がやった仕事ではありません。もしかしたら、勘ちがいなさっているのではないでしょうか？　すみません、もう一度、お確かめください」 「ミスがあったのはあやまります。申し訳ありませんでした。でも、あの時は、『ともかく 30 分でやってくれ』ということでしたので、見直しの時間がとれませんでした。普通だったら、2 時間はかかる仕事ですから、ひとつふたつミスが出てもしかたのないところです。『それでもかまわない』というのでお引き受けしたのに、『仕事に問題がある』というのは、ずいぶんじゃないでしょうか？」
批判が正当であっても、言い方に問題があったら、自分の非は認めたうえで、言い方に抗議する	「確かに、急いでやったので、ミスがあったかもしれません。その点はお詫びします。申し訳ありませんでした。でも、一回ミスをしただけなのに、『仕事に問題がある』というのは、言い過ぎではないでしょうか？　それに、『だから、おまえはダメなんだ！　給料泥棒！』というのは、いくらなんでもひどすぎます！」

のようなメリットを得ることができます。

□批判に対して、攻撃的にならずにすむ
□曖昧な批判を正確で具体的なものにすることで、反論しやすくなる
□相手の真意を知ることによって、その批判が善意によるものか、悪意によるものか――すなわち、あなたのためになされたものか、あなたをおとしめようとしてなされたものか、見さだめることができる（善意によるものなら、相手は丁寧に答えてくれる）
□あなたが批判に負けない、強い人間であることを相手に示せる

ということで、そうやって、相手の批判の当否を確かめたら、いよいよ反論に入るのですが、相手の批判は一〇〇パーセント正しかったり、一〇〇パーセントまちがっていたりするわけではありません。たいていの場合は、正しい部分もあれば、まちがっている部分もあります。その点はしっかり頭に入れておきましょう。

それから最後にもうひとつ大切なこと。これは前にもお話ししましたが、大切なことなので、何度でも繰り返します。これは批判をするほうの問題なのですが、あなたに対する批判は〈行為〉に向けられたものと、〈人格〉に向けられたものがあります。たとえば、「会議中、ちょっと集中力に欠けていたね」という批判は〈行為〉に向けたものですが、「やっぱり、おまえはダメ社員だ」というのは〈人格〉に向けた批判です。このうち、〈行為〉に対する批判には耳を傾ける価値がある場合もありますが、〈人

格〉に向けられた批判には、断固として抗議しましょう。批判した人が意識的なのか無意識なのかは別にして、それはモラル・ハラスメント（相手をおとしめることを目的として行なわれた精神的暴力）にあたる可能性があります。

エドモンの場合

それでは、実際に先ほどのリストをもとに、この表のポイントにしたがって、エドモンがどんなトレーニングをしたか、それを見てみましょう。

①難易度10—家のことをまったくしないと批判する妻に反論する

エドモンはよく「家のことをまったくしない」と妻から批判されます。でも、「まったく」というのは、少しちがう気がするので、反論するトレーニングをしました。

エドモン　今日、君が買い物に行く時に車を出さなかったから、そう言っているんだね。それは謝るよ。でも、それは今日だけだし、いつもは行ってるじゃないか。それに、毎日じゃないけれど、食事の後片づけもしている。だから、「まったく」と言うのは言いすぎじゃないかな。まあ、ぼくも少しは家のことをするように気をつけるけどさ。今日の食事の後片づけは、ぼくがやるよ。

②難易度30—根も葉もない噂を流している同僚に抗議する

数週間前から、職場の同僚が「エドモンは外回りの最中、仕事をさぼってカフェにいる」とまわりに悪口を言いふらすようになりました。それは根も葉もないことですが、このまま放っておくわけにはいきません。

エドモン　ぼくが仕事をさぼって、カフェでお茶を飲んでいるって噂を流しているみたいだけど、本当にそんなことを言いふらしているのかな？　本当だったら、やめてくれないか。だいたい、いつぼくがそんなことをしたって言うんだ。何日の何時頃、どこのカフェでさぼっていたのか教えてほしい。そうしたら、ぼくも過去のスケジュール表を見て、その時間、どこで何をしていたか、話すことができるから……。ちゃんとした根拠もなしにそんなことを言うのは、やめにしてほしいね。

③難易度60――ミスの責任をすべて押しつけてくる上司に反論する

エドモンはクライアントの待ち合わせの時間に遅れるというミスを犯しました。けれども、それは不可抗力の面もあって、エドモンだけが悪いわけではありません。ところが、上司はすべておまえが悪いと言って、その責任をエドモンに押しつけます。

エドモン　確かに時間に遅れて先方を怒らせてしまいましたが、それはすべて私の責任でしょうか？　最初、課長から待ち合わせの時刻をうかがった時は、四時ということでした。これはメールにも書いてありました。そのあと、二時頃に、「待ち合わせが三時に変更になった」とメモを机に置いたとおっしゃいますが、そのメモは見ていません。私はその前に別のクライアントと会う約束があったので、一時にはもう出かけていたのです。それなのに、「すべておまえが悪い」と言われるのは納得できません。

④ 難易度90──君はエゴイストだと非難する友人に反論する

ある時、エドモンは友人から車を貸してくれと言われました。でも、その友人は乗り方が粗いので、断わりました。すると、友人は「君はいつも自分のことしか考えない。友だちが困っているのに助けようともしないなんて、薄情者もいいところだ。根っからのエゴイストだよ。まったく、君の人間性を疑うね」と非難しはじめました。

エドモン　車を貸せないのは悪いと思うよ。でも、だからといって、エゴイストだの薄情者だの、それは言いすぎじゃないか？　ましてや人間性を疑うだなんて……。そんな言葉は絶対に認められないね。

この最後の項目は特に大切です。それから、こんなふうに非難してくる人は、最初からあなたをおとしめることを目的として、こんな言い方をしている可能性もあります。いわゆるモラル・ハラスメントの加害者タイプの人間です。そういう人は友だちではありませんので、なるべく距離をとることをお勧めします。

　さて、〈自己主張〉というのは、すること自体難しいのですが、どんなふうにするかも難しいところがあります。そこでよくありがちなのが、攻撃的になってしまうというもの。つまり、自分に自信がないので、いったん〈自己主張〉をするとなったら、ひたすら強く出てしまうのです。「批判に対して反論する」というのも、その例外ではありません。批判されると、自分が全面的に否定されたような気がして、つい過剰に反応してしまうのです。これについては、私のクリニックに相談に来られたジョゼフィーヌの例をご紹介しましょう。

ジョゼフィーヌの場合――批判に過剰に反応してしまう

　ジョゼフィーヌは〈自己評価〉が極端に低く、いつも批判を恐れています。そこで、たとえば、上司に「頼んでいたコピーはできたか？」と訊かれると、こんなふうに答えてしまいます。

「部長は私の仕事がコピーとりだけだと思っていらっしゃるんですか？　ほかにも発注伝票を書いたり、いろいろあるんです。それに、私はご存じのように能力が低いですから……。そう何もかもすぐにはできません」

　これでは上司もびっくりしてしまいますね。ジョゼフィーヌもこんなふうな態度を続けていては、さすがにまずいと思ったらしく、私と一緒に、この場合はどう答えるべきだったかを一緒に考えてみました。

「すみません。まだなんですけど、お急ぎでしたか？　それほどお急ぎではないと思ったので、発注伝票を書いていたんです。こちらは今日じゅうにしなければならなかったので……。でも、至急コピーが必要なら、すぐに用意します。その代わり、伝票のほうは明日までということにさせてください」

　これなら上司も納得して、ジョゼフィーヌを批判することはないのではないでしょうか？　批判に反論するには、それなりのやり方があるのです。

——トレーニング5　自分をアピールする

　最後は、〈自分をアピールするトレーニング〉です。まず初めに、どうしてそんなことをしなければならないのか、またそれがどんなふうに〈自信〉とつながってくるのか、簡単にお話ししましょう。

「自分をアピールする」というのは、もちろん、「自分のよいところを見せる」というのも含まれますが、それだけではありません。よいところも悪いところも合わせて、人に自分をわかってもらうということです。ただし、この場合、「悪いところもわかってもらう」というのは、「自分の悪いところばかりを強調する」ということではありません。「私には悪いところもあるけれど、それも含めて、私を理解し、受け入れてください」と相手に伝えるということです。別の言い方をすれば、「ありのままの自分を見せる」ということ——それが「自分をアピールする」ということなのです。

　さて、そういった意味で、「自分をアピールする」ことができないと、いつでも人に対して、〈偽りの自分〉を見せていなければなりません。自分がどんな人間なのか、どんなことができるのか、できないのか、何が好きで、何が嫌いなのか、今、どんな気持ちを抱いているのか、本当の自分を隠したまま、相手と付き合うことになるのです。その結果、相手はあなたに好意を抱いたとしても、どんなふうに接していいか、わかりません。あなたの素晴らしいところを褒めることもできないし、好きなことを一緒にやろうと提案することもできません。反対に、苦手なことに誘ったり、嫌いなことを話題にしたりするかもしれません。そんなふうになったら、あなたの〈自己評価〉は下がる機会はあっても、上がる機会はありません。

前にもお話ししましたが、「人から愛され、認められる」のは、〈自己評価〉の柱のひとつです。したがって、自分に自信を持つためには、この柱を強化して〈自己評価〉を高めてやらなければならないのですが、そのためには、まず「ありのままの自分を見せる」――すなわち、「人にアピールする」ことが大切なのです。

ということで、さっそくトレーニングに入りましょう。これまでと同じように、トレーニングは四つのステップを踏んでいきます。

ステップ1――自分をアピールしなかった時のよくない状況を想像する

最初に私のクリニックに相談にいらしているヴァレリーという女性の話をしましょう。ヴァレリーは、〈何事も完璧にやらなければならないという思い込み〉を持っているために、自分に苦手なことがあるということをまわりの人に伝えることができません。たとえば英会話……。ヴァレリーは、英語ができるのですが、話すのは苦手なのです。それなのに、そのことを隠していたため、アメリカから来たクライアントの案内を頼まれ、大恥をかいてしまいました。ヴァレリーが最初に「会話は苦手です」と上司に伝えていたら、決してそんなことはなかったでしょうに、それをしなかったために、困った状況に陥ったわけです。自分のことをきちんと相手に伝えておくというのが、どんなに大切かわかると思います。

ほかにはたとえば、初対面の相手と話すことがなくなって、どうしたらいいかわからなくなったことはありませんか？　これももっと「自分のことを話す」ことができれば、そこから話題が生まれるので、気まずい思いをすることはなかったと思います。あるいは、自分のよいところをきちんとアピールしないせいで、いつでも脇役の座に甘んじていませんか？　もっと言えば、観客の立場に……。そう、注目されるのはいつもほかの人で、あなたではないのです。

そういったことを思い出したり、あるいは想像してみて、「やっぱり、こういう状況は嫌だ」と思ったら、次のステップ２に進んでください。

ステップ2―自分をアピールするのを邪魔するネガティブな考えを追い払う

このステップでは、いつもと同じように、〈自分をアピールするのを邪魔するネガティブな考え〉を〈自分をアピールするのを助けるポジティブな考え〉に変えるトレーニングをします。これは第1章でもご紹介しましたが、ネガティブな考えとは、たとえば、次のようなものです。

■自分になんか、誰も興味を持ってくれるはずがない
■自分のことを話すのは感心しない。ましてや、自慢話はみっともない
■自分は欠点だらけなので、ありのままの姿を見せたら、人から受け入れてもらえない

■自分の気持ちを口に出すのは、はしたない

第1章でも書いたように、こういったネガティブな考えはもっとあると思いますが、人によってちがうので、あなたは自分のネガティブな考えを書きだしてみてください。ここではより一般的なものをあげました。これに対するポジティブな考えは、次のようなものです。

□きちんとしたやり方で自分をアピールすれば、人は必ず自分に興味を持ってくれるはずだ

□自分のことを話さなければ、相手は自分がどんな人か、理解できない。確かに自慢話はみっともないが、自分のよいところをアピールするのは自慢話とはちがう

□欠点のない人はいない。その欠点を知ったうえで付き合うのが、本来の人間関係のあり方だし、自分に好意を持ってくれている人なら、その欠点をフォローしてくれるだろう

□自分の気持ちを口に出さなければ、相手は自分が何を考えているか理解できない。それは誤解のもととなって、関係そのものに悪い影響を与える可能性がある

ステップ3――リストをつくって、できそうなものから並べてみる

こうして、ネガティブな考えを追い払ったら、次は「リストをつくって、できそうなものから並べてみる」作業です。以下はアデリーヌという女性がつくったものです。

①難易度20―人から褒められた時に、その言葉を素直に受けとめる
②難易度40―自己紹介をする時に、もっとプライベートなことも入れる
③難易度80―母親に感謝の気持ちを伝える
④難易度90―スキーができないことを友だちに告白する

ステップ4―リストのできそうなものから、実際にやってみる

それでは最後のステップ。このステップでは、シミュレーションやロールプレイを通じて、実際に「自分をアピールする」練習をします。その前に、いつものように、〈自分をアピールする時のコツ〉をご紹介します。ポイントは四つあります。**表14―6**はこのポイントを具体例とともに示したものです。

――自分のプライベートなことを話す
――自分の気持ちを伝える
――自分のよいところを認め、人にもわかってもらおうとする
――自分の苦手なこと、能力に欠けるところを人に理解してもらう

アデリーヌの場合

ということで、このあとは先ほどのリストをもとに、この表のポイントにしたがって、アデリーヌがどんなトレーニングをしたかを見てみましょう。

①難易度20――人から褒められた時に、その言葉を素直に受けとめる

私のクリニックでセラピーを受けている間に、アデリーヌは自宅に友人たちを招いて、夕食をごちそうしたことがありました。けれども、その夕食会がうまくいったのかどうか、今ひとつ心配でした。そこで、何回か練習したあと、〈自己主張〉のトレーニングも兼ねて、招待した友人のひとりに、夕食会をどう思ったか思い切って尋ねてみました。

アデリーヌ　ねえ、この間の夕食会だけど、どうだった？　みんな楽しんでもらえたかしら？

表14－6　自分をアピールする時のコツ

ポイント	具体例
自分のプライベートなことを話す	「私は５人兄弟の長女なので、けっこう、弟や妹の面倒をみましたよ。いちばん下の弟とは、年が15も離れていたんで、もうお母さんがわりのようなものでした」 「趣味は野鳥観察かな。公園に双眼鏡を持って、出かけていくんです。けっこう、いろんな鳥がいるんですよ。鳴き声もいろいろで……」
自分の気持ちを伝える	「この間はごめんなさいね。パーティーであなたがいるのはわかっていたんだけど、ほかの人と話していたら、どうしてもそこから抜けだせなくなって……。そのあとで、あなたの姿を探したんだけど、もうあなたは帰ったあとだったみたいで……。お話しできずに残念だったわ。今度はパーティーじゃなくて、ふたりで会って、ゆっくり話しましょうよ。あなたとおしゃべりするの、私、大好きなの」
自分のよいところを認め、人にもわかってもらおうとする	「この間のお菓子、おいしかった？　ありがとう。そうなのよ。私、お菓子づくりには、ちょっとした自信があるのよ。ケーキもパイもなんでも焼けるわ。何かあったら、言ってね。腕によりをかけて、つくってあげるから……。
自分の苦手なこと、能力に欠けるところを人に理解してもらう	「ごめんなさい。今度の集まりのことなんだけど……。レストランでするのよね。でも、私、おしゃれなレストランって知らないし、交渉も苦手だから……。みんなに楽しんでもらえるようなお店を探す自信がなくて……。嫌じゃなかったら、お店を探すの、手伝ってもらえないかな。それから、できれば交渉もしてくれると、ありがたいんだけど……。わがままばっかり言ってごめんなさい」

友人　もちろんよ。とっても楽しかったわ。お食事はおいしかったし、雰囲気もよくて……。あなたにはおもてなしの才能があるわね。みんな、そう言ってたわよ。

その友人とは仲がよく、いつも思ったとおりのことを言うので、アデリーヌはそれを信じることにしました。そのおかげで、なんだか自信が持てるような気がしてきたと言います。このように、自分のしたことの結果が心配だったら、信頼のおける人に尋ねてみるとよいでしょう。そして、その人が褒めてくれたのであれば、素直に信じるのです。

② 難易度40──自己紹介をする時に、もっとプライベートなことも入れる

ある日、私はアデリーヌが普段、初対面の相手にどんな自己紹介をしているか知りたくて、私の前でやってもらいました。というのも、自己紹介というのは、「自分をアピールする」絶好の機会だからです。すると、アデリーヌは、まずこんなふうに自己紹介しました。

アデリーヌ　私はアデリーヌです。九月から高校の臨時教員として、スペイン語を教えています。えーと、ほかには特にありません。

どうでしょう？　これではあまり魅力的な自己紹介とは言えませんね。「自分をアピールする」のが苦手な人の自己紹介は、一般に簡潔で、職業を述べるだけという、通りいっぺんのものになりがちです。

そこで、私は自己紹介でもっとプライベートなことを伝えるようアドバイスしました。これはアデリーヌにとっては、けっこう難しいことでしたが、なんとかがんばって、次のような自己紹介ができるようになりました。

アデリーヌ　私はアデリーヌです。父はアルジェリア出身で、母はスペイン人です。私自身はリヨンで生まれたんですけど、母がスペイン人なので、小さい頃からスペイン語ができました。そのおかげで、今は高校の臨時教員として、スペイン語を教えています。趣味はテニスかな。市営コートで、週に二回はプレイしています。テニスはなさいますか？

これなら、アデリーヌがどんな人なのか、相手に伝わりますね。そのあとの会話でも、話題に困ることが少なくなります。「自分をアピールしたい」のなら、あなたも少しプライベートなことを入れた自己紹介を工夫してみましょう。

③難易度80──母親に感謝の気持ちを伝える

アデリーヌのお母さんは、フランスに働きに来た時に、アルジェリア出身のお父さんと知り合って結婚したのですが、生活はあまり楽ではなく、アデリーヌを育てるのに苦労しました。でも、アデリーヌにはいつも優しく接し、何をするにも応援してくれました。そんなお母さんにアデリーヌは前から感謝の言葉を伝えたいと思っていたのですが、あらためて口に出すのが気恥ずかしくて、なかなかその勇気が出ませんでした。でも、この間、ついに伝えることができたのです。

アデリーヌ　ねえ、ママ。ママは昔、生活も大変だったのに、私には何ひとつ不自由させないって、大切に育ててくれたよね。私、前からずっと言いたかったんだけど、なかなか言えなくて……。でも、今日は思い切って言うね。ありがとう、ママ。ママのおかげで、私、今までずっと幸せだったわ。

それを聞くと、アデリーヌのお母さんは泣きだし、アデリーヌも一緒に泣いてしまったと言います。そして、アデリーヌはますますお母さんに対する感謝の気持ちが募り、お母さんに自分の気持ちを伝えられたことで、誇らしい気持ちになったということです。

④難易度90――スキーができないことを友だちに告白する

最後は自分が苦手とするものを相手に告白するというもの。これは人によっては、かなり難易度が高いと思います。アデリーヌは友人からスキーに誘われたのですが、スキーはまったくできません。みんなが上級者であれば、一緒に滑ることもできないので、とうてい楽しめないと思いました。そこで、誘いをかけてきた友人のローランスに訊いてみることにしました（何回もトレーニングして、難易度が40くらいまで下がったあとのことです）。

アデリーヌ　ねえ、ローランス。私、スキーはまったくできないの。だから、みんなと一緒に行っても、足手まといになるだけだと思うんだけど……。ほかにも初心者っているかな？

ローランス　いるわよ。だから、心配しないで。初心者用の講習もあるし、大丈夫よ。うまい人たちは上に行って上級者用のコースを滑るけど、夜は一緒だから。みんなでわいわいできるわ。

結局、アデリーヌは友人たちとスキーに行き、楽しく過ごしてきました。もし、アデリーヌが「スキーは苦手だ」と告白できず、「ほかに用事があるから」と言って、この誘いを断わっていたら、こんなふうにはならなかったでしょう。何かを苦手だと言っても、人から馬鹿にされるわけではありません。あなたに好意を持つ人なら、それをわかったうえで、フォローしてくれるはずです。恥ずかしがらずに、言ってみましょう。

〈自己主張〉にはふさわしいやり方がある

最後に〈自己主張〉全般に関わることで、ひと言。それは〈自己主張〉には、ふさわしいやり方があるということです。普通、「自信のない人は、〈自己主張〉をしない」と考えられがちですが、これは半分しか正しくありません。自信のない人が、〈自己主張〉をすることもあります。ただ、そのやり方がよくないことが多いのです。

その〈よくないやり方〉というのは、たいていの場合、「攻撃的になる」ということです。これには

「投げやりな態度で接する」とか、「皮肉を言う」のも入ります。上司に頼まれていたコピーの催促を受けたジョゼフィーヌの態度がそうでしたね。ほかにも、第8章で紹介した〈何事も完璧にやらなければならないという思い込み〉を持っている人は、ほかの人のすることがいい加減に見えて、ついうるさいことを言ったり、相手を非難するようなことを言ってしまいがちです。

たとえば、この項の最初に出てきたヴァレリーは、ほかの人に頼んだ仕事にミスがあるのを見つけると、ついこう言ってしまいます。

「あら、ここ、ミスしてるわ。見直しはちゃんとしてくれたの？　私なら三回はするけど……。ほら、ここもやってる。ねえ、仕事なんだから、きちんとやってよ。これはとっても大切なことよ。あら、また……。もう、こんなんじゃ、私が自分でやったほうがよかったわ」

どう思いますか？　いくら自分の意見や気持ちを相手に伝えていても、このやり方では、相手にうまく伝わりません。つまり、〈自己主張〉のやり方がまちがっているのです。〈自己主張〉をすることは、もちろん大切ですが、どんなふうにしてもいいということではありません。あまり感情的になりすぎるのは、よくありません。また、決して攻撃的にならないようにすることが大切です。弱い犬ほどよく吠《ほ》えると言いますが、感情をむきだしにして相手に食ってかかるのは、自信のない証拠です。反対に〈自己主張〉が上手になってくれれば、自信もついて、自分の気持ちや言いたいことを相手に穏やかに伝える、素晴らしい〈自己主張〉ができるようになってくると思います。こうして、〈自己主張と自信のサイクル〉は、よい方向に変わってくるのです。そして、それはまた〈行動〉や〈自己評価〉にもよい影響を与え、全体として〈自信がついてくる、よいサイクル〉ができあがるのです。

第15章　自分の〈思い込み〉から自由になるトレーニング

第3部ではここまで、〈自信〉の三つの要素である〈自己評価〉と〈行動〉と〈自己主張〉について、そのひとつひとつを改善するトレーニングについてお話ししてきました。この章ではまた視点を変えて、「自分の〈思い込み〉から自由になる」という言葉をキーワードに、これまでの三章でお話しできなかったトレーニングを紹介したいと思っています。そのうち前半では、今までと同様、セラピストやカウンセラーなど、特に専門家の助けを借りなくてもできるトレーニング、後半は専門家と相談しながらしていただくトレーニングについてお話しします。

ひとりでできるトレーニング

まずは専門家の助けを借りなくてもできるトレーニングです。これは紙と鉛筆があれば、そして、自分自身をほんの少し客観的に見ることができれば、誰にでもできます。でも、自信を持てない人にとっては、その「自分自身をほんの少し客観的に見る」というのが難しいですね。その理由は、第2部で紹介した〈思い込み〉があるからです。その〈思い込み〉は七つあって、あらためてあげると、次のようになります。

思い込み1　私には能力がない
思い込み2　いつでも人から愛され、認められなければならない
思い込み3　私はダメな人間だ
思い込み4　何事も完璧にやらなければならない
思い込み5　いつも正しい決断を下さなければならない
思い込み6　世の中は危険に満ちている
思い込み7　人を信頼してはいけない

自分に自信を持てない人は、この〈思い込み〉に縛られているせいで、〈自己評価〉が低かったり、〈行動〉や〈自己主張〉ができなかったりするわけです。その結果、ますます自信がなくなっていくのです。

そこで、これからするトレーニングは、こういった〈思い込み〉から——そして、その〈思い込み〉を支えたり、その〈思い込み〉から派生する考えや気持ちから、できるだけ自由になるためのトレーニングです（この考えや気持ちは、また別の意味での〈思い込み〉と言ってもいいと思います。つまり、

基本的な七つの思い込みのまわりには、たくさんの別の〈思い込み〉があって、〈認知〉をゆがめているのです。したがって、これはその〈認知のゆがみ〉を正すトレーニングであるとも言えます）。

——トレーニング1　自分の〈思い込み〉を知る

最初は「自分の〈思い込み〉を知る」トレーニングです。というのも、〈思い込み〉というのは小さい頃にできて、「そんなふうに考える」のが自然になっているので、それが〈思い込み〉＝〈認知のゆがみ〉だとは、自分ではなかなか気がつきません。そこで、いつもその〈思い込み〉にしたがって物事を見たり、考えたり、行動した結果、うまくいかない事態が生じるのですが、もしそうなら、まずは「自分の〈思い込み〉を知る」——というよりは、「自分の〈思い込み〉に気づく」必要があります。それにはどうすればいいでしょうか？

〈思い込み〉は、人によっては〈無意識〉の領域に押しこめられていたり、あるいはその人の人格と切り離せないものになっていることもありますので、そういった場合は、〈思い込み〉に気づいて、そこから自由になるのは難しくなります。その場合は、専門家に相談することが大切です。けれども、たいていの場合は、そこまでしなくても大丈夫ですので、ここではひとりでできるトレーニングをご紹介しましょう。

やり方は簡単。紙と鉛筆を用意して、三つ欄《コラム》がある表をつくり、そのコラムのそれぞれに、〈状況〉

〈感情〉〈自動思考〉と入れてください（そう、第7章や第12章でやった〈認知再構成法〉です）。そして、表ができたら、最近、気持ちが大きく動揺した出来事をいくつか書いて、〈自動思考〉のところを見てください。おそらく、そこには〈その時、頭に浮かんだ考え〉として、ほとんどの出来事のところに同じような考えが記されているのではないでしょうか？　それがあなたの〈思い込み〉――あなたの人生を難しくしている〈思い込み〉です。人は結局、いつも同じ問題に悩むものなのです。〈認知再構成法〉については、前にも説明しましたが、ここでは「自分の〈思い込み〉を知る」という観点から、私のクリニックに相談に来られたジャンという男性を例にとって、ご説明しましょう。

ジャンの場合――自分は不当に評価されている

表15－1はジャンが行なった〈認知再構成法〉を整理して、まとめたものです。最初の状況では、ジャンは職場で同僚にラジオをかけていいかと訊かれ、「うるさかったら言ってね。すぐ消すから」と言われたことに傷つきました。自分が狭量な人間だと思われた気がしたからです。また、二番目の状況では、生後六カ月の娘に離乳食を食べさせている時にこぼしてばかりいたために、妻に「この子よりテーブルのほうが食べてるかも」と言われたことに、怒りと悲しみを覚えました。妻は笑いながら言ったのですが、非難されているように思ったからです。そして、三番目の状況では、レストランの予約がとれなかった時、友人から「えっ？　ダメだったの？　残念だな」と言われて、罪悪感とともに、怒りや失望、無力感を覚えました。これは非難されたと思ったのと同時に、自分の苦労は誰にもわかってもらえないと感じたからです。

いずれにせよ、この表を見ると、ジャンはいつも「相手の言葉は不当だ」「自分は不当に評価されている」と思っています。ところが、あらためて相手の言葉を見ると、別にジャンを激しく非難しているとは思えません。ジャンは自分が相手から責められていると感じて、それは不当だと思ってしまうのです。

ジャンがいつでもこう思ってしまうのは、その後ろに〈思い込み〉があるから……。その〈思い込み〉とはなんでしょう？　そう、「いつでも人から愛され、認められなければならない」です。この〈思い込み〉のために、ジャンは子どもの頃から、人の

表15－1　自分の〈思い込み〉を知る――ジャンの３つのコラム

状況	感情	自動思考
状況１ 職場で女性の同僚に、昼休みにラジオをかけていいかと尋ねられた。その時、その同僚は、「うるさかったら言ってね。すぐ消すから…」とつけ加えた。	●ショック ●落胆 ●怒り 5/10	●同僚は私が狭量で、すぐに文句をつける人間だと思っている ●私はそんなふうに思われているのか？　その評価は不当だ ●いつだって、少しくらいのことは我慢しているのに、そんなこともわからないのか！
状況２ その夜、家で生後６カ月の娘に離乳食を食べさせた。すると、それを見ていた妻が、笑いながら、「この子よりテーブルのほうが食べてるかも」と言った。	●悲しみ ●怒り 7/10	●育児に参加しているんだから、「ありがとう」と言ってくれてもいいのに ●そんな言い方は不当だ ●私だって家事を手伝っているのに、妻はまったく認めない
状況３ 友人と食事をするためにレストランに予約を入れたら、満席だと言われた。そこで、友人にその旨を告げると、こう言われた。「えっ？　ダメだったの？　残念だな。でも、満席じゃあ、しかたがないね」	●罪悪感 ●失望 ●悲しみ ●怒り ●無力感 7/10	●もっと早く予約を入れればよかった。友人もそう思っているだろう ●でも、こっちは電話をしたんだから、そんなふうに言うのは不当だ ●忙しい仕事の合間をぬって、電話番号を調べたのに。友人はその苦労を知らない ●みんな私が失敗したことしか見ようとしないんだ

〈状況〉は、いつ、どこで、何が起こったのか、誰と一緒にいたのか、具体的に書く。
〈感情〉は、その時の気持ちを書いて、その程度を10段階で評価する。
〈自動思考〉は、その時に頭に浮かんだ考えを思い出して、正確に書く。

反応に敏感で、相手の言葉や態度に〈非難〉を読みとって、自分が正当に認められていないと感じてしまうのです。そうなったら、〈自己評価〉が高くなることはありません。その結果、だんだん自信が失われていくのです。

あなたも、この〈認知再構成法〉の三つのコラムの表をつくって、まずは自分の〈思い込み〉に気づいてください。

——トレーニング2　自分の〈思い込み〉を疑う

第12章の〈自己評価を高めるためのトレーニング〉のなかにあった〈トレーニング2　自分を否定する言葉が正しいかどうかチェックする〉に出てきたクロエとオドレイの例を覚えていますか？　そのなかで、私は精神科医として、クロエやオドレイに次のような質問をしました。「自分が普通の女性ではない」というクロエには、「あなたにとって普通の女性とはどういう人ですか？」という質問を……。「自分がエゴイストだ」というオドレイには、「エゴイストとはどんな人ですか？」という質問を……。そうです。私はクロエやオドレイが「自分は普通の女性ではない」とか「自分はエゴイストだ」と思い込んでいるのに対して、まずその言葉の定義を訊き、「自分がその定義にあてはまっている」かどうか、尋ねたのです。すると、ふたりは「自分はその定義にはあてはまっていない」と答えました。

ということで、ここで紹介するトレーニングは、自分に質問することによって、「自分の〈思い込み〉

を疑う」トレーニングです。クロエとオドレイには私が質問しましたが、これは紙と鉛筆があれば、セラピストやカウンセラーがいなくても、ひとりでできます。たとえば、あなたが「私はダメな人間だ」という〈思い込み〉を持っているとしたら、自分に次のような質問をしてみましょう。

①ダメな人間とはどういう人ですか？「ダメな人間」の定義をしてください。あなたはこの定義にあてはまりますか？

②あなたは本当にダメな人間ですか？ あなたがダメな人間であるという根拠と、あなたがダメな人間ではない根拠をあげてみてください。特に、ダメな人間ではないという根拠を……。それは探せば、必ずあります。

③あなたは自分について、どう思っていますか？ あなたの性格や能力、外見などを細かく分けて、それぞれ9段階評価をしてください

質問①については、クロエやオドレイの例を参照してください。あなたは自分が思っているほど、ダメな人間ではないことに気づくと思います。

質問②については、第12章の〈トレーニング4《自己評価》の根拠を見きわめる〉に出てきたサビーヌの例が参考になると思います。サビーヌは「最近、君は仕事に身が入っていないようだね」と言われ、「やっぱり、私はダメな人間だ」と思ってしまいましたが、その状況をふりかえって、ダメだったところとダメではなかったところを両方並べたおかげで、自分の〈思い込み〉を相対化することができました。こんなふうに自分の〈思い込み〉を疑うためには、〈認知再構成法〉の第四のコラムに「〈自動思考〉が正しいと思われる」根拠を書き、第五のコラムに「〈自動思考〉がまちがっている」という根

拠を書くという方法も役立ちます。前項で述べたように、〈自動思考〉と〈思い込み〉＝〈認知のゆがみ〉は密接に結びついているのです。

質問③については、私のクリニックに相談に来られていたアマンディーヌという女性の例をお読みください。

アマンディーヌの場合

アマンディーヌは、〈私はダメな人間だという思い込み〉を強く持っていました。でも、この〈思い込み〉は、ほかのものと同様漠然としていますね。すなわち、「どこがどのくらいダメなのか」という具体性に欠けるのです。そこで、私はアマンディーヌに、〈性格〉〈能力〉〈外見〉の三つについて、いくつか具体的な項目を設定してもらい、それぞれの項目を9段階で評価してもらいました。そして、1から3までを「劣っている」とし、4から6までを「普通」とし、7から9までを「優れている」とし

表15－2　自分の〈思い込み〉を疑う――私はダメな人間だ（アマンディーヌの自分に対する評価）

		劣っている			普通			優れている		
9段階評価		1	2	3	4	5	6	7	8	9
性格	思いやりがある							○		
	決断力がある		○							
	誠実である								○	
能力	書類を整理する			○						
	人と接する								○	
	身体を動かす						○			
容姿	鼻							○		
	脚					○				
	ヒップ	○								

ました。すると、アマンディーヌの評価は、全体としては「優れている」のほうに集まりました。アマンディーヌは自分の「劣っている」ところばかりを見て、「私はダメな人間だ」と思っていたのです。**表15－2**は、それをわかりやすくまとめたものです。

トレーニング3　自分の〈思い込み〉のデメリットを知る

次は「自分の〈思い込み〉のデメリットを知る」トレーニングです。たとえば、あなたが「いつでも人から愛され、認められなければならない」という〈思い込み〉を抱いている場合、そんなふうに思うのは、あなたにとって必ずメリットがあるからです。そうでなければ、子どもの頃からこの〈思い込み〉を持ちつづけている理由がわかりません。あなたはそうしたほうが自分に有利だと思うからこそ、「いつでも人から愛され、認められ」ようとするわけです。

ただし、いくらその〈思い込み〉にメリットがあると言っても、よいことばかりとはかぎりません。そこには必ずデメリットもあります。また、〈短期的〉に見てメリットだったものも、〈中期的〉〈長期的〉に見ていくと、デメリットに変質してしまうものもあります。

そこで、私のクリニックに来られたシャンタルという女性を例にとって、〈いつでも人から愛され、認められなければならないという思い込み〉のメリットとデメリットを〈短期的〉〈中期的〉〈長期的〉に考えてみましょう。

最初は現在の――つまり〈短期的〉に見たメリットとデメリットです。シャンタルはこの〈思い込み〉を持つ者のつねとして、「人から愛され、認められるようにしないと見捨てられる」と考えています。その結果、つい自分の意見や気持ちを抑え、人に合わせています。その場合のメリットは次のようなものです。なお、括弧《かっこ》のなかの数字は、メリットを一〇〇点満点で評価したものです。

□グループのなかで、非難されることはほとんどない（70）
□人と話している時に、口論にならない（90）

これに対して、デメリットは次のようなものです。括弧《かっこ》のなかの数字は、デメリットを一〇〇点満点で評価したものです。

■自分の意見を言えない（60）
■自分というものがない気がする（90）
■自分がまったく価値のない人間に思え、自信が持てない（100）
■人に合わせてばかりいる自分に、自己嫌悪を感じる（90）

どうでしょう？　シャンタルの〈いつでも人から愛され、認められなければならないという思い込み〉には、やはりメリットとデメリットがあることがわかります。そして、そのメリットとデメリットの大きさを括弧内の数字を足して比較してみると、シャンタルの考えていたこととは反対に、デメリットのほうが大きいこともわかりました。**表15－3**は、これをまとめたものです。

では、今度はこの〈思い込み〉のメリットとデメリットを〈短期的〉〈中期的〉〈長期的〉に考えてみましょう。□がメリット、■がデメリットです。

短期――□みんなから感じがいいと思われる。そのため、みんなで行動する時に誘いがかかる

中期――□友人がたくさんいるので、ひとりぼっちだと感じない

長期――■本当に生きている気がしない。自分がつまらない人間のように思える

こうして見ると、短期的、中期的にはメリットがあっても、長期的にはデメリットのほうが強くなってくることがわかります。それでは、この反対に、〈いつでも人から愛され、認められなければならないという思い込み〉から自由になった場合はどうでしょう？

短期――■みんなから非難されることがある

中期――■人の言いなりにならず、自分の意見を主張するので、友人のなかには離れていく者もいる

表15－3〈人から愛され、認められなければならないという思い込み〉のメリットとデメリット

メリット（評価点）	デメリット（評価点）
□グループのなかで、非難されることはほとんどない（70） □人と話している時に、口論にならない（90）	■自分の意見を言えない（60） ■自分というものがない気がする（90） ■自分がまったく価値のない人間に思え、自信が持てない（100） ■人に合わせてばかりいる自分に、自己嫌悪を感じる（90）
メリット合計　160点	デメリット合計　340点

長期――□自分の意見を言うことができて、希望や要求も伝えることができる。そのおかげで、自分に自信が持てる。去っていく友人もいるが、残ってくれた友だちは自分を本当に理解し、愛してくれているということなので、その関係はより深くなる

こちらは反対に短期的、中期的にはデメリットがあっても、長期的にはメリットがあることがわかります。では、最後に、この〈思い込み〉を保持した場合と、この〈思い込み〉から自由になった場合の最終的な結果を比較してみましょう。□がメリット、■がデメリットです。

この〈思い込み〉を保持した場合

■人に対して受け身になってしまう
■まわりの人たちから要求を押しつけられる
■自分がつまらない人間に思え、精神的に不安定になる。その結果、ますます自信を失っていく
■極度に自信が持てない状態が続くと、気分が落ち込み、定期的にカウンセリングを受けたり、薬を服用しなければならなくなる。場合によっては、仕事をやめなければならなくなる

この〈思い込み〉から自由になった場合

□自分の希望や要求を人に伝えることができる
□自分を利用しようとする人は去っていき、自分を大切にしてくれる人が残るので、本当の友だちをつくることができる

□気分が落ち込むことがなくなる。そのため、セラピーやカウンセリングを受ける必要がない
□ひとりの人間として尊重されていると実感できるので、自分に自信が持てるようになる

最終的に見ると、やはり「〈思い込み〉から自由になったほうがよい」ということが、一目瞭然《いちもくりょうぜん》でわかります。

トレーニング4　とことん悪い方向に考えてみる

最後は「とことん悪い方向に考えてみる」トレーニングです。これを聞いて、読者の皆さんは、「えっ？」と思うかもしれません。「自分に自信が持てないなら、できるだけ悪い方向で考えないほうがいいのではないか？　そんなことをしたら、ますます自信を失ってしまう」と……。

確かに悪いことばかり考えて、くよくよしていたら、自信はどんどんなくなっていきます。でも、このトレーニングには専門家も認める、はっきりした効果があるのです。それはふたつあります。

——とことん悪い方向に考えることによって、それ以上悪いことが起こらないとわかる

——最終的に〈最悪の事態〉に至るためには、その途中で〈その状況における最悪の出来事〉がいくつも重ならないといけないので、そうなることはほとんどあり得ないと理解できる

一般に、自信のない人——とりわけ、〈世の中は危険に満ちているという思い込み〉を持つ人は、こ

れから起こることが心配で、ある状況から起こり得る以上の悪い結果を想像してしまいます。また、「こうなったら、こういう悪いことが起こる。そして、そうなったら、もっと悪いことが起こる」というように、悪い結果を重ねていき、ほとんど現実的に起こる可能性のない事態まで想像しています。そして、それを〈想像〉ではなく、〈現実〉として心配してしまうのです。このトレーニングの目的は、そういった心配を解消し、「大丈夫。自分はこの事態に対処できる」と自信を持ってもらうことにあります。

それでは、第12章にも登場した大手旅行代理店のセールスコンサルタント、ティボーの例をもとに、このトレーニングのやり方を説明していきましょう。

ティボーの場合

ティボーは、ある時、自分が担当した団体旅行のグループが空港から出発したあとで、全員のチケットをきちんと確認したかどうか心配になりました。そこで、私はティボーに「とことん悪い方向に考える」トレーニングをしてもらって、その状況から導きだされる〈最悪の結果〉を考えてもらいました。というのも、ティボーは「チケットを確認しなかった」というところから想像を発展させ、最後には「もうダメだ。ぼくは妻にも見放され、精神科病院でひとりで死ぬんだ」と思い込んで、意《い》気《き》消沈《しょうちん》していたからです。そういった〈想像〉を防ぐには、逆にある状況でいちばん悪いことが起こったとして、その状況が次にどんな悪い結果をもたらすか、ひとつひとつ確認していくことが大切です。そうすれば、その〈想像〉がどのくらい現実に即しているか判断できるからです。以下は、このトレーニングでティボーが書いた〈最悪の状況〉がつながっていく流れです。

現在の状況　チケットを確認したかどうかわからない。この状況で最悪なのは、

←

1．チケットを確認していない。この状況で最悪なのは、

←

2．チケットにミスがあった。この状況で最悪なのは、

←

3．それは重大なミスだった。この状況で最悪なのは、

←

4．そのミスのせいで、会社をクビになる。この状況で最悪なのは、

←

5．仕事が見つからず、収入がなくなる。この状況で最悪なのは、

←

6．うつ病になる。この状況で最悪なのは、

←

7．薬も効かず、まったく気力がなくなる。この状況で最悪なのは、

←

8．妻に捨てられる。この状況で最悪なのは、
←
9．精神科病院で、寝たきりになって死ぬ。

これを見ると、ティボーはつい先ほどまで、「もうダメだ。ぼくは妻にも見放され、精神科病院でひとりで死ぬんだ」と言っていたくせに、「いや、いくらなんでもこれは大げさでしょう。チケットを確認しなかったくらいで、ここまで悪いことは起こらないと思います」と言いだしました。頭のなかで想像が飛躍したのとちがって、紙に書いて見直したせいで、自分の論理が「風が吹けば桶屋が儲かる」式のものだったことに気づいたのです。

そこで、私は今度は1から9までのそれぞれの状況で、普通だったらどうなるか、もう少し現実的な事態を考えてもらいました。それは次のようなものです。

現在の状況　チケットを確認したかどうかわからない。この状況であり得ることは、
1―1　確認した（問題解決）
1―2　確認しなかったが、ミスはなかった（問題解決）
2―1　ミスはあったがたいしたことはなかった（問題解決）
3―1　重大なミスではあったが、なんとか対処することができた（問題解決）
4―1　上司に叱責されたが、クビにはならなかった（問題解決）

5―1　クビにはなったが、しばらくは失業保険で暮らせた。また、その後、定期的に派遣社員として働くことができた（問題解決）
6―1　うつ病にはならなかった（問題解決）
7―1　うつ病になったが、回復した（問題解決）
8―1　うつ病の経過はあまりよくなかったが、妻はそばにいて支えてくれた（問題解決）
9―1　妻とは離婚したが、また別の女性と出会って、人生をやり直すことができた（問題解決）

いかがでしょう？「チケットを確認したかどうかわからない」という状況から、「妻に捨てられて、精神科病院でひとり死ぬ」状況になるまでには、それぞれの状況で、〈最悪の出来事〉が重なっていかなければならないことがわかりますね。その間に、どこかで問題が解決してしまえば、ティボーが最終的にそうなると心配した〈最悪の事態〉まではいかないのです。**表15－4**は、ティボーが最初に考えた〈最悪のシナリオ〉と、あとから考えた〈現実的なシナリオ〉を並べたものです。

ということで、以上が〈ひとりでできるトレーニング〉ですが、ここでひとつだけご注意！　もし、あなたの〈思い込み〉が非常に強いものであれば、ここでご紹介したトレーニングはひとりでやってもうまくいかない場合があります。というのは、〈思い込み〉が強すぎると、自分のよい面が見られなかったり、〈最悪の出来事〉以外のことが考えられなかったりするからです。その状態でトレーニングを続けたら、自分の悪い面ばかりに目が行ったり、最悪のことばかり考えて、ますます自信を失いかねません。したがって、どうしてもこの本で紹介したトレーニングがうまくいかなかったら、精神科医やセラピスト、カウンセラーなどの専門家に相談し、専門家と一緒にトレーニングを進めてください。これは第12章から第14章で紹介したトレーニングについても同様です。

——専門家と行なうトレーニング

さて、前項の最後で述べたように、〈思い込み〉が非常に強い時には、自分のよい面を見つけたり、物事をよい方

表15－4　とことん悪い方向に考えた〈最悪のシナリオ〉と〈現実的なシナリオ〉

	最悪のシナリオ	現実的なシナリオ
1	チケットを確認したかどうか心配 確認しなかった ↓	チケットを確認したかどうか心配 1-1　確認した（問題解決） 1-2　確認しなかったが、ミスはなかった（問題解決）
2	チケットにミスがあった ↓	2-1　ミスはあったがたいしたことはなかった（問題解決）
3	それは重大なミスだった ↓	3-1　重大なミスではあったが、なんとか取り返すことができた（問題解決）
4	そのミスのせいで、会社をクビになる ↓	4-1　上司に叱責されたが、クビにはならなかった（問題解決）
5	仕事が見つからず、収入がなくなる ↓	5-1　クビにはなったが、しばらくは失業保険で暮らせた。また、その後、定期的に派遣社員として働くことができた（問題解決）
6	うつ病になる ↓	6-1　うつ病にはならなかった（問題解決）
7	薬も効かず、まったく気力がなくなる ↓	7-1　うつ病になったが、回復した（問題解決）
8	妻に捨てられる ↓	8-1　うつ病の経過はあまりよくなかったが、妻はそばにいて支えてくれた（問題解決）
9	精神科病院で、寝たきりになって死ぬ	9-1　妻とは離婚したが、また別の女性と出会って、人生をやりなおすことができた（問題解決）

向で考えたりすることがなかなかできません。そこで、そういった場合は専門家の助けを借りることになるのですが、トレーニングによっては、たとえひとりでできそうに見えても、決してひとりではせず、必ず専門家と一緒にやっていただきたいものがあります。というのは、その手のトレーニングは〈思い込み〉を持っている人の心の奥深くまで踏み込むので、いつでも専門家がそばにいて、トレーニングの様子を注意ぶかく見守っている必要があるからです。

では、どうして人はそれほど強い〈思い込み〉を心のなかに抱くようになるのでしょう？　それは第2部で七つの〈思い込み〉のところでお話ししたように、〈思い込み〉のほとんどは、子どもの頃にできあがってしまうからです。そうなのです！　まだひとりでは生きられない小さな子どもが、この世界で生き残っていくために、いちばんよいと思ったやり方――それが〈思い込み〉になって、その後の人生に強い影響を与えているのです。

けれども、子どもの頃のことは、人はあまり覚えていません。特に、それが自分にとって嫌なことであれば、心の奥底にしまいこまれてしまいます。また、そこには当然のことながら、両親のことが絡んできます。もしかしたら、あなたの〈思い込み〉には、小さい頃に両親に何か言われて、深く傷ついた経験が関係しているのかもしれません。したがって、〈思い込み〉を正すには、そういった子どもの頃の経験にまでさかのぼって、その原因をつきとめ、両親との関係も含めて、かたくなになった心をほぐしていかなければなりません。これは難しい作業で、下手をすると、心の奥にあるものを表にひっぱりだす過程で、もう一度、深く傷ついてしまう恐れがあります。だからこそ、専門家と一緒にすることが大切なのです。

ということで、このあとはそういった〈専門家と行なうトレーニング〉を、いくつかご紹介しましょう。

――トレーニング1　過去をさかのぼって原因をつきとめる

前項でお話ししたように、人が〈思い込み〉を抱くようになるには、必ず原因があります。そして、その原因とは、たいていの場合子どもの時に経験した出来事に関係しています。ところが、そういった出来事は本人も忘れていることが多いので、専門家と一緒に過去をさかのぼって、原因となった、その出来事をつきとめる必要があります。これについては、私のクリニックにいらしていたジェシカの例をお読みください。

ジェシカの場合――私は必ず人から見捨てられる

ジェシカは不動産屋で働く四十代の女性ですが、「時おり、ひとりでいるのが不安で耐えられないことがある」と言って、私のクリニックに相談に来ました。二、三日前にも、七時には帰ると言って買い物に出かけた夫が八時十五分になっても帰ってこないので、パニック状態になってしまったといいます。また、マンションを一緒に見にいくことにしていたお客さんが、約束より二十分遅れてきただけで、胸が締めつけられるような不安を感じたこともあったといいます。

そこで、私たちは十五回もカウンセリングを繰り返し、ようやく問題をはっきりさせることができました。こういった状況で、ジェシカが不安を感じ、時にはパニック状態に陥ってしまうのは、「私は必ず人から見捨てられる」という〈思い込み〉があったからなのです。ところが、ジェシカ自身はこの〈思い込み〉に気づいていませんでした。

　では、どうして、ジェシカはこの〈思い込み〉を心の奥深くに抱くようになったのでしょう？　それは一緒に過去をさかのぼっていくことによってわかりました。十二歳の頃、ジェシカは毎日母親に学校に迎えにきてもらっていたのですが、ある日、母親が姿を見せないことがあったのです。気がつくと、学校にはもう友だちも残っていません。ジェシカはパニックの発作を起こし、救急車で病院に運ばれました。それだけではありません。もう少し、過去をさかのぼっていくと、九歳の頃、夜中に目を覚ますと、両親が出かけていて、恐怖にとらわれながら家でひとりぼっちで過ごしたことも、頭によみがえってきました。両親はジェシカがいつも朝までぐっすり眠るので、隣家に遊びにいっていただけなのですが、ジェシカは「両親から見捨てられた」と思ってしまったのです。また、さらに過去をさかのぼっていくと、保育園で保母さんにあまりかまってもらえず、いつも「見捨てられた」と感じていたことも思い出しました。このカウンセリングを終えたあと、ジェシカは涙ながらに、私にこう言いました。

「私は両親からも保母さんからも見捨てられたと、ずっと思ってきたのです」

　こうして、〈思い込み〉の原因がわかり、それがどれほど強く心に刻みこまれているかが明らかになれば、あとは根気よく、その〈思い込み〉を正していくだけです。ジェシカの場合は、〈認知再構成法〉を用いて、夫が帰ってこない時も、「私は見捨てられた」という〈自動思考〉をそのまま受け入れず、「夫はたぶんどこかで寄り道をしているだけだ」という〈適応的思考〉をするように心がけることによって、不安の発作はおさまるようになりました。

――トレーニング2　自分の過去を書きかえる

次は「自分の過去を書きかえる」トレーニングです。そんなことを言うと、「過去はもう決まっているのだから、今から変えることはできない」という反論がありそうですが、そうではないのです。私たちは過去の出来事をすべて覚えていて、それが〈自分の過去〉だと言っているわけではありません。自分が覚えているものだけをもとに、〈自分の過去〉をつくりあげているのです。だとしたら、忘れていることを思い出して、「自分の過去を書きかえる」ことは可能ですね。一般に、〈思い込み〉を持つ人は、その〈思い込み〉を正当化する出来事しか覚えていません。だから、その〈思い込み〉に反する出来事を思い出して、自分の〈思い込み〉にはそれほど根拠がないということを頭ではっきりと理解するのです。これについては、第1章にも登場したカロリーヌの話をお聞きください。

カロリーヌの場合――私は失敗ばかりしている

クリニックに来ると、カロリーヌはいかに自分が失敗ばかりしているかについて、話します。そうして、私に向かって、必ずこうつけ加えます。

「ねえ、先生、これで私がダメな人間だっていうことは、よくわかるでしょう？　今のは仕事の話だけど、ダメなのはそれだけじゃないんです。運転免許もとれなかったし、大学入学資格試験《バカロレア》も二回、失敗したんですよ。だいたい、小学校の時から成績がよくなかったんです」

これはもちろん、カロリーヌが「私はダメな人間だ」という自分の〈思い込み〉に合うような出来事しか覚えていないからです。そこで、私はカロリーヌと一緒に過去をさかのぼっていきながら、その〈思い込み〉の反証になるような出来事はないかと、質問していきました。

「カロリーヌ、あなたは小学校の時、成績がよくなかったと言いましたが、勉強以外で小学校時代にしていたことを教えてください。学校で褒められたことはありますか？　友だちはたくさんいましたか？　ご両親との関係はどうでした？」

すると、カロリーヌはこう答えました。

「字がきれいだって、先生に褒められたことがあります。それから、走るのは遅かったけど、水泳は得意でした。友だちは仲のいい子が三人いました。両親は……テストの成績が悪いと、よく叱られました。でも、それ以外は優しかったかな」

それを聞いて、私は運転免許をとるのに失敗した時期や、バカロレアの試験に落ちた十七、八歳の頃のことも訊いてみました。カロリーヌはこう答えました。

「バカロレアの試験に落ちた時は、小学校時代からの友だちが慰めてくれました。あれは嬉しかったな。そうそう、あの頃、初めてボーイフレンドができて、楽しかった記憶もあります。そうですね。ダメなことばっかりじゃないですね」

こうして、過去の出来事のうち、〈よいこと〉も思い出すことによって、カロリーヌは自分がそれほどダメな人間ではないと思えるようになってきました。そのおかげで、最近では自分に自信がついてきたと言います。「過去を書きかえる」ことは可能なのです。

——トレーニング3　両親のコピーではない、自分の個性をつくる

これまでの話でもわかるように、人というのは両親の影響からなかなか逃れられないものです。〈思い込み〉についても、両親の態度のせいでその〈思い込み〉ができてしまったり、あるいは両親の〈思い込み〉をそのまま受け継いでしまったりと、その根本に両親が関わっているのはまちがいありません。

したがって、もしあなたが自分に自信を持とうと思ったら、一度両親との関係を見直して、「両親から自立する」必要があります。それはもちろん、両親から受け継いだものをすべて拒否したり。両親からの影響を完全に排除するということではありません。両親から受け継いだものでよいものは残し、悪いものは拒否して、それに自分が独自に得たものを加えて、両親のコピーではない、自分の個性を創造するのです。その過程で、あなたは自分に自信が持てるようになると思います。

次に示すのはパトリックの例です。私はパトリックと一緒に、〈両親から受け継いだもの・見習ったもの〉〈両親から受け継ぐのを拒否したもの・反面教師にしたもの〉〈自分でつくりあげたもの〉を表にまとめてみました。（**表15－5**）

これを見ると、パトリックは父親から優しさや、寛大さ、正直さなどを学び、母親からは人生を楽し

む力や独立心を学んだようです。また、両親の双方から芸術家気質を受け継いだようです。その反面、父親の自信のなさや覇気《はき》のないところ、母親の自分勝手で独断的なところには反発を覚えたようです。そうして、自分では両親にはあまり見られなかった外交的な部分を身につけ、読書のように両親があまりしなかったことに興味を示しています。両親は文科系なので、本人が理科系というのは、両親の影響とは関係なく、自分の好みに従って、自分で進む方向を決めた結果です。

　パトリックにとって、両親に対する思いは複雑で、愛情もあれば、憎しみもあり、共感もあれば、反発もありました。したがって、この作業は決して簡単ではなかったのですが、これを通

表15－5　　両親のコピーではない、自分の個性をつくる

	両親から受け継いだもの 両親を見習ったもの	受け継ぐのを拒否したもの 反面教師にしたもの	あらたに自分で つくりあげたもの
父親から	●芸術家気質 ●優しさ ●寛大さ ●正直さ ●コミュニケーション力 ●社会で働くうえでの知識 ●試練に立ち向かう力	●自信のないところ ●家族との接し方 ●影響されやすいところ ●覇気がないところ	●社交的なところ ●規則に縛られず、自由なところ ●人に踏みつけにされて黙ってはいないところ ●読書好きなところ ●理科系の事柄に興味があるところ ●冗談が大好きで、人の話に大笑いをしたり、自分も人を笑わせるのが得意なところ
母親から	●バイタリティ ●旅行好きなところ ●おいしい料理を食べるのが好きなところ ●いつまでも若々しくいたいという気持ち ●独立心 ●芸術家気質	●利己的なところ ●気がきかないところ ●第一印象ですべてを判断してしまうところ ●人の話をさえぎるところ ●自分が人より優れていると思っているところ ●人に質問しておいて、その答えを受け入れないところ ●兄のほうを愛しているところ ●人に自分の決定をおしつけるところ ●すべてを金銭の問題にするところ	

じて、パトリックは、「両親がいて、自分がいる。両親に似ているところはあるが、まったく同じではなく、新しく自分でつくりあげた自分の個性がある」ということがよくわかり、そういった自分に自信が持てるようになったと言います。

――トレーニング4　両親に手紙を書く

最後は「両親に手紙を書く」トレーニングです。前項では〈両親から受け継いだもの〉を話の中心に据えて、「両親から自立する」必要を説きましたが、この項では〈両親の影響〉から離れることを話の中心にして、「両親から自立する」ことを考えます。

何度も書いているように、子どもが両親から影響を受けるのは当たり前のことですが、その影響があまりに強いと、子どもは自分に自信が持てなくなります。何をするにも、〈自分の判断〉ではなく、〈親の判断〉をもとにしてしまうからです。したがって、子どもが親から自立して、自分に自信を持てるようになるためには、両親と訣別《けつべつ》する必要があるのですが、それには「両親に対して、今まで言えなかったことを手紙に書く」という方法が有効になる場合があります。子どもというのは、親の前ではなかなか思っていることを言えません。前章で見たアデリーヌのように、感謝の言葉すら、面と向かって言えないのが普通なのです。だとしたら、批判の言葉など、とうてい口に出せませんね。だから、手紙に書くのです。

といっても、この両親への手紙は、あくまでカウンセリングのなかで活用するもので、基本的にはご両親に送らないでください。このトレーニングの目的は、自分と親との関係を見直して、自分がどれほど親の影響下にあるかを知り、仮想の相手に手紙を送ることにより、その影響から逃れることにあるのですから……。大切なのは、自分が親に対してどんな気持ちを抱き、またどんなふうに思っているかをはっきりさせることによって、自分と親との関係を見直し、親から独立することなのです。

ということで、私のクリニックにいらしていたアルノーという男性が父親に宛てた手紙を見てみましょう。

《お父さん、ずっと前から考えていたのですが、思い切って手紙を書くことにします。実は今、ぼくはうつ病で、精神科のお医者さんのところに通っています。そこで、お医者さんから、現在の状態になったのは、親子関係にもその一因があるかもしれないと言われて、お父さんとのことを考えてみました。そして、ぼくがこれまでお父さんに対して感じてきたことを手紙に書いてみることにしたのです。

最後に会った時のことは覚えていますね。ぼくは生まれて初めて、お父さんに反抗して、ひどい言葉を投げつけました。お父さんはきっとショックを受けて、腹も立てたでしょう。でも、ぼくはあの時、どうしてもそうしなければならなかったのです。というのは、それまでぼくにとってお父さんは、目の前に立ちはだかる壁のようなもので、どうしてもそこを乗り越えることができなかったからです。

いいえ、壁というのは、ふたつ意味があります。ひとつはお父さんが優秀すぎて、ぼくはとうていお父さんを超えることができないということ。実際、お父さんは頭がよく、意志も強くて、何もないところから出発して、すべてをつくりあげてきました。でも、ぼくにはそんなことはできません。ぼくは生まれた時からいろいろなものを持っていて、もっと上を目指そうとか、そういう意欲はありませんでした。だから、勉強もスポーツも一生懸命やらず、お父さんをがっかりさせてきました。そんなぼくにとって、お父さんはなんでもできて、だから、すごいなと思いながら、劣等感も抱いていました。そして、いつもお父さんをがっかりさせていることに罪悪感も持っていました。

いっぽう、お父さんのほうは、ぼくがあまりにいろいろなことができないので、ぼくに興味を失ってしまったのではないでしょうか？　いつの頃からか、お父さんはぼくに関心を示さなくなりました。無関心——そう、もうひとつの壁とはそのことです。ぼくはお父さんと向かうと、いつでも〈無関心の壁〉にぶつかるような気がしていたのです。

そんなことが積みかさなって、きっとぼくのなかにも、いろいろな思いがたまっていたのでしょう。そこで、この間のようなひどい言葉を投げつけたのだと思います。ショックを受けたとしたら、ごめんなさい。でも、そうやってお父さんに反抗したこと自体は、ぼくは後悔していません。お父さんと話す時は、いつも馬鹿にされるんじゃないか、冷たく批判されるんじゃないかとびくびくして、そのせいであんな強い態度に出てしまったのだと思いますが、それでも、あれはぼくにとっては必要だったのです。そのおかげで、ぼくは「ようやく壁にぶつかっていけた」と、誇らしい気持ちになりました。「これでお父さんから自立できる」と……。でも、それと同時にお父さんを傷つけたことで、悲しくもなりました。それも本当です。

最初に書いたように、ぼくは今、うつ病で精神科のクリニックに通っています。きっと、この間のことがある前だったら、こんなことは恥ずかしくて、また恐ろしくて、お父さんには打ち明けられなかったでしょう。でも、今はちがいます。うつ病のことも含めて、ぼくのことをもっとお父さんに知ってもらいたい。そうして、理解してもらいたい。そんな気持ちでいっぱいなのです。

昔から、ぼくはお父さんと、今ひとつ気持ちが通じないと思っていましたが、そのいっぽうで、強いきずなも感じていました。誰がなんと言っても、やっぱりぼくたちは親子なのです。だから、今までのことは今までのこととして、これからはもっと頻繁に顔を合わせて、いろいろなことを一緒にできる機会があればいいと思っています。

ぼくはお父さんと人生を分かちあいたいのです！》

どうでしょう？　ご覧のように、アルノーとお父さんの関係は、決して単純なものではありません。いろいろな感情が心の奥深くで交錯して、それを解きほぐしながら、お父さんに対する自分の本当の気持ちを見つけるのは、非常に困難なことでした。実は、この手紙ができるまでに、アルノーは私と一緒に、十回以上内容を書き直したのです。自分を否定的に見すぎているところは修正し、お父さんに対してあまりに攻撃的な表現はけずって……。その結果、自分とお父さんとの関係を冷静に分析した、この手紙ができあがったのです。そのおかげで、アルノーは今ようやく父親から精神的に自由になって、自分の人生を歩んでいけそうな気がすると言っています。なお、アルノーは実際にこの手紙をお父さんに送ったわけではありませんが、こうして文字にしてみたことは、お父さんとの現実の会話で役に立ったということです。

以上が〈専門家とするトレーニング〉ですが、前にも書いたように、こうして過去の記憶を掘り起こしたり、両親と自分の関係について考えるのは、危険も伴います。くれぐれも、精神科医やセラピスト、カウンセラーなど専門家に相談して、一緒にトレーニングをするようにしてください。

おわりに

自分に自信が持てない原因は、多くの場合、子ども時代にあります。しかし、大人になってからでも、自信を持つことは可能です。また、昔は、自信があるかないかは、その人の性格だと考えられてきたのですが、本人さえその気になれば、いくらでも自信が持てるようになることもわかってきました。取り返しのつかないことなど、ひとつもないのです。

本書でご紹介したトレーニングは、すべて科学的に立証されており、世界じゅうの精神科医やセラピスト、カウンセラーによって実践されているものばかりです。こういったトレーニングを通じて、「自信とは何か？」、そして「自信を持つとはどういうことか？」を学んでいただき、日々の生活で実践してください。そうすれば、あなたは知らず知らずのうちに、自分に自信を持つことができるようになるでしょう。そうなったら、あなたの生活はびっくりするほど楽しく、また豊かになるはずです。

それだけではありません。自分に自信が持てるようになると、心の病を予防することもできます。うつ病や社交不安障害、摂食障害、アルコール依存症、薬物依存症などの精神疾患は、自信がないことが原因で罹《かか》るケースが多いのです。その証拠に、本書で紹介した〈自信を持てるようにするトレーニング〉をクリニックにみえた相談者の方たちとやっていくと、少しずつ症状が改善し、表情や態度に自信が出てくるのがわかるようになります。これは精神科医にとっては最上の喜びです！

ということで、私は自信を持って、本書のトレーニングをお勧めします。また、私は何よりもあなたの力を信じています。あなたは必ず、自分に自信が持てるようになります。大丈夫。本書を手にとって、ここまでお読みになったことで、あなたはすでに〈自分に自信を持つための大きな一歩〉を踏みだしているのですから……。

監訳者あとがき

この本を手にとった皆さんは、今現在、おそらくあまり自分に自信が持てていない方なのではないでしょうか？　といっても、もちろん、すべてにおいて能力が劣っているわけではなく（あたりまえです。そんな人はいませんから……）、むしろ分野によっては、人並み以上に優れた能力を持っていらっしゃる方が多いのではないか？　と思います。

ただ、自分がこうありたいという理想が高すぎたり、自分に対する要求が厳しすぎたりして、現在の自分に今ひとつ、自信が持てないのではないかと思います。そのいっぽうで、「こんな自信のないことではダメだ。もっと、自信を持って、いろいろなことに挑戦していかなければ……」とも考えている。つまり、向上心の強い方なのだと思います。そんな皆さんに、「自信のメカニズム」を説明して、現在の自分に自信を持ってもらい、今ある能力を十分に発揮して、さらに自信を持ってもらう――これが本書の意図しているところです。

では、その「自信のメカニズム」とはどんなものでしょう？　本書をお読みいただければおわかりになると思いますが、自信というのは〈自己評価〉と〈行動〉と〈自己主張〉の三つの要素から成り立っています。この三つは歯車のように噛み合って、プラスの方向に動いていくと、だんだん自信がついてくるのですが、逆にマイナスの方向に動いていくと、自信を失っていきます。そうです。だから、本書が提案していることは、非常に簡単。「自信のない人は、三つの歯車がマイナスの方向に動き、ますます自信を失っていくという〈悪いサイクル〉にはまっているので、これをプラスの方向に動くように転じてやって、自信がついてくる〈よいサイクル〉に変えましょう」ということです。そのためには、〈自己評価〉を低め、〈行動〉を邪魔し、〈自己主張〉を抑制している、〈悪い思い込み〉をなくし、〈自己評価〉を高めたり、〈行動〉や〈自己主張〉をしやすくするトレーニングが必要ですが、本書ではその〈思い込み〉の解消の仕方や、トレーニングの方法を豊富な実例や図表、具体的なやり方とともに紹介しています。その説明はわかりやすくて、丁寧です。これを読めば、たぶん皆さんは、今まで自分が「どれほど根拠なく、自分に自信を持てないでいたか」、おわかりになると思います。そして次に、この本に書いてあることを実践なされば、少しずつ気持ちが楽になって、いつのまにか、自信がついていることに気づくようになるでしょう。

　そこで大切なことは、この本に書いてあることを実践する前と後で、皆さんが持っている能力自体が変わったわけではないということです。能力は前と同じ。でも、自分の見方や考え方、そして自分に対する見方や考え方を変えることによって自信が生まれ、それによって今まで持ってはいるのに発揮できていなかった能力が発揮できるようになったということです。その結果、また自信がついてくる……。自信というのは不思議なもので、このようにいったんよい方向に歯車が回りだすと、どんどん自信がついてくるものなのです。それがこの本の大切なメッセージです。

　著者のフレデリック・ファンジェさんは、リヨン生まれ。リヨン大学で医学を学び、インターンを修了したあと精神医学に進み、リヨン大学病院に勤務。その後、自分でも診療所を開き、大学病院と兼務しながら、リヨン第一大学、パリ大学、ジュネーヴ大学、ナント大学などで教鞭もとっています。専門は〈自己主張〉で、その分野に関する多くの著書を出しています。日本ではほかの精神科医との共著で、『精神科医がこころの病になったとき』（クリストフ・アンドレ編、紀伊國屋書店）が刊行されています。その本によると、もともと著書を出すきっかけになったのは、アンドレさんから〈自己主張〉に関する本を書かないかと言われたことで、書くことには自信がなかったけれど、失敗を恐れず挑戦し、それがよい結果につながったと言います。ちなみに、アンドレさんの書いた『自己評価の心理学』、『自己評価メソッド』（ともに紀伊國屋書店）も本書に関連した本で、自分に自信が持てるようになりたい方には参考になると思います。

翻訳はまず内山が全訳し、それをもとに高野がまとめるという形式をとりました。その際に日本の読者を対象にしていること、ページ数が増えすぎないようにする必要があったことから、原出版社の了解のもとに調整を行ない、その結果、原文と訳文が一対一では対応しないものになったことをお断りしておきます。文責は高野にあります。また、翻訳の方針を決定するにあたっては、紀伊國屋書店出版部の有馬由起子氏におおいに相談に乗っていただきました。有馬氏には訳文の細かい部分についても、数多くの貴重なご助言をいただきました。ここに深く感謝します。

二〇一四年七月十四日

高野　優

註

（１） このテーマに関しては、C. André et P. Légeron, *La Peur des autres,* Odile Jacob, 2001.
（邦訳は、クリストフ·アンドレ、パトリック·レジュロン『他人がこわい―― あがり症・内気・社会恐怖の心理学』紀伊國屋書店）をご参照ください。

（２） F. Fanget,《Traitement des phobies sociales: efficacité des thérapies comportementales et cognitives de groupe》, *L'Encephale,*1999, 25, p. 158-68.

（３） A. Muchielli, *L'Identité,* Paris, PUF, 1986.

（４） J. Kagan, *La Part de l'inné,* Paris, Bayard, 1999.

（５） A. Bandura, 《Self efficacy》, *Advances in behaviour research and therapy,* 1975, 13, p. 141-152.

（６） 前掲、J.Kagan, *La Part de l'inné,* Paris.

（７） É. Mollard, *La Peur de tout,* Odile Jacob, 2003.

（８） J.Piaget, *La Construction du réel chez l'enfant,* Neufchâtel-Paris, Delachaux et Niestlé, 1950.

（９）〈帰属理論〉は1966年のロッターの研究のあと、1978年にアブラムソン、セリグマン、テアスダールの研究によって発展した。1979年には、ベックがこれをうつ病患者の考え方を変えるために応用し、治療に役立てた。
J. Rotter, 《Generalized expectancies for internal *versus* external control of reinforcement》, *Psychological Monographs,* 1966, 80, p.1-28.
L. Abramson, R. Seligman, J. Teasdale, 《Learned helplessness in humans: critique and reformulation》, *Journal of Abnormal Psychology,* 1978, 87, p. 49-74.
A.-T. Beck, *Cognitive therapy of depression,* New York, Guilford Press, 1979.

（10） F. Fanget, *Affirmez-vous! Pour mieux vivre avec les autres,* Paris, Odile Jacob, 《Guide pour s'aider soi-même》, 2000, 2002.

著　者

フレデリック・ファンジェ

Frédéric Fanget

精神科医。セラピスト。リヨン第1大学、パリ大学、ジュネーブ大学、ナント大学で教鞭をとる。専門は〈自己主張〉で、著書多数。本書は、イタリア語・スペイン語・ポルトガル語・オランダ語で刊行され、フランスでロングセラーになっている。邦訳された著書に、『精神科医がこころの病になったとき』（共著、紀伊國屋書店）。

監訳者

高《たか》野《の》 優《ゆう》

フランス語翻訳家。高野優フランス語翻訳教室主宰。

（http://www1.vecceed.ne.jp/~gentil/）

訳書に、C.アンドレ＆F.ルロール『自己評価の心理学』『難しい性格の人との上手なつきあい方』、C.アンドレ『自己評価メソッド』、M=F.イルゴイエンヌ『モラル・ハラスメント』（以上、紀伊國屋書店）、J.ヴェルヌ『八十日間世界一周』（光文社）ほか多数。

訳　者

内《うち》山《やま》奈《な》緒《お》美《み》

フランス語翻訳家。日本舞踊家。

自信をもてない人のための心理学

2014年9月9日　第1刷発行
2017年1月27日　第3刷発行

発行所　株式会社　紀伊國屋書店
東京都新宿区新宿3—17—7

出版部（編集）電話03（6910）0508
ホールセール部（営業）電話03（6910）0519
東京都目黒区下目黒3—7—10
郵便番号 153-8504

ISBN978-4-314-01122-8　C0011
Printed in Japan
定価は外装に表示してあります

印刷・製本　図書印刷